ナチス・ドイツの強制労働と戦後処理

国際関係における真相の解明と「記憶・責任・未来」基金

田村光彰【著】
Tamura Mitsuaki

Erinnerung,
Verantwortung
und Zukunft

社会評論社

ナチス・ドイツの強制労働と戦後処理●目次

第三章●国際法と裁判　67

第一章――ドイツの歴史認識はどう進んだか

1　歴史認識の大筋

二〇〇〇年七月一七日、ドイツでナチス時代の強制労働者に補償を行う財団が正式に発足した。この補償財団が成立するためには、補償を求める議会外での被害者、遺族、支援をする人々の運動の広がり、議会での補償法制定の努力、国際法とりわけ国際人道法を拠り所として、戦後補償や歴史の真相を求める国境を越えた人々の連携と共通意識の深まり、歴史家や市民を中心とするナチス時代の資料の発掘、公開、アメリカからのドイツ企業への補償要求、そしてこれらに基づく人々の歴史認識の変化などが必要不可欠であった。そこでドイツの歴史認識の戦後史を鳥瞰してみよう。樹木に喩えれば、茂る枝葉にとらわれず、さしあたり幹のみに着目をしてみたい。歴史認識にもとづいて何がなされるのか、その具体化である戦後処理、戦後補償の詳細は第四章で述べたい。ここでは歴史認識の流れの大筋のみを扱う。

2　記憶の抹殺と沈黙

年表から見たナチス時代の終焉は、連合国に対してドイツが無条件降伏した時である。一方でナチス犯罪がニュルンベルクの国際裁判などにより裁かれ、他方、米英仏ソの占領地域で非ナチ化措置が講じられる。この二つのテーマは、後に第三章「国際法と裁判」で論じるが、二つに共通している点は、共に連合国により〈主導された〉事実である。市民が事態を積極的に〈主導する〉には、戦後の混乱はあまりにも大きく、深刻すぎた。一二年間のナチス支配、また六年間の連合国との戦争により、焼け出され、家と家族を失い、飢えに苦しむドイツ市民の多くは、ナチス時代の悪夢から目を覚まし、過去を封印したまま、一刻も早く経済の復興を願った。ナチス時代の真の被害者は誰なのか、ひょっとすると、目の前で同じように飢餓と栄養失調に苦悩しているロシア人やポーランド人、チェコ人こそが、また強制収容所から裸同然に放出され、「死の行進」に追い立てられ、虚脱状態のやせ細った外国人こそが真の被害者なのではないだろうか、などと考える心のゆとりはあまり生まれなかった。ドイツに連行され、生死の境目で労働させられ、敗戦と共に放置された異国や占領地の人々、ドイツ民族をむしばむ「害虫」として処分されてきた膨大な数にのぼるユダヤ系ドイツ市民、沈黙し傍観者になることを拒否し、ナチス体制に果敢に抵抗し、処刑された抵抗運動やレジスタンスに加わった人々の運命に思いを馳せる余裕は乏しかった。人々は、生存への自信を取り戻し、過去の記憶を消すことに力を注いだ。アウシュヴィッツからは遠ざかろうとした。

一九五三年、国家補償の色彩をもつ連邦補充法が制定され、五八年、ドイツが自らナチス時代の犯罪を裁くナチス犯罪追求センターが活動を開始する。また、ホロコーストの実行責任者アイヒマンがイスラエルで処刑され（六二年）、アウシュヴィッツ裁判の判決（六三年）が出されたが、六〇年代の中頃まで、人々の意識は一般に大きく変わることはなかった。六〇年代中頃となると、終戦間もない頃に生まれた子どもは高校生から大学生となっている。この時代の、親と子どもたちの意識を回想形式で描いた書物としては、ペーター・ジィフロフスキーの著書『責任を背負って生まれた』が有名である(1)。

一九四七年生まれの著者は、両親がユダヤ人である。彼は、父母がナチスであった息子、娘たちへのインタヴューを通して、子どもたちに何が伝わり、何が伝わらないか、また両親をどのように見ているかを調べようとした。その際、著名で、大物のナチスだけではなく、その周辺にいて、残虐行為に加担をしたごく普通のナチスの子どもたちの証言も得ようとした。「第三帝国は著名な指導者のみからなっていたわけではなく、事実はその正反対でした。何十万もの実直で律儀な公吏や警察官、将校、市長、鉄道員、教師などがいて、あの独裁が機能を果たせるようにしていたのです。（略）そういう人々の子どもたちがどうやって育ち、何を知っていたか、どんなことを尋ね、知った事実をどう受けとめて生きてきたかを調べたかった」という(2)。

だが、著者によれば、多くの場合、親の世代は子どもたちにあの時代の証人となることを拒否し続けているという。ナチスとして著名な親であろうと加担をしただけの親であろうと、子どもたちへの不誠実さと、過去に対して沈黙を守る姿勢には変わりがない。親たちは、沈黙するだけでなく、戦後の民主主義的風潮について行けず、相変わらず権威主義的で、ファッショ的なものの考え方に固執する。一方、子どもたちは学校教育、戦争遺跡の見学、戦争と被害の体験者の話、マスコミでの報道、ナチス裁判、『ホロコースト』の映像などを通して姿を現すナチス時代の産業界、政界、学界、軍事・警察組織、ナチス親衛隊の犯罪、残虐性に触れていき、親たちの沈黙に苦悩する。母親が強制収容所の監視員であった一女性にインタヴューをしたジィフロフスキーは、以下のように記している。「たった一度でいいから母が、自分はあのころその場に居あわせた、でも恐ろしい過ちだった。自分の体験を教訓にしてほしい[3]」と語ってくれていたら、母との和解が可能であったと。

　ジィフロフスキーは、沈黙を続ける親たちと対峙せざるを得ない子どもたちの典型的な反応を幾つか挙げている。その一つは、明確な証拠があってもなお父を擁護する姿勢である。ナチス時代の父の役割をなるべく小さくし、「強制収容所などない前線にいた[4]」のである、と思いこもうとする。強制収容所での殺戮行為と前線での殺戮行為を比較考量し、頭の中で父親の居場所を前者から後者に移し替える。強制収容所で犯した犯罪の方がより重いのだ、と自分に信じさせ、そのことで親の犯罪行為を相対化しようとする。他方、親たちの中には、沈黙を正当化し、以下のように主張する者もいる。「世界には諸悪が充ち満ちているのだから、過去は過去としてとやかく言わない時期がもういい加減来たのではないか[5]」。他も悪を犯しているから、自分も反省する必要はない、というわけだ。こうして、親は他の犯罪をあげつらうことで自分の罪を相対化し、あたかもその罪が軽減でき、願わくば消滅すら可能である、と思いこむ。強制収容所で毒ガス・チクロンBを使い収容者を殺戮することが、戦場で国際法に反して戦時捕虜を虐待し、餓死させることよりも、百歩譲って重い罪だとしても、捕虜への残虐な取り扱いの罪が軽減されたり消滅するわけではない。一方の罪と、他方の罪を比較しても、その罪は加重も軽減も、また、いわんや消し去られもしない。ナチスが犯した人類史上の犯罪を、他国の犯罪と比較することで、ナチス犯罪を相対化し、軽減し、あわよくば免責しようとする人々との論争は、後にふれる「歴史家論争」として現れる。

た」[6]。

3　ドラマ『ホロコースト』の衝撃

（1）「テレビ史上、最も重要な日」

こうした親の世代の沈黙に正面から挑み、ナチス犯罪の解明と追求に取り組んだのは、六〇年代後半の学生運動に代表されるさまざまな社会運動である。この頃になると「過去をめぐる議論はキャンパスの枠を超えて、個々の家庭内でもなされるようになった。すなわち、親たちがナチ時代にどのような生活を送り、ナチ政権をどう捉え、あるいは体制とどのように折り合いをつけていたのかが、一般家庭でも重要な議論のテーマになった」[6]。

この社会運動には、ヴェトナム反戦や反権威主義を掲げて議会制民主主義への根源的問いかけを行いながら、同時に、ナチズムは親の世代やドイツ社会のみにあるのではなく、自らのうちにも存在することを意識し、この「内なるナチズム」と対決するグループも現れた。とりわけ女性たちの中に、共に運動を担っている男性たちの家父長制思考や伝統的な性別役割意識を問題にする人たちが出てきた。ナチズムの典型は、女性の役割を「兵士の生産」にあるとする。彼女たちは、ナチズムの温床の一つこそは、家父長制であり、固定化された性別役割分業であるととらえた。こうして六〇年代後半の社会運動により、ナチズムへの歴史認識は、単にナチスの残虐性を知るのみならず、どのような社会を創っていくのか、生活レベルの問題に、人間のトータルな生き方の問題に発展していった。

一九六五年には、犯罪の中でも重罪に該当するナチス犯罪の時効が延長され、期限は一九六九年まで、と改正され、この六九年には学生・社会運動を背景に、さらに一〇年の延長が議会で決議された。七〇年代に入り、ブラント首相の東方政策が展開され、東側との和解が醸成される。ナチスにより侵略され、被害を被った東欧の生存者、遺族の声が西独に届くようになった。

西独の市民が、国内はもちろんのこと、東欧からのナチスの被害者に目をつぶり続けるわけにはいかなくなってきた七〇年代の終わりに、アメリカのテレビドラマ『ホロコースト』（四回シリーズ）がドイツでも四夜にわたり西部ドイツ放送（ＷＤＲ）で放映された。ドイツの市民は、戦後初めてと言っていいほどナチス犯罪の枠組みを、映像を通して、茶の間にいながら追体験することができた。「視聴率は三一％（第一回）～四〇％（第四回）と上昇。キー局のＷＤＲでは、毎回放送後に視聴者の電話を受け付け、それに専門家（歴史家や局関係者など）とユダヤ人の迫害体験者が応えるというオープンエンド・ディスカッションを設けるなどした。放送局へは、放送中に一日平均約五〇〇〇人からの電話や、計一万二〇〇〇通におよぶ手紙が寄せられた」(7)。

問題点としては、真の犠牲者が誰なのかが、あまりにも「単純な図式で」(8)描かれすぎていること、また、ナチスに抵抗した人々としては、確かに「ゲットー蜂起」に代表されるユダヤ人組織が取りあげられてはいるが、共産主義者、社会民主主義者、自由主義者のような政治的反対派の抵抗運動は、意識的には触れられていない。また、ホロコーストは、政界、軍、官、警察、ナチス親衛隊、産業界、学界、司法、教育分野などの総体が組織的、計画的にフル回転して行われた残虐行為であるにもかかわらず、警察と親衛隊が突出した描かれ方をし、なかんずく政、官、産業界のナチス時代との関わりがほとんど出てこない。四回シリーズは、こうした限界をもってはいるが、「いかなる小説も、新聞記事も、ナチス裁判も、（他の）テレビドラマもなしえなかったことを達成した。この四日間は、テレビ史上、最も重要な日」(9)となった、と評価されるほど西独の市民に対してナチス犯罪の実態の一面が克明に描き出された。

（2）『ホロコースト』のもたらした歴史認識

「テレビ史上、最も重要な四日間」を記録したドラマが、何を、視聴者に訴えかけたのか、その内容を主として第一、二部を中心に追ってみたい。触れられていない問題を抱えつつも、この二つの部だけでもナチス犯罪の代表例が見て取れるからである。

ドラマ『ホロコースト』の副題は、「ワイス家の物語」（The story of the family Weis）である。副題が示すように、ドラマは開業医ヨセフ・ワイスとその妻ベルタ・ワイス、三人の子どもたち、長男カール（画家）、次男ルディ、長女アンナというユダヤ人一家五人家族のたどった運命を縦糸（家族史）に、一九三五年からドイツの敗戦までの約一〇年間の社会状況を横糸（社会史）に織りなされる物語である。

第一部は、長男カールとドイツ人女性インガの結婚式から始まる。この直後に、ユダヤ人とドイツ人の結婚は、ニュルンベルク法で禁じられる。三八年、ナチス側がユダヤ人への放火、殺人を組織的に行った「水晶の夜」事件では、破壊された器物、家屋等の損害を、保険会社にではなく、ユダヤ人自身に支払わせようとする。苦学して法学部を出たが、失業中のエリック・ドルフは、ナチス親衛隊に入る。ナチ党の急速な膨張の一因に、失業があったことを視聴者は知る。生存そのものが脅かされ、また所有物が奪われれば奪われるほど、ユダヤ系市民は、保険に加入した。ドルフは、ユダヤ系市民の被った損害から保険会社を免責させようとする。このことで抑圧と殺戮構造により利益を得る業界が存在することが示される。ドラマから逸脱するが、この問題は、後の一九九〇年代に「保険業界の戦後補償」としてクローズアップされる。

失業中のユダヤ人画家カールは、警官に連行される。集合住宅の各階のドイツ人住民はドアをあけてこの事実を目撃する。住民も新妻インガも、連れて行かれた人は「二度と戻らない」ことを知っていた。茶の間でこのドラマを家族で見ていた子どもたちの中には、戦後になり「なにも知らなかった」と話す親たちに、真実を語るように迫る子どもたちが現れても不思議ではない。

教会での説教にナチスの監視がつく。にもかかわらず、勇気を持った牧師が登場する。彼は説教壇から、この教会では「ユダヤ教徒のために、無実の人々のために祈る」と説教する。身の危険を感じ、席を立ち、教会を後にする信者の背中に向けて、説教は続く。プロテスタントの福音派教会の中で、ナチスの、宗教への干渉と反ユダヤ主義に抵抗した告白教会をモデルにしたことが暗示されるシーンである。

開業医カール・ワイスは、診療所をとりあげられ、家族からひき離され、出身地ポーランドへ追放される。妻ベルタは、その補償をナチ党員に求めるが、「検討中」と回答されたまま、永遠に補償はなされない。戦後になり、こうした物的損害がどのように補償されたか、が視聴者の関心の的にもなろう。

一九三九年、ナチスはチェコを占領する。ドイツ帝国内に一挙に抱えることとなったチェコ在住のユダヤ系市民をどのように扱うか、その処遇の問題が急浮上した。ナチス側は、強制収容所への「連行」、「移送」、「収容」そして「強制労働」、「殺戮」などを、「再定住」、「配置転換」、ユダヤ人「処理」などと言い換えをし、またこの人たちを閉じこめる場所は、「ゲットー」ではなく「ユダヤ人自治区域」であると美化し、蛮行が歴史文書に残らないよう配慮する。ドラマでは、言わば〈ナチ党に就職〉をしたエリック・ドルフがこの言い換えに天分を発揮し、そのことも一因となり、彼はスピード出世をしていく。どの戦争にも該当するが、文献資料のみに頼ると、ナチス時代の真相もその全貌を顕さない。被害者、生存者、遺族、助けていた人々、抵抗した人々の証言の大切さが視聴者の前に示される。

ワイス家は、父ヨセフがポーランドに追放され、長男カールは連行されたまま消息が不明となり、ユダヤ人一家の離散と悲劇は深刻さを増す。カールの妻インガは、残されたワイスの家族を自分の両親宅に引き取る。インガの両親が、「ユダヤ人を追い出せ」と迫るが、彼女は抵抗し「私の家族よ」と、かくまい続ける。第二部は、一家のこうしたさらなる離散とドイツ人であるインガが、ユダヤ人家族をあくまでも守ろうとする強い意志から始まる。フランスが降伏し、ベネルクス三国も占領され、残る大国はソ連となる。悲劇はさらにワイス家を襲う。長女アンナが親衛隊に暴行され、トラウマに苦悩する。ドイツ人医師から「精神の病」と見なされ、彼女は、ハダマールにある精神病院に送られ、ついに安楽死の犠牲者となる。病弱者や障害者に対して、患者の利益ではなく、「国家の利益（国益）」のためと称する人体実験や安楽死を正当化した、いわゆる「T4計画」に基づいて、彼女は車のホースから出される排ガスにより殺戮される。やがて強制収容所では、排ガスに替わり、青酸ガス・チクロンBが使用されていく。視聴者には、この殺害方法の残虐な変遷が示されていく。

父ヨセフと長男カールを奪われたワイス家は、今度は母ベルタがワルシャワ・ゲットーに連行され、ここで移送されてくる夫と出会う。一方、インガは夫の消息を尋ねて、ワイマールに造られたブーヘンワルト強制収容所を訪れる。ドイツの支配地域や占領地から連行されてきた収容者が、採石場という重労働の現場で強制労働をさせられる実態が画面に現れる。ここを支配しているのは、第一に、「きつい、きけん、きたない」という3K労働だけではない。第二に、些細な怠慢や収容者同士の喧嘩がことさらに咎められ、罰として後ろ手に縛られたまま木に長時間吊される刑も待ち受けている。カールはこの「刑罰」を受ける。第三に、収容者の民族、人種の違いにより、差別的に扱われる問題もテーマになっている。ロマ族の収容者が、強制労働の手をほんのひととき休め、喫煙をする。これが見つかり、咎められた彼らは、ささやかな抵抗をする。ナチス側の対応は素早く、彼らは射殺される。理由は、「逃亡」を企てたことにされて。ヒトラーの人種理論に則り「ロシア人は人間以下、ユダヤ人に準ずる」処遇が収容所を貫徹する。こうして強制収容所の実態が茶の間にいる人々の目に焼き付けられる。

各国から連行され、ワルシャワゲットーに閉じこめられたユダヤ系市民の路線論争も紹介される。ゲットーではナチスが直接支配するのではない。ナチスに命じられ、ユダヤ人を支配するユダヤ人組織、すなわちユダヤ人評議会は、ナチスと「妥協すること」で生存を図ろうとする。これに対して、抵抗により解放を求めるグループは、ソ連地域でもユダヤ系市民の大量虐殺を知り、「従順では殺される、闘うべきである」と武装闘争を主張する。このゲットー内レジスタンスは、開業医ヨセフ・ワイスの弟モーセ・ワイスたちによって密かに「ビラ第一号」の発行にたどり着く。「無関心はよくない」「絶望的な状態ならばこそ、崇高なものに命を！」――できたビラは、訴えた。

離散家族ワイス家の次男ルディは、プラハで同じユダヤ人の女性ヘレナに出会い、愛し合うようになる。ナチス側に逮捕された二人は、ハビヤールの労働キャンプに移送される。

ここにナチス式言い換え用語で「再定住」させられた人々が処刑される光景が二人の眼前に展開される。倉庫番、コックなどを経、失業の身をナチ党に捧げたエリック・ドルフは、かつてのひ弱で、自信なげな人物から、言い換えの名人のみならず、「闇商人、爆破犯、抵抗運動家、スパイ……」など、ナチス側からみた「人間のくずの処刑」を命じる人物に変わっていく。叔父のクルト・ドルフが「変わったな、臆病だったのに」と驚くと、「命令に従っているだけ」と傲然と応える。戦場は人を変える。テレビの前で、人は、巨大殺戮機構の一歯車に変身したドルフを知る。ハビヤールは、後に第三部でも取りあげられる。そこでは、殺戮され、「埋められた死体を掘り起こし、焼却せよ」という命令がドルフ少佐に伝えられる場所としてでてくる。戦後になり、もし後ろから銃弾が貫徹した頭蓋骨や、虐待の跡が残る遺骸が発見されては困るナチス側は、これらを掘り起こし、焼却することで証拠の隠滅を狙った。さらにもう一度、第四部でもハビヤールは、三万三〇〇〇人の死体の焼却の場として視聴者の前に姿を現す。この地のモデルは、キエフ郊外のバビ・ヤルであると思われる。ここでは、「郊外の谷間で、ウクライナ人民兵の手を借りて、SS（親衛隊）の抹殺部隊が谷間に追い込んだユダヤ人を機銃掃射で皆殺しにした」[10]。バビ・ヤルはこうして「皆殺し」にした場所として、また労働キャンプで虐待死させられた死骸の焼却の地としても歴史に名を残すことになった。強制的手段で「労働者が投入された仕事のひとつに、虐殺の証拠隠滅作業があった。ヒムラーの示唆で、第一〇〇五隊と総称される特別処理隊がいくつもつくられた。虐殺され溝に放り込まれた死体を掘り起こし、焼却して骨をばらまくのである。この作業は二年近くを要し、二〇〇万体を超える死体が処理された。バビ・ヤルでも、この処理隊が投入された。（略）この処理隊自体、作業終了とともに抹殺された」[11]。

ブーヘンヴァルト強制収容所から、プラハのテレジエンシュタット・ゲットーに移送されたワイス家の長男で元画家カールは、ゲットーを視察に来た赤十字国際委員会がナチスを信じている現実に遭遇する。このゲットーは、子どもたちが四〇〇〇枚の絵を残したこと、またナチスが一日だけの銀行やパン屋など〈架空の町〉をつくりあげ、演出し、それを映画に撮り、「収容所は天国である」という宣伝をしたゲットーとして有名である。映画を作成した監督も出演者も、自らが演出した〈幻の一日天国〉が片づけられた後で、アウシュヴィッツに送られ、今度は生命そのものが抹殺された。カールと同じ元画家の収容者は「外見にだまされるな、画家は物の裏まで見るべきだ」と悲痛な声を挙げる。赤十字が「だまされ」た姿勢は、以下のような歴史的事実に対応している。当時、赤十字国際委員会には、各国の赤十字社やユダヤ人団体から、また委員会内部からもナチスの残虐行為をやめさせるよう勧告を出してほしいという要請がわき上がっていた。しかし、委員長カール・ブルクハルト（スイス大統領）は、「『交戦中の国々に無用の混乱を招く』として何の手段も講じなかった」[12]。「彼はアウシュヴィッツの強制収容所に赤十字から代表を派遣し、虐殺の停止に努力すべきだと主張する者に対して、『戦争が終結するまで、君は訪れた収容所を二度と出ることはできないぞ』と言い放った」[13]。

ユダヤ人家族ワイス家のピアノは没収され、今では親衛隊の出世頭であるドルフの家庭に置かれている。夫婦と子ども二人のこの家庭は、今、クリスマスを迎えている。信仰に厚く、敬虔で、ドイツ人に対しては善良な市民生活を送っているドルフ家では、しかし、妻マルタは夫に向かい、ナチスに「積極的に自分を売り込む」よう促す人物であり、夫エリック・ドルフは今やどんな命令にも従うだけの人間になっている。ピアノにはワイス家の人々の写った写真が貼られたままだ。こうして離散させられ、バラバラにさせられたのは、家族のみではなく、家屋、財産、調度品もが、ある時は略奪され、ある時は競売にかけられドイツ人家庭の所有物になった。テレビの前でこれを見ている人々には、ひょっとすると目の前の中古のピアノの、あるいはガラス製品の所有者は誰であったのだろうかと自問する人が現れたとしても不思議ではない。戦後になり、書物、貴金属、保険証書をも含めた略奪財産の補償、返還が、戦後処理・補償の問題としてクローズアップされる。

第三部は、欧州の一一〇〇万人のユダヤ人の抹殺を決定した一九四二年一月二〇日のヴァンゼー会議から始まる。ナチス流の言い換えによれば、ユダヤ人問題の「最終解決」が目標とされた。この大量殺戮、ホロコーストの実施に備え、今までの排気ガスによる殺戮に代わり、ドラマでは「四六基の焼却炉」を備えた青酸ガス・チクロンBによるガス室が考案される。プファネンシュティールというゴミ処理衛生学の教授がこれを発案した一人として登場する。シラミ退治を口実に、一日、一万二〇〇〇人の生きた人間を煙突の煙と化せる殺人機構では、当時ドイツ最大の企業、IG―ファルベン社が関わった青酸ガスが主役を占めていた様子が知らされる。企業が、また学者もナチス政体を支えた事実が、茶の間に放映される。このドラマの放映は、時効そのものを廃止する力をも発揮した。一九七九年、ナチス犯罪を含めた全ての謀殺罪の時効が廃止された。

4　ヴァイツゼッカー大統領演説と歴史家論争

戦後四〇年を迎えた一九八五年五月八日、「過去を忘れぬことこそ和解の前提と説くなど、高い倫理性、深い宗教性[14]」をもったヴァイツゼッカー大統領の演説が連邦議会でなされる。この演説で、大統領は「戦いと暴力支配との中で斃れた全ての人を悲しみのうちに思い浮かべております[15]」と述べ、犠牲者を具体的に挙げていく。まず最初に、「強制収容所で命を奪われた六〇〇万人のユダヤ人[16]」を、次に「ソ連・ポーランドの無数の死者[17]」を、そしてドイツ人の兵士、空襲の犠牲者、ドイツの東欧占領地から戦後に追われた人々を心に刻む。ドイツ人よりも先に、まずユダヤ人と敵国だった人々を真っ先に挙げている。さらに、「虐殺されたシィンティ、ロマ、殺された同性愛の人々、殺害された精神病患者[18]」、宗教的、政治的に迫害を受けた人々。続いて抵抗運動をした人々にもふれ、まずはじめにドイツ占領下の「すべての国のレジスタンスの犠牲者[19]」に、次にドイツ人のレジスタンスに、そして「労働者や労働組合のレジスタンス、共産主義者のレジスタンスに（略）敬意を表します。積極的にレジスタンスに加わることはなかったものの、良心をまげるよりはむしろ死を選んだ人々を思い浮かべます[20]」。「人々が負わされた重荷のうち、最大の部分を担ったのは多分、各民族の女性たちだったでしょう[21]」。この演説は、多くのドイツ人の歴史認識に影響を与えた。

「演説後約二か月ほどの間に学校、個人などに配付されたテクストが九〇万部、大統領に宛てた感想の手紙が四万通というほどの〝ベストセラー〟ぶりであった。大半が賛意と感動を語り、新聞の社説も一せいに称賛した[22]」。

八〇年代はこうしてドラマ『ホロコースト』の衝撃と大統領演説への感動、称賛が語られた時であった。テレビの映像と議会での言葉により、ドイツ人の罪、責任を誠実に問い直そうとする世論や、歴史認識の広がりに対して、危機を感じた人々は、ナチス時代に先行する社会をとりあげ、その社会と比較することでナチス時代の罪と戦後責任を緩和し、願わくば、これらを消滅させようとした。その契機となったのは、一九八六年六月六日の日刊紙『フランクフルター・アルゲマイネ』に掲載されたエルンスト・ノルテの論文「過ぎ去ろうとしない過去」である。ここで比較の対象に選ばれた社会とは、ノルテの言う「アジア的」蛮行が行われている社会、すなわち、革命後のロシア社会である。ノルテは次のように主張する。ナチスやヒトラーは、「もしかするとひとえに、自分たちや自分たちの同胞を『アジア的』蛮行の潜在的もしくは現実的な犠牲者と見なしていたからではないか」(傍点――田村)[23]。ヒトラーは、ロシア革命のもつ「アジア的」残虐性からヨーロッパを防衛しようとしたのだという。別の論文では、「アウシュヴィッツは、(略)とりわけロシア革命のさまざまな抹殺事件に対する、不安から生まれた反動なのである[24]」。

こうなると、テレビドラマ『ホロコースト』で問われた残虐行為や、これから本書第二、第三章で取り扱う強制労働の実態は、ロシア社会への不安から生じた反動であることになる。そうすると、この説は、不安こそが原因であり、ナチス政体を産み出したドイツ社会の内在的要因から目を反らす役割を果たす。ハーバーマスらは、こうした説をナチス犯罪を軽減させ、ナチズムの過去を相対化させるものであるとして反論し、「歴史家論争」が展開された。ナチズムの過去を修正し、無害化させ、そのことでドイツ人の「誇り」を取り戻そうとする「歴史修正主義」の人々にとり、ドラマ『ホロコースト』がお茶の間に見せつけた残虐な真相はあまりにも衝撃的であった。エルンスト・ノルテによれば、「第三帝国の非道きわまる凶行を主題としたある映画〔『ホロコースト』〕は、ドイツと同様にアメリカでも、ほとんど未曾有の多勢の人々を揺り動かした[25]」。

いまだかつてないほど「多勢の人々を揺り動かし」たナチス時代の出来事が、また「過ぎ去ろうとしない過去」が、お茶の間に存在し続けることに耐えられない人々は、とりわけ一九九〇年のドイツ統一以後は、ナチス時代を早急に「過ぎ去」らせることで、ドイツ民族に誇りをもたせようとした。ドイツの歴史において、「ナチスの過去は全体のごく一部にすぎず、『事故』のようなもの[26]」でありたいと願う人々には、統一ドイツは、過去を封印したまま新たなナショナリズムを鼓舞する絶好の機会となった。しかし、ドラマ『ホロコースト』に見られるように、家屋、財産の強制的没収と略奪、理由も告げられない強制収容所への連行、この収容所での監視と刑罰のもとでの強制労働、ユダヤ人のみならずロマ族や東欧スラヴ系市民への民族差別、強制収容所が「天国」であるという宣伝、排ガス殺からガス殺への転化、また人体実験、断種、障害者の抹殺を図った安楽死計画、捕虜の虐待と殺戮――これらにより被害を受けた人々が今だに心身共に苦悩し、家族が離散したまま孤独にさいなまされる老後を過ごしている時、この人たちを直視しないまま産み出される国家像があるとすれば、それは、再び同じ過ちを犯す国家像になるであろう。ドイツの誇りというものがもし必要ならば、それは『ホロコースト』の実態やこれに関わった産、官、学、軍、司法、警察・親衛隊の役割を覆い隠すことからではなく、二度と蛮行をくり返さないための努力、歴史への反省、国境を越えた平和の創出への取り組みの中にこそ存在するであろう。冷戦終結後の民族紛争の多発、戦争の危機の増大の今こそ、こうした取り組みの中に、また普遍的な価値観の育成の中に、新しい誇りを見いだしたいものである。

5　基金の設立

本書は、『ホロコースト[27]』の現実を直視することから始まり、ナチス裁判や、ドイツの戦後処理・補償史を国際関係の中で描く。「歴史家論争」を経、東西ドイツの統一、冷戦構造の終焉とともに、歴史の真相の解明が国際的規模で繰りひろげられている。本書では、戦後処理をとりあげながら、とりわけ強制労働の補償の問題に焦点を当てる。

二〇〇〇年七月一七日、強制労働者に補償を行う財団が正式に発足した。政府、企業がそれぞれ五〇億マルクずつ計一〇〇億マルク（約五三〇〇億円）を、財団に設立された補償基金に拠出する。この基金は「記憶、責任、未来」と名付けられた。およそ一年後の二〇〇一年六月一五日から、約一五〇万人前後と推定される元強制労働の被害者に、戦後五六年目でようやく補償金の支払いが始まった。

ドイツの強制連行―強制労働の補償は、多くの論争を呼びながら、とにもかくにも「記憶、責任、未来」基金に収斂された。この基金の成立史とその将来、意味の解明には、次の検証が不可欠であると思われる。①ドイツの強制労働の特徴、すなわち、〈1〉第三帝国時代（ナチス時代）の企業、行政、軍による強制連行―強制労働の実態、〈2〉とりわけドイツ企業各社の関わりに焦点を据えること。②戦後になり、国際社会の関わる裁判（ニュルンベルク国際軍事裁判、一二のニュルンベルク継続裁判）とドイツ司法はこの産軍政の「三人四脚」による強制労働を裁いた。しかし、何を裁き、何を裁かなかったのか、それはなぜか、何が後の世代に残されたのか。これらを強制労働以外の補償史との関連で解明すること。③補償史総体の中で、新基金「記憶、責任、未来」の設立の足跡をたどり、戦争とその補償のあり方を探ることが必要であろう。新基金のキーワード「記憶」、「責任」はそれぞれ「過去」、「現在」を示すが、新基金の検証と解明には、上述したように「過去」のナチス時代から、補償史の「現在」を経て、「未来」に向けて、すなわち①―②―③という順で叙述する方法がふさわしいと思われる。したがって、本書は、強制労働とは何であったのか（過去）、国際・国内法で強制労働はどう裁かれ、どのように補償されたのか、あるいは補償されていないのか（現在）、新基金は何を対象にし、今後何が考慮されなければならないのか（未来）――これらを、既に述べた歴史認識のあり方と共に、記述の目的の中心に据える。

（1）原題は “Schuldig geboren”（Kiepenheuer & Witsch Köln, 1987）であり、日本語訳は、マサコ・シェーンエック訳『ナチスの子どもたち　お父さん戦争のとき何していたの』二期出版、一九八八年。

（2）同書一〇頁。

(3)同書二四頁。
(4)同書二〇頁。
(5)同書二五頁。
(6)井関正久『ドイツを変えた68年運動』白水社、二〇〇五年、一二三頁。
(7)佐藤健生「戦後ドイツの『過去の克服』の歩み」アジア民衆法廷準備会・編『問い直す東京裁判』緑風出版、一九九五年、注七(一七八頁)。
(8)(9)Stefan Reinecke: Gegen die Gefühlspanzerung, tageszeitung(以降、略称tazと表記), 2005.1.24
(10)マーチン・ギルバート、滝川義人訳『ホロコースト歴史地図』東洋書林、一九九五年、七七頁。
(11)同書一六八頁。
(12)(13)小池政行『国際人道法』朝日選書、二〇〇二年、五八頁。
(14)永井清彦訳『荒れ野の40年　ヴァイツゼッカー大統領演説』岩波ブックレット、一九八六年、五頁。
(15)—(19)同書一一頁。
(20)(21)同書一二頁。
(22)同書四頁。
(23)エルンスト・ノルテ、清水多吉、小野島康雄訳「過ぎ去ろうとしない過去」J・ハーバーマス、E・ノルテ他著『過ぎ去ろうとしない過去——ナチズムとドイツ歴史家論争』人文書院、一九九五年、四七頁。
(24)エルンスト・ノルテ、徳永恂訳「歴史伝説と修正主義のはざま?　一九八〇年の視覚から見た第三帝国」J・ハーバーマス、E・ノルテ他、前掲書三〇頁。
(25)同書九頁。
(26)朝日新聞社編『日本とドイツ——深き淵より』朝日文庫、一九九五年、二六二頁。
(27)一九七九年に放映されたこのドラマは、二〇〇五年一月二四日から二七日まで四日間にわたり再放映された。

第二章——強制労働

1——強制労働の実態

1 体験を語る

(1) ボッシュ社

ドイツは、一九三九年九月一日、ポーランド侵攻を開始した。九日、ワルシャワ攻防戦が始まり、ポーランド政府はルーマニアに亡命する。二七日、ワルシャワは陥落し、ポーランドはドイツとソ連とで分割占領される。ドイツ人総督ハンス・フランクの支配したポーランド総督府領の南端に、古都クラクフがある。ここから北西に向かうとルブリニツという小さな町に出会う。この町からも多くの人々が強制連行され、ドイツの企業で働かされた。一九二七年生まれのアルフレダ・ゴラスコは、妹と共にベルリンの北の女性専用強制収容所ラーヴェンスブリュックに送られた。父と姉は一九四四年八月二五日にアウシュヴィッツに連行され、翌月、殺害される。「ドイツ軍への抵抗運動に参加していた」という容疑で、ドイツ軍は住民を連行した。第二次世界大戦も末期頃になると、実際に抵抗運動に参加していたかどうかは、二の次になった。ドイツは、軍事経済を維持し、深刻になる労働力不足を補うために、一つには「抵抗運動(レジスタンス)に参加」を口実に住民を逮捕し、強制労働をさせた。一般市民を「抵抗運動者」に仕立て上げてから生産現場に連行した。もう一つは、正真正銘の抵抗運動者を以前のように殺害するのではなく、方針を変え、強制労働をさせる地域も出てきた。特に一九四二年から四三年頃になると、枯渇していく労働力を確保するために、東側占領地域ではレジスタンスとの闘いの目標を、生きたまま捕らえ、ドイツ帝国に連行する〈人狩り〉に転換する。

アルフレダ・ゴラスコは、ラーヴェンスブリュックで裸にされ、シャワーの下に連れて行かれ、視力、体力等を検査された。工場労働に適しているかどうかを判定されるために。彼女は若く、視力が良かった。中年の女性たちからは分離、選別されて、ベルリンのヴァンゼー近くにある町ドライリンデンの〈ある工場〉に連行された。ラーヴェンスブリュック強制収容所にそのまま残された中年の女性たちのその後の運命を彼女は知らない。強制労働では、些細なミスが咎められた。ゴラスコは証言している。「妹が殴られ、ただじっと見ているだけだったし、逆に私が殴られ、今度は妹がみているだけ。どうして彼らがそうしたかというと、私たちになにもかも喋らせ、仲間を密告させようとしたからです(1)」。

ドライリンデンの〈ある工場〉とは、ボッシュという企業の機械製造部門であった。ゴラスコと同様に、ヴィースラヴァ・ヴネツェヴスカという女性もその強制労働の様子を次のように語っている。「労働は一日一二時間、日曜も休みではありませんでした。作業中、一度も新鮮な空気を吸ったことはなく、太陽も見えず、外光にもあたりませんでした。常に空腹で、もし解放され生き延びることができたら、何を食べようか、いつも話していました(2)」。

労働力として使えなくなった収容者を「死の行進」として、収容所から外へ連れだし、間引くことも行われた。彼女は体験を次のように話している。「一度、縦縞の入った囚人服を着た男の人の側を通りかかったことがあります。彼は生きてはいないように見えました。しかし、私たちが彼の間近に来ると、頭をあげたのです。彼は道の縁に横たわっていました。ドイツ人が彼の側に来、(何か手出しができる時が来るのを)待っていたのです。そのドイツ人は私たちの目の前では何もしませんでした。私たちが通り過ぎると、彼を射殺しました。とにかく歩き続けるか、殺されるか、どちらかでした。こんな光景にもであいました。二人の収容者がグループから離れました。希望はありませんでした。ドイツ人が二人を連れていきました。やがて銃声が聞こえたのです。これが〈死の行進〉でした(3)」。

（2）フォード社

アメリカの自動車企業フォード社は、一九三一年、ドイツのケルン市に大工場を建設し、ここで戦時捕虜やソ連、ポーランド等の東側諸国の民間人を連行し、強制労働をさせた。現在、ケルン市は自動車の見本市が開かれることで有名である。戦後、ケルン市は一九八九年から毎年、元強制労働者を市に招待し、この人たちとの対話を通して、歴史を記憶する取り組みを行っている。そのきっかけを提供したのは、市民運動である。ドイツ政府とドイツ企業に、戦後反省と戦後補償を求めるケルンの市民グループは、「見本市収容所」という市民組織を結成し、この市に存在した二〇〇か所以上の強制労働の現場を調査し、歴史を過去のものにしない努力を続けてきた。市はこうした運動にこたえ、ナチス時代の歴史的責任に向き合う姿勢を示している。

かつてある日突然、ロシアから連行されたアンナ・ワイリエヴナは、ケルン市により招待され、フォード工場を訪れた。ただし、フォード社は、毎年ケルン市にやってくる元労働者たちに、ある時まで社の見学を一切許さなかった。それればかりではない。ナチスとの関わりを解明しようとする努力にも背を向けたままの姿勢を一貫して貫いてきた。市民運動「見本市収容所」や、戦後反省と戦後補償を求める人々の抗議に抗しきれなくなった会社は、一九九五年、初めて八人の元強制労働者を工場に〈迎え入れ〉た。しかし、その〈歓迎〉体制は、予定の行事を単に消化するだけであり、かつて意に反して、死と背中合わせの劣悪な条件下で働かされた人々への思いやりは全くなかった。しかも、この〈歓迎〉は社独自の企画ではなく、ある広告会社の催しものであった。したがって、この〈迎え入れ〉の意図は、一方では社が「強制労働者の招待」を誇大に宣伝し、販売促進を狙い、他方では広告会社の側も広告サービスで営業の拡大を狙ったのではないか、と疑われてもやむを得ないものだった。ワイリエヴナは工場を訪問した際、次のように証言している。「記憶が蘇ってきました」[4]。それはかつて冷却液の入った容器を引きずり、一つ一つの機械まで運んでいた場所にやってきた時だったという。一九四二年、連行された時、彼女は一六歳であった。「武装した男たちが家々を回ってきたのです。彼らは地元の警察官で、ドイツ占領軍の言いなりでした。隠れていても無駄でした。村全部の住民が射殺されるからです。家畜の群のように私たちは素足で追い出されました。なぜなのか、どこに連れて行かれるのか、特に不安な私たち小娘や少年にはわかりませんでした。望むことは、誰をも撃たないで欲しいということでした[5]」。

ステファン・イワノヴィチは、三段ベッド、タマネギ型のストーヴを思い出す。「ここで一つのストーヴを囲み、三〇〇人が暖をとりました。一日、一二時間以上の労働でした。冬でも履き物は木靴だけでした[6]」。ロシア人女性アンナ・ネステルクは、フォード社の最初の強制労働者であり、三年の間、働かされた。戦闘の末の捕虜でもなく、強制収容所の囚人でもなく、普通の民間人であった彼女は、「捕虜と同じ扱いを受けました。板張りの三段ベッドで眠ったのです。私に付けられた番号は、八七二番でした。おがくずが詰められたマットレスしかなく、それがベッドのすべてでした。私たちには慢性的な飢餓状態が続いたのです。私は地下から盗んだ一袋のジャガイモの件で咎められ、殴られ、監禁されました。仕事に対しては、一銭のお金も支払われませんでした。もらったものといえば、特にゴム製の警棒による殴打でした。周りには、警察の目が光っていました。ケルンに関して私が思い出すことは、朝から晩まで働きづめだったこと、そして飢え、警棒、監禁室です[7]」。

ステファン・イワノヴィチが証言するように、賃金は、強制労働者にはほとんどの場合支払われなかった。しかし、実は企業側は多くの場合、支払っていたことが知られている。支払先が強制労働者ではないとすれば、では一体誰に対してか。ナチス側に対してである。強制労働者をめぐる一連のプロセス〈連行―労働―殺戮、あるいは運が良ければ生存〉は、ナチス親衛隊、企業そして正規軍である国防軍の三者の共同謀議、共同行動の産物であった。後に再度触れるが、親衛隊は強制収容所を管理運営していたので、連行してきた人々を、企業側からの依頼、申請に基づいて、各企業に振り分け、配分する権限を持っていた。フォード社は、一九四四年八月一二日、ワイマールにあるブーヘンヴァルト強制収容所から五〇人の収容者をケルンに連れてきて、一六人の監視員体制で労働させている。収容者のうち、技能労働者には一日六ライヒスマルクを、補助労働者には四ライヒスマルクにあたる労賃を、ナチス親衛隊に支払っている。こうして親衛隊は、強制連行者を企業に配分するナチス版〈派遣労働斡旋業者〉であり、一種の〈強制収容所産業〉を営んでいた。

ところで企業は、彼ら、彼女たちが飢餓、病、疲労、寒さにより、そして時には連合軍の爆撃により負傷し、働けなくなれば、健康や疲労の回復に配慮をしたかというと、全くそうではなかった。この人たちは焼却炉に投げ入れられ、新たな強制連行により次の人材が無限に供給された。古い「消耗品」[8]が新たな「消耗品」に取り替えられるだけだ。マリアン・ガツィンスキーは、一九九三年、ケルン訪問中に収容所時代の記録を執筆し、次のように報告している[9]。「病気になり働けなくなれば、ブーヘンワルトに移送され、ここから別の収容者が補充される。ナチス親衛隊の支配は残酷を極めたが、私は生き延びた[10]」。その理由は、皮肉にも長年の収容所体験にあるという。彼女たちは「常に正しく振る舞ってきた。なぜならば、規律をもっていたからである。些細なことで命が奪われることを知っていたからである[11]」。咎められるミスを犯さないよう、自己への規律を厳しくすることで逆境から生還した人もいたわけだ。

たまたま幸運の巡り合わせで生き残り、祖国へ帰還できた人々には、また新たな苦難が押し寄せる。家族が行方不明だったり、殺戮されていた、という身内の不幸だけではない。また、心身の傷、すなわち、自身の肉体的傷害や精神的トラウマだけではない。先ほど紹介したフォード社最初の強制労働者アンナ・ネステルクの証言にもう一度、耳を傾けてみよう。

「祖国に帰ると、兵士たちに軽蔑されました。こう言われたのです。『あなた方はもういらない。ドイツ人のために働き、国家を裏切った』と。私たちには厳しい生活が待ち受けていました。私は、初めのうちは家の外で生活せざるを得ませんでした。ドイツ人は引き揚げるときに家を焼いていったからです。誰も私に援助の手を差し伸べようとはしませんでした。なぜならば、私たちは国賊と見なされていたからです[12]」。

（3）IG―ファルベン社

私の住む金沢は北緯約三七度である。これをヨーロッパにたどると、イタリア半島の最南端のさらに南を通り、アフリカに出る。すなわちチュニジアの首都チュニスに出、更に西に進むと、スペインの南端を通過する。おおまかに言って、ヨーロッパは、北緯三七度以北にあり、寒冷地に位置する。アウシュヴィッツ強制収容所のあるポーランドのクラクフは北緯五〇度である。北海道の網走をはるかに越え、樺太の中部にあたる。アウシュヴィッツ強制収容所は、四つの部分から成る収容所群である。このうちの一つにモノヴィッツ収容所がある。この収容所のIG—ファルベン社で働かされ、奇跡的に生還したハンス・フランケンタールは、寒冷と雨の体験を次のように語っている。アウシュヴィッツに一日中雨が降ると、収容者はずぶぬれで労働から帰ってくる。翌朝までには衣服は乾かない。濡れたままの、冬場はカチカチに凍ったままの囚人服をそのまま着る。北緯五〇度の空の下、少しでも風邪をひけば「肺炎にかかり死に至る者が多い(13)」。寒冷と吹雪に晒されたまま暖をとる場所はなく、冷たく息をひきとった後に投げ入れられる場所が焼却炉の熱い炎の中とは残忍すぎるのではないだろうか。

(4) 企業の「被害者」論

ここに取りあげた人々の体験は、ナチス国家が軍需経済を推進する中で、どこにでも見られた極めてごく普通の出来事であった。今日、ボッシュ社のみならずドイツの産業界はすべて、強制労働者は、ナチス政体が各企業に割り当てたのであり、企業は彼ら、彼女らを雇用せざるをえなかったという。ドイツ企業は強制労働者を押しつけられた被害者であった、というわけだ。こうした「被害者」論が事実にあっているかどうかは、本書を読み進めていく中で明らかになるであろう。

2 強制労働者の由来

本書で扱う強制労働者とは、自己の意志に反して、ドイツやドイツの占領地、従属国にある企業、自治体、教会、個人の家庭などで働かされた人々である。ここでなぜ強制労働者にさせられたのか、その由来を三つに分けたい。

第一は、戦時（争）捕虜である。彼らは戦闘中にドイツ軍に捕まった、兵士、軍属である。彼らは主として捕虜用の収容所に入れられた。強制労働をさせられた第二の人々は、強制収容所の収容者である。企業は、責任者を強制収容所に派遣し、強制収容所を管理・運営していたナチス親衛隊により、予め選別された男女収容者の中から強制労働に適任者を選びとる。この人たちは、「しばしば裸に」[14]され、子細に観察され、体力・運動能力のテストを受けさせられる。中でもとりわけ大量に強制収容所収容者を使用していた企業は、ＩＧ―ファルベン社、ハインケル・ウント・メッサーシュミット社、フォルクスワーゲン社、ダイムラー・ベンツ社等である。いずれもナチスと親密な関係を維持していたために、優遇され、収容者の配分という〈分け前〉にあずかり、他方、ナチス親衛隊側は、〈派遣労働斡旋業〉で潤った。

期　間	創業資本金 単位：億 DM
44.10.10–45.4.14	8
	不明
報告なし	34.715
報告なし	37.516
報告なし	4.867
	3.04
1940–45.4	
報告なし	4.589
1942.9–1945.7	42
1944.8–1945.4	7.2
報告なし	2.315
1940.8–1945.4	3.95
報告なし	23
1941–1945.4	70.385
	2.298
	41.939
報告なし	32.346

〔図表１〕民間労働者収容所 Zivilarbeiterlager の一例

企　業	分　野	投入数	収容先	本　社
Agfa 株式会社	出版産業 化学産業，光学	500	・ダハウの強制収容所 親衛隊司令部	ミュンヒェン
バールゼン 有限会社	食品産業	200	・民間労働者収容所	ハノーファー
BASF 株式会社	化学産業	不明	・民間労働者収容所	ルートヴィヒス ハーフェン
Bayer 株式会社		1450	・民間労働者収容所	ドルマーゲン
コンティネ ンタル 株式会社	ゴム・プラス チック生産 サービス産業	4545	・ノイエンガメ強制収容 所親衛隊司令部 ・民間労働者収容所	ハノーファー
BMW ロールスロイ ス有限会社	自動車産業	2834	・ブーヘンワルト， ダハウ強制収容所 親衛隊司令部	アイゼナハ ダハウ
ダイムラー・ クライスラー 株式会社	自動車・ 保険・情報 技術産業	少なくとも 32482	・親衛隊刑執行収容所 ・ブーヘンワルト， ダハウ強制収容所親衛 隊司令部	モスバッハ ダハウ アイゼナハ ハンブルク
Degussa 株式会社	化学・機械・ 金融	130	・民間労働者収容所	ラインフェルデン
ドイツ鉄道 株式会社	交通・ 長距離導 管輸送	少なくとも 4680	・フロッセンビュルク強 制収容所親衛隊司令部 ・民間労働者収容所	
フォード 株式会社	自動車産業	1350	・ブーヘンワルト強制 収容所親衛隊司令部 ・民間労働者収容所	ケルン
ハンブルク 給水設備	エネルギー・ 水道供給	報告なし	・民間労働者収容所	ハンブルク
ホッホティー フ株式会社	建設	7935	・労働教育収容所 ・ダハウ，ノイエンガメ強 制収容所親衛隊司令部 民間労働者収容所	シュタルン ベルク　メッペン エッセン
ルールガス 株式会社	エネルギー供給	150	・民間労働者収容所	とりわけエッセン
ズィーメンス 株式会社	自動車産業 事務機器， 光学機械	4993	・ラーヴェンスブリュッ ク，マウトハウゼン強 制収容所親衛隊司令部	とりわけフュル ステンベルク ベルリン
Stadtwerke Dueseldorf 株式会社	エネルギー供給	60	・民間労働者収容所	デュッセルドルフ
テュッセン 株式会社	自動車，光学，プ ラスチック産業	4840	・労働教育収容所 ・民間労働者収容所	デュイスブルク デュッセルドルフ
フォルクス ワーゲン 株式会社	自動車	少なくとも 4560	・ノイエンガメ強制収容 所親衛隊司令部 ・民間労働者収容所	ブラウンシュ ヴァイク

出典：Aktion Sühnezeichen: Die Liste der Zwangsarbeit-Profiteure ist enorm lang, taz, 99.10.8

最後は、民間人強制労働者である。ドイツは他国を占領したり従属国にした時、あるいは、これらの国々から退却をする時、労働者、住民、子どもを連行した。占領地では、初めは勧誘をしていた場合もあったが、まもなく残忍な方法に変わり、路上で、また民家から暴力的に一般市民を狩り集めた。あるいは、工場を乗っ取り、そこに働く労働者を以前より劣悪な条件で、生と死が隣り合わせの環境で働かせた。例えば、一九四一年、フリック社は、占領地リガの車両工場を労働者をもひっくるめて奪い取った。七五〇〇人の労働者は、監視と刑罰による脅しの下で強制労働をさせられた。戦線からの退却時にも連行が行われ、特に、一九四三年秋、ソ連戦線で敗北したドイツ軍が、市民を大量にドイツに連行してきた件が有名である。収容先は、各地の強制収容所の親衛隊司令部であったり、民間労働者用の収容所であった。後者の場合では、この人たちのために新たに造ったバラックや改造した建物が使われた。【図表1】はこの民間労働者収容所の一例である。

3　出身国別の強制労働者

いつ、どこの国や地域から強制労働者は連行されてきたのか。以下では、この〈時〉と〈国、地域〉に焦点をあてよう。この問題は、ドイツが占領地をいつ、どこに求めたか、という歴史的事実に対応する。

(1)　チェコ

一九三八年九月三〇日、ヒトラーは、チェンバレン（イギリス首相）、ダラディエ（フランス首相）、ムソリーニ（イタリア首相）とミュンヘン協定に調印をした。彼はこの協定により、チェコスロヴァキアの中でドイツ系住民約三〇〇万人が住むズデーテン地方をドイツに即時割譲することを認めさせた。翌一〇月一日、ドイツ軍はここに進駐した。他方、一一月九日から数日間、ドイツ全土と併合地オーストリアでユダヤ人商店が破壊され、シナゴーグ（ユダヤ教会）が放火され、聖典が焼かれ、ユダヤ人が殺害された「水晶の夜事件」が起こる。三九年三月一五日、ドイツ軍はプラハを占領し、チェコスロヴァキアを解体する。ハンガリー、ポーランドに譲与された地域を除いて、現在のチェコ共和国にあたる地域は「ボヘミア＝モラヴィア保護領」とされ、ドイツ国家の構成要素に組み入れられる。他方、現スロヴァキア共和国に該当する地域は、「独立」を維持したが、それは名目的、形式的なものにすぎず、ドイツの傀儡国家となった。（【地図1】）

〔地図１〕併合されたボヘミアとモラヴィア（1935年３月15日）

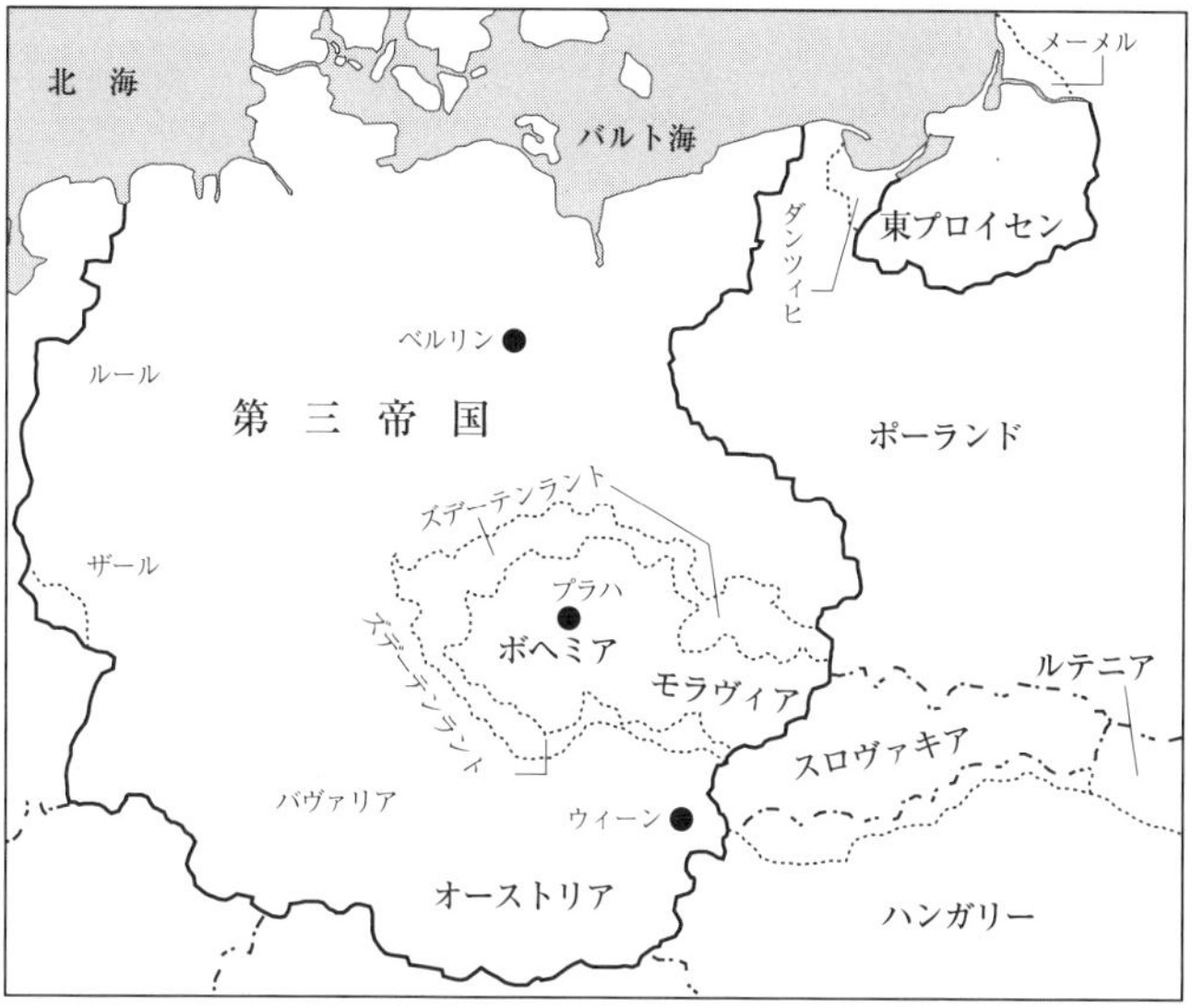

出典：マーチン・ギルバート，滝川義人訳『ホロコースト歴史地図』1995年，東洋書林，29頁より作図。

ナチスドイツは、三九年の半ばあたりまでは、チェコスロヴァキアから労働者を契約に基づき、比較的自由な意志を基盤に集めていた。しかしその背後では、プラハ占領の以前からすでに将来、労働者を強制的に連行する計画を立てていた。プラハ占領は確かに無血ではあったが、占領する側のドイツは戦闘をも考慮に入れていた。ドイツ政府がこの国から期待した〈戦利品〉は、戦時捕虜であった。やがて占領政策を次第に強化するにつれ、労働者は強制的に集められ、ドイツ帝国へ連行されていく。一九三九年五月、ドイツのルール地方の鉱山資本は、ボヘミア＝モラヴィア保護領と実体のない「独立国」スロヴァキアから多数の民間人の移送を公然と主張する。この鉱山資本は、民間人強制労働者の連行を考慮に入れた最初の企業であった。六月二三日、ナチ政府のナンバー２のヘルマン・ゲーリング帝国国防会議議長は、経済相フンクに次のような指示を出した。戦時捕虜と強制収容所の収容者、それに刑務所の囚人を雇用する準備を整えよ、と。ターゲットはボヘミア＝モラヴィア保護領であった。こうして三九年半ば以降は、保護領からドイツ帝国への強制連行が始まる。一方で、一九三九年三月二二日、リトアニアにメーメルの割譲を要求し、翌二三日、ここを占領する。

〔地図２〕東部の労働キャンプ（1940年１月）

出典：マーチン・ギルバート，滝川義人訳『ホロコースト歴史地図』1995年，東洋書林，39頁より作図。

（2）ポーランド

一九三九年九月一日、ナチスドイツは、宣戦布告なしにポーランドを急襲する。この国はドイツ軍の電撃戦で一挙に征服され、二七日、首都ワルシャワが陥落する。翌二八日、ナチ政権はソ連との間で独ソ友好条約を締結する。これにより、ポーランドは独ソ間で三分割される。ソ連への併合地域、ドイツへの併合地

域、そしてポーランド総督府領である。（【地図2】）

〈1〉強制連行と職安

当初、ドイツは労働力を集めるにあたり、市民から自由意志で募集をした。しかし、これでは集まらず、次第に、警察力による一斉手入れに頼る。さらに「路上で手当たりしだいにつかまえてキャンプへ送[15]」る方法へとエスカレートする。しばしば全村が包囲され、道路上で、映画館、学校で急襲され、市民は暴力的手法でドイツへ送られた。

ところでドイツの産業界では、九月一日の急襲直前から、ポーランド人の労働者を求めようとする声が増大する。ポーランドとの戦闘の最中にあった一九三九年九月一二日、ドイツの専門家グループ・金属採鉱業会は、その傘下の加盟各社に回状を配布した。「ポーランド人戦時捕虜が必要かどうかを報告するように[16]」という内容であった。これ以降、企業は職安に殺到し、可能な限り多数のポーランド人労働者を斡旋するよう働きかける。というのも、ナチスドイツは、一九三九年一〇月半ばまでにポーランドの上部シュレージェン地区に一一五の職安を新たに開設していたからである。職安の新設と連続して、一九三九年一〇月二六日、ドイツ占領軍は、年齢一八歳から六〇歳のポーランド人に労働の義務を告知する。こうして連行は、初期の粗暴な手入れや逮捕から、職安を通す組織的な方法に移行する。

職安を通したからといって、全土で紳士的な募集方法が展開されたというわけではなかった。粗暴な方法から〈だましの手口〉に変わっただけである[17]。次のような例が報告されている。開設された職安は、ポーランドにではなく、〈だましの手口〉でドイツの企業に労働者を〈斡旋〉する業務を担った。一九三九年一二月、ドイツ占領当局は、一四歳の子どもにも今後労働の義務が生じる、と発表した。就労していることを証明できない子どもは、ドイツに強制的に送られてしまうという。そこで一四歳になったユリアン・オレク・ノヴァク少年は、職捜しをし、職安に登録をした。板金工場で見習い工の職を得る。工場では就労証明書を発行してくれた。この証明書をもって再び職安に出頭し、就労登録をする。職安は登録を望むポーランド人でごった返していた。ドイツ人の役人は、ドイツ語で指示をする。列で順番を待つ人々には、わからない。ますます騒然とする。やっとのことで自分の身分証明書と板金工場での就労証明書を提出した。この証明書が受理され、ドイツ行きは避けられるはずであった。しかし、占領軍の役人は、就労登録をさせることが目的ではなかった。提出した身分証明書は、〈労働斡旋書〉と一緒に返却されるという。そして、この〈労働斡旋書〉を受け取らない者は、職安から一歩も外へ出られなかった。銃剣下での〈労働斡旋書〉の受け取り強制である。「就労登録」という名目で、一四歳以上を全国から洗い出し、出頭させ、強制的に〈労働斡旋書〉を受け取らせる。少年はそのままドイツへ連行された。

占領下で市民への労働の義務が徹底されていくにつれ、一般住民の、すなわち民間人強制労働者のドイツへの移送が大量に始まる。一二月一二日、ユダヤ人男性全員に強制労働が義務づけられた。「総督府領とドイツの併合地域ヴァルテ大管区に労働キャンプが設置された[18]」(【地図2】参照)。こうして一九四〇年五月までに、一〇〇万人以上のポーランド人が、ドイツ帝国やドイツの占領支配地域に送られた。

〈2〉農業労働者

もともとドイツには、一九三九年九月一日以前にポーランド人の季節労働者が約一〇万人いた。彼らは自由意志に基づいてドイツに来て、主として農業労働に従事していた。こうした歴史的経緯があるために、ポーランド人労働者というと農業労働者というイメージが生じていた。しかし、九月一日以降は、占領政策で労働が義務化され、ドイツ帝国や占領支配地域の農業分野に投入された人々は、季節労働者とは労働条件が全く異なる。一応職安を通すために、賃金は支払われた。しかし、ユダヤ人のみならず東欧出身者やスラヴ系民族を最劣等視するナチスのイデオロギーにより、ポーランド人は差別と偏見に晒された。賃金は、ドイツ人農業労働者のなかで低い賃金のさらにその半分であり、この中からドイツの国庫に社会保障分担金として一五パーセントが差し引かれた。日常生活では、衣服にはポーランドの「Ｐ」の文字を縫いつけなければならず、ドイツ人との性的交渉は禁じられ、これを犯すと死罪が待ち受けていた。労働では、現場の農業指導者や警察、秘密警察に常に監視され、虐待に晒されていた[19]。

（３）北欧、フランス

ここまでナチスドイツは、東側諸国の占領支配、すなわちオーストリアを併合、チェコスロヴァキアの解体、リトアニアのメーメルを占領、そしてポーランドの征服を続けてきたが、一転して今度は北ヨーロッパの支配をめざす。一九四〇年四月九日、ドイツ軍はデンマークとノルウェーを電撃的に攻撃する。デンマークは占領され、ノルウェーは五月五日、政府がロンドンに亡命し、六月一〇日に降伏をする。北欧から転じて、五月一〇日、ヒトラーは、西側諸国、西部戦線での総攻撃を開始する。中立国のオランダ、ルクセンブルク、ベルギーは宣戦布告なしに攻められ、一五日にオランダが、二八日にはベルギーが降伏する。ゼネスト等により抵抗を続けていたルクセンブルクも四二年九月一日、戒厳令下にゼネストは武力鎮圧される。

ナチスドイツはここからフランスに軍を進め、六月一四日、パリに入城する。フランスは、この後、三分割され、首都パリを含む北部をドイツ・イタリアが占領地域とし、南部をペタン元帥を国家主席とする親ナチス政権のヴィシー政権が支配する。一方、東部は、併合地域とされ、ドイツ軍司令部の管轄地位となる。一八日、ロンドンに亡命中のドゴール将軍は、ラジオを通じてフランス国民にレジスタンスを呼びかける。

八月八日、ドイツ空軍は英国本土への空爆を開始する。しかし、英国空軍の抵抗は頑強であり、独軍は、英国の制空権を握れず、敗退する。また一〇月一二日、英国本土への上陸作戦も翌春まで延期することを決定する。

ところでドイツ国防軍は、ポーランドとの戦闘で捕まえた戦時捕虜に加えて、北欧やフランスの戦時捕虜を

〔地図３〕第三帝国における強制収容所

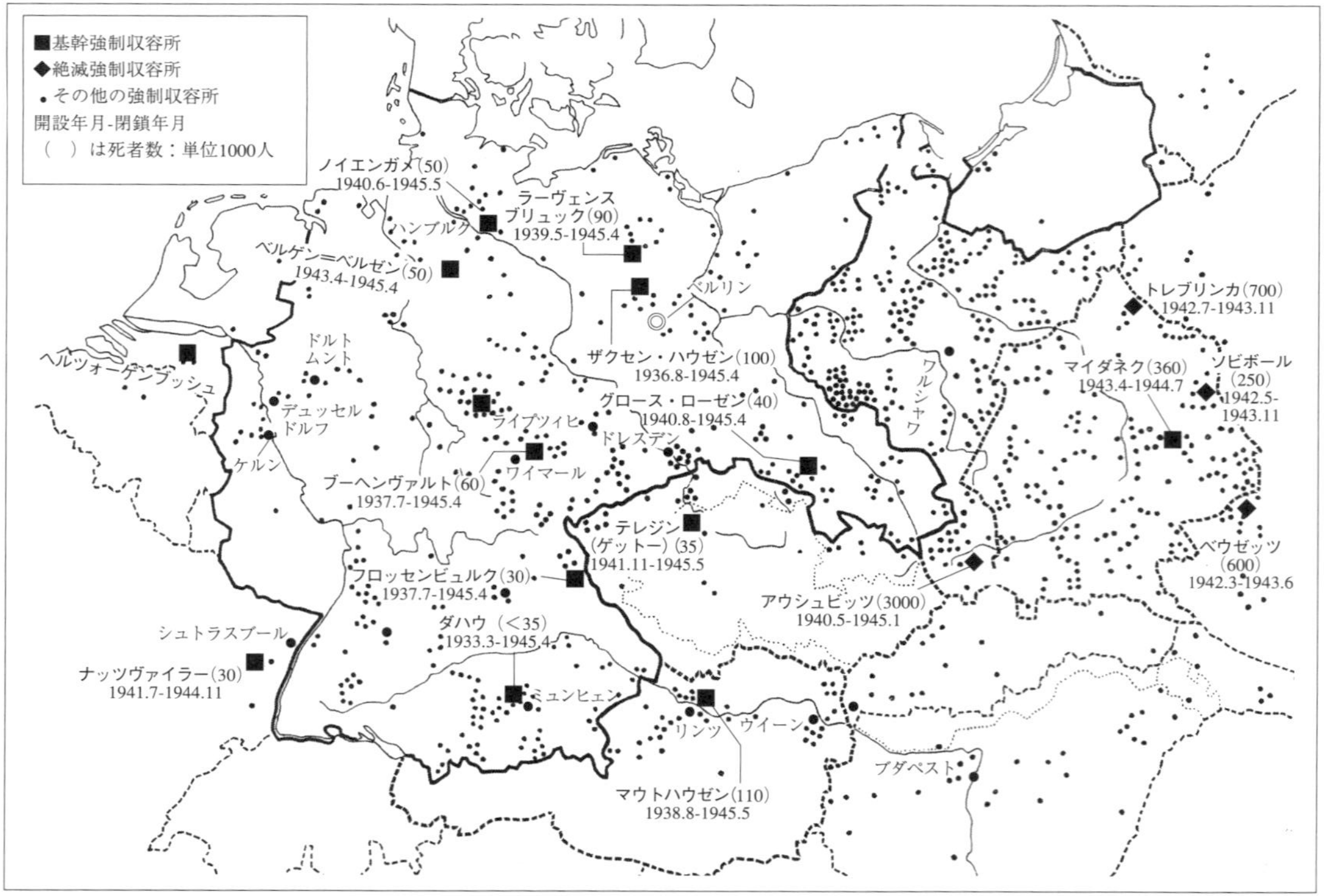

出典：Walter Goebel: Abiturwissen, Das Dritte Reich, Ernst Klett, 1987, S.115
Brockhaus Enzyklopaedie, F. A. Brockhaus, Mannheim, 1990, KIR-LAG S.324 ，両書より作成。

抱えることになった。一九四〇年夏、国防軍は、大量の捕虜の監視、使役、寝泊まりを担当せざるを得なくなった。そこで自身の労務の負担を軽減する対策を打ち出した。すなわち、ポーランド人戦時捕虜を、書類上で分類を変え、「民間労働者」とみなし、それによりこの人たちを国防軍の分担領域から外した。

ドイツが抱え込み、手に負えなくなった人々は、戦時捕虜だけではない。開戦約一〇か月後の一九四〇年七、八月頃までの段階では、ユダヤ人に対してはドイツから移住、追放政策が採られていた。一九四〇年六月、アイヒマンは、フランス領マダガスカル島が移送先であると説明している。しかし、チェコ、オーストリア、ポーランド、北欧、それに西側諸国を次々に占領し、その国の中で支配を拡大していくにつれ、これらの国々に住む数百万人のユダヤ人を占領支配のなかに取り込まなければならなくなった。こうしてナチスドイツは、対ユダヤ人政策で壁にぶつかった。これだけ多くの人々を移住させ排除する方針には、治安や労務対策上の、また物理的な限界がある。一九四一年一〇月一日、ナチス親衛隊長官ヒムラーは、ユダヤ人の海外移住禁止令を出した。これ以降に取られた政策は、移住ではなく殺戮であった。ポーランドに一九四〇年から四三年にかけて殺戮を主目的とする「絶滅収容所」が六か所建設された（【地図3】を参照）。

（4）ソ連

〈1〉生存圏

一九四一年六月二二日、ドイツは独ソ不可侵条約を破り、ソ連に宣戦布告する。ハンガリー、ルーマニア、フィンランドの同盟軍と共に、世界の軍事史上最大の作戦であるソ連侵略を開始した。いわゆる「バルバロッサ作戦」である。「軍兵三〇〇万人（陸軍の七五パーセント）、航空機や戦車も過半数以上投入したドイツ軍は、ソ連が併合していたポーランド東部、バルト海沿岸国のエストニア、ラトビア、リトアニアをたちまちのうちに占領する」[20]。

もともとヒトラーの狙いは、海外に植民地を求めるのではなく、東方の征服、ソ連の侵略であった。ヒトラーによれば、ドイツと、ドイツ民族が多数派の国オーストリアとが〈生存〉するためにはチェコのズデーテン地方が、さらにチェコそのものが必要であり、このチェコを含めた大ドイツ帝国が〈生存〉するためにはポーランドが不可欠である。こうして他国の領土を次々とドイツに取り込んで、〈生存圏〉を拡大していく侵略主義の行き着く先は、ソ連であった。今日、ドイツはこれらの国々を領土としなくとも〈生存〉している。軍事力に頼る政策の愚かさが痛感されると共に、外交努力の大切さが教訓となろう。

かつて日本でも山縣有朋らが、朝鮮を、次には満蒙を〈利益線〉と称し、ここを死守することで、日本の将来が確保されると説いた。今、日本はこれらを領土としなくとも〈生存〉している。

一九三七年一一月五日、ヒトラーは陸海空の三軍首脳を前に演説をし、今後の戦争計画を説明している。説明をメモしたヒトラーの軍事副官ホスバッハ大佐の名を取って、「ホスバッハ覚書」と呼ばれている演説である。これによると、ドイツは八五〇〇万人の人口を抱えているので、他の領土を要求できる権利があり、生存圏の獲得、食糧の確保、土地の獲得がなされなければならない。チェコスロヴァキア、オーストリアを占領し、「その土地から非ドイツ人を一掃することによってドイツ人のための生活空間が得られるだろう。『ドイツの問題は力によってのみ解決されうる』」[21]。領土獲得には暴力の道しかない、という。対ソ戦を控えた一九四一年三月三〇日、ヒトラーは幹部将校らに対ソ戦は「絶滅戦争」であると訓辞する。さらに五月、各省次官会議の記録によれば、①ソ連からは食糧を奪うこと、穀物類はドイツへ、肉類は現地で消費する。②これによりソ連では数百万人の餓死者が出ることが予想されるという。とりわけ、ソ連南部に進駐する部隊は、カフカースの石油、黒海北のウクライナ工業地帯の略奪が目的の中に入れられた。

〈2〉強制労働の実態

①最大数のソ連人強制労働者

ソ連に侵略したナチスドイツは、一九四二年から四三年にかけての冬期に敗北に直面する。北はレニングラードから南はスターリングラードの南まで伸びきった戦線は、以降、ソ連軍の激しい抵抗にあい、徐々に後退していく。ドイツ軍の電撃戦による勝利は終焉し、ドイツの戦時経済は危機を迎える。ソ連市民、戦時捕虜の大量投入がさらに加速する。一九四二年三月二一日、ヒトラーは、後にニュルンベルク国際軍事裁判で死刑判決を受けることになるフリッツ・ザウケルを、労働動員全権委員に任命する。一九二三年以来の古参のナチス党員で、党への忠実度ナンバーワンである彼の任務は、ドイツ国防軍やドイツの占領当局と協力して、できるだけ大量の人間をドイツに連行することであった。こうして一九四二年四月から六月だけで、一一〇万人のソ連市民がドイツに連行され、民間人労働力として酷使された。続く七月から一二月の間に、三四万人がドイツに強制的に連れてこられた。

連行は手当たり次第に行われた。例えば、旧ソ連の白ロシアでも再三にわたり、警察の力で人々の多く集まる市場、教会、映画館、公園などで兎狩りにも似た〈人間狩り〉が行われた。さすがに労働動員部局内部からも異論がでてきた。「今緊急に必要なことは、再度注意をうながすことである。すなわちドイツ帝国へ労働者を募集するにあたっては、自由意志にのみ基づいてなされるべきである」[22]と、部局の一幹部が指摘している。

一九四四年夏には、推計で七～八〇〇万人のドイツで働く全外国人労働者のうち、ソ連人は他のどの国の人々よりも多かった。ソ連人民間労働者は二八〇万人を数え、うち半数以上は女性であった。戦時捕虜は六三万人に達していた[23]。一方、強制労働による死者も膨大な数にのぼり、一九三九年の対ポーランド戦争から一九四四年夏までに、戦時捕虜は三三〇万人が死亡し、このうちソ連人が二〇〇万人（約五八パーセント）を数え、強制収容所、労働収容所等で殺害された。ソ連人民間労働者は、数十万人が飢餓、病気、虐待等で殺される。

②強制労働者の人数

ここでナチス側の労働担当部局が、ナチ支配の時代の最後に発表した統計数値を見てみよう。ドイツ戦争経

〔図表２〕ナチス当局の公表：外国人労働力の総：1944年８－９月

ソ連	2,851,002（バルトの諸共和国を含む）	36%
ポーランド	1,690,642	21
フランス	1,246,388	16
イタリア	714,685	9
チェコスロヴァキア	313,890	4
オランダ	254,544	3
ベルギー	249,823	3
ユーゴスラヴィア	187,119	2
総　　計	7,906,760	

出典：Dietrich Eichholz: Zwangsarbeit in der deutschen Kriegswirtschaft, In: Ulrike Winkler (Hg.): Stiften gehen, NS-Zwangsarbeit und Entschädigungsdebatte, Papy Rossa Verlag, 2000, S.16-17

（上記文献より作成。合計のパーセントが100未満なのは，掲載された諸国以外からの外国人労働者が記載されていないためと思われる）

〔図表３〕「大ドイツ帝国」の労働投入における外国人民間労働者と戦時捕虜：1944年８－９月

国　籍	戦時捕虜	民間労働者			合　計
		男	女	計	
ベルギー	50,386	170,379	29,379	199,437	249,823
バルト諸国		28,450	16,349	44,799	44,799
ブルガリア		14,207	2,050	16,257	16,257
デンマーク		12,179	3,791	15,970	15,970
英国	80,725				80,725
フランス	599,967	603,767	42,654	646,421	1,246,388
ギリシャ		12,532	3,126	15,658	15,658
イタリア	427,238	265,030	22,317	287,347	714,685
ユーゴスラヴィア	89,359	72,263	23,497	97,760	187,119
オランダ		233,591	20,953	254,544	254,544
ポーランド	28,316	1,088,540	573,796	1,662,336	1,690,642
チェコスロヴァキア		252,825	61,065	313,890	313,890
スイス		11,835	5,179	17,014	17,014
ソ連	631,559	1,062,507	1,112,137	2,174,644	2,806,203
ハンガリー		17,206	7,057	24,263	24,263
合計	1,930,087	3,986,308	1,990,367	5,976,673（総計）	7,906,760

出典：Herbert Ulrich (Hg.): Europa und der "Reichseinsatz". Ausländische Zivilarbeiter, Kriegsgefangene und KZ-Häftlinge in Deutschland 1938-1945, Essen, 1991, S.12

〔図表４〕農業分野と工業分野における強制労働者：1944年８—９月

	農業分野	人数
合計		2,747,238
強制労働者の由来	民間労働者	
	ポーランド人	1,105,719
	ソ連人	723,646
	戦時捕虜	
	フランス人	351,307
	ソ連人	138,416

	工業分野	人数
合計		3,426,267
強制労働者の由来	金属産業界合計	1,691,329
	民間労働者	
	ソ連	752,714
	フランス	292,800
	ポーランド	128,556
	ベルギー	86,441
	チェコ	80,349
	戦時捕虜	
	イタリア	179,988
	ソ連	130,705
	鉱山業界合計	433,790
	民間労働者	
	ソ連	92,950
	ポーランド	55,005
	戦時捕虜	
	ソ連	159,898
	イタリア	43,684

出典：Dietrich Eichholz: Zwangsarbeit in der deutschen Kriegswirtschaft, In: Ulrike Winkler (Hg.): Stiften gehen, NS-Zwangsarbeit und Entschädigungsdebatte, Papy Rossa Verlag, 2000, S.23
（上記文献より作成）

済の研究家である経済史家ディートリヒ・アイヒホルツによれば、この労働担当部局は、一九四四年八月～九月における大ドイツ帝国の強制労働者の総数を、七九〇万六七六〇人であると公表した（【図表2、3】参照）。アイヒホルツは、この統計が強制労働の実態を反映していないとして、その根拠を次のように示している[24]。

第一に、ナチス当局も期間を絞って公表しているように、これは一九四四年の二か月間だけの限定された数字であり、一九三九年～四五年の全強制労働者数を表わしていない。第二に、表には強制収容所の収容者欄が欠けている。すなわち、約五〇万人分が欠落している。第三に、ハンガリー・ユダヤ人の少なくとも一二万人が加えられていない。第四に、一九四四年の夏～秋に、まだ強制労働に投入されていない人々がいる。第五に、この表から消えている人々には以下のような強制労働者が含まれている。殺害された人々、飢餓、寒さ、過労、病気で死んだ人々、逃亡した人たち等である。

最後に、連行され、これから強制労働が待ちかまえているその直前に、飢えや寒さ、病気で死亡した人々。この人たちを含めると、ニュルンベルク国際軍事裁判でザウケル労働動員全権委員がほのめかした一二〇〇万人の方がより実態に近い。しかし、ディートリヒ・アイヒホルツによれば、これにも強制収容所収容者の数が含まれていない。彼は、この人たちを含め、加えて第五で述べた殺害、死亡等の人々をさらに勘案している経済史学者クチンスキーの示す一四〇〇万人を、強制労働者の総数として示している。(25)

以下にさし当たり人数の問題だけを要約しておきたい。強制労働者は、戦争末期の一九四四年八月~九月の二か月の間、戦時捕虜と民間人労働者だけで、少なく見積もって七九〇万六七六〇人を数え、うちソ連人は最大の約二八〇万人であった。ただし、全戦争期間を通じれば一四〇〇万人にのぼり、したがって、ソ連人強制労働者もさらに増加する。奴隷ならば生存は保障されていたが、酷使され、病、飢え、寒さで働けなくなれば焼却炉行きとなる〈奴隷以下〉の待遇にあった強制労働者のうち、最大のグループはソ連人であったといえよう。

③強制労働者の労働実態

(a) ナチ党と企業の綱引き

ここで人数の問題から離れ、ソ連人強制労働者の労働実態に焦点を当てよう。ドイツ企業は、侵略二週間後に、戦闘によるソ連人捕虜、すなわち戦時捕虜の割り当てをできるだけ多く得ようと画策している。初めはナチス指導部と企業の間に、捕虜への対応を巡り対立があった。ナチ党（国家社会主義ドイツ労働者党）は、ユダヤ人のみならず、民族としてはもともとスラブ系民族を劣等視していた。イデオロギーとしては、共産主義者を敵視してはいたが、それでもごく初期の頃は〈改宗〉させる方針を取っていた。後には〈抹殺〉の対象に変更した。ナチ指導部は、特にソ連人戦時捕虜がスラブ系民族であり、同時に共産主義の体現者であると信じていた。したがってソ連人戦時捕虜を労働現場に投入することは、同じ敷地内で働くドイツ人に民族的にもイデオロギー的にも悪影響を与えると考えた。捕虜たちは、〈優秀なアーリア民族〉からなるドイツ人の〈民族共同体〉を汚す要素と見なされ、「害虫」扱いされた。企業側は、民族・イデオロギーとしては排除をしたい、しかし、労働力としてはノドから手が出るほど欲しい。そこで妥協し、労働の職種と現場を限定して使用した。一九四一年秋頃まで、鉱山と巨大建設現場のみでソ連人戦時捕虜の使用が許された。しかし、ドイツ人成人男子が戦場に行き、企業は恒常的に労働力不足に襲われていた。加えて、帰還しても傷病者が続出していては、家庭での彼らへの介護が必要なので、産業界の労働力不足はいっそう増幅する。この事態を見越して、企業側は、すでに対ソ戦争開始直後の一九四一年六月末頃からソ連人戦時捕虜をもっと他の労働現場に投入させるようナチス側に要求している。六月三〇日に石炭鉱業界が、七月九日には、フリック・コンツェルン（この企業は、戦後、ニュルンベルク国際軍事裁判に続いて、一二件の戦争犯罪が裁かれたニュルンベルク継続裁判で被告として審理されることになる）が、また二一日から二三日にかけてはプレッサク社、ヴィンタースハル・コンツェルンが同様の申し入れをしている[26]。

一歩横道にそれるが、今日、ドイツ企業は強制労働者の投入は、ナチ政体により「強いられた」と主張している。これは全く歴史的事実に反する。後に再度取りあげたい。さて、企業側の投入要求に対して、ナチス側からも賛成をする人々が現れ、〈限定使用〉の方針に見直しがなされていく。ナチ党ナンバー2のゲーリングは、九月、航空軍需産業界に対して、バルト地方からの金属労働者を、あまり「共産主義に汚染されてはいない」として投入することを約束している。

もともとナチス政体は、既に述べたように、共産主義を敵視し、ゲルマン系以外の他民族を、なかんずくスラブ民族を劣等視するために、東欧、ソ連からの外国人労働者をドイツ帝国内には投入したくはなかった。確かに、欧州側での第二次世界大戦の開始前後から、チェコやポーランドの市民や戦時捕虜をドイツ経済界に投入はしている。またポーランドからは開戦の遥か前から、伝統的に農業分野で季節労働者としてドイツで働く人々が存在している。しかしこれらの労働は、前者では、あくまで暫定的であり、応急措置という色彩が濃厚であり、後者では〈季節〉限定の受け入れであった。例えば、一九四〇年夏にダイムラー・ベンツ社は、ズィンデルフィンゲンの工場に、自社初めての戦時捕虜を投入した。だがこれは例外的措置であり、労働力不足を短期的に、暫定的に補う緊急措置であった。ナチス側の〈敵視と劣等視〉の政策が、企業側の〈儲け〉の衝動を抑制し、両者は、限定的ないしは例外的使用で妥協していた。ナチス側の危惧は、共産主義の体現者がもたらすかもしれないドイツの労働運動への影響であった。

ナチス政府と経済界は〈天秤の両端〉に位置し、互いに妥協を重ねてきたが、徐々に〈重り〉は経済界側に傾いていく。一九四〇年秋段階でドイツで働く外国人は二〇〇万人を越え、翌四一年秋には三〇〇万人に達している。こうして初期のナチス指導部と企業間の対立は、国防軍がスターリングラード戦で敗北し、撤退を重ねるにつれ解消していく。軍事経済の危機がドイツに広がり始める。国防軍も経済界も民族性やイデオロギーにこだわっていられなくなった。労働力も資源も侵略戦争の続行にとり、現状では不足しすぎた。

強制労働は全産業界に拡大していく。ソ連市民と戦時捕虜の〈限定使用〉から〈全面使用〉への転換である。使用の現場は、軍用道路・鉄道建設、塹壕を初めとする陣地の構築に広がる。こうして人数制限は撤廃せざるを得なくなった。しかし、この人たちの民族性とイデオロギーへの恐れは、元来、ナチ党の本質部分であったので、量的には限界が突破されたが、労働現場での待遇は苛酷を極め、まさに〈奴隷以下〉であった。

(b) 食料

食糧に関しては、同じ東側出身の強制労働者よりも重労働を割り当てられたソ連人強制労働者には、非ソ連人よりもパンは少なく、肉、脂肪類は三分の二であり、小麦以外の穀物は半分、砂糖、マーマレードは四分の一、栄養価の高い牛乳、卵等は禁止された。薄めたスープには、ほとんど常にカブかカブの葉しか入っていなかった。アウシュヴィッツ強制収容所の所長ルドルフ・ヘスは、ソ連人の飢餓状態を手記の中で次のように述べている。「人肉の共食いも稀ではなかった。私自身も、レンガを積み上げた場所に、鈍器で引き裂かれ肝臓がなくなっているロシア兵の屍体のあるのを見た。彼らは、食べられる物をとりあって、互いに殺しあった。（略）たくさんのロシア人が、謎のように姿を消してしまった理由も、これでわれわれにのみこめた」[27]。この後すぐに続けてヘス所長は、「これは、もはや人間の姿ではなかった。彼らは、ただ獲物を探し求める野獣に成り果ててしまっていたのだ[28]」と記している。仲間を殺し、その人肉を食べることでしか生存できない事態を強いたのは誰か。権力者とは、自省する姿勢を持たず、自らが引き起こした事態に思いを馳せられない、「野獣」以下に堕す可能性のある人々であるらしい。

(c) 企業の略奪

人数制限を撤廃された企業は、占領地で競争相手の他社をいかに追い落とし、どうしたら多数の〈奴隷労働者〉を獲得できるか、その戦略と戦術に精力を注いだ。彼らは、ナチス親衛隊と、正規軍である国防軍との〈二人四脚〉で、〈人間狩り〉に邁進した。フリック・コンツェルンは、バルト海に面したソ連のリガのヴァイロク車両会社の乗っ取りを図った。リガでは、社長と共に社員のベルンハルト・ヴァイスが七五〇〇人の労働者を、路上ではなく、工場もろとも略奪した。こうして民間人強制労働者にさせられた七五〇〇人は、今までの車両生産とは異なり、軍需生産が直ちにあてがわれ、家畜以下の労働条件で砲架、砲身を生産させられた。フリック社は、この後、ソ連にドニエプル鉄鋼会社を設立する。そして一九四二年一一月、スターリングラードの激戦の最中にヘルマンゲーリング社と共同でソ連の関連企業六社を奪う。しかし、ドニエプル鉄鋼会社は、計画をしていた生産量二八〇万トンの粗鋼生産は達成できなかった。その理由は、民間人強制労働者の劣悪な食糧、労働条件からくる生産性の低下に加えて、一九四三年晩夏、ソ連赤軍が戦線を立て直してこの地域に迫っていたからであった。

4 子どもの強制労働

ソ連、東欧からの強制労働者の問題をテーマにするとき、①イデオロギー的な敵視、民族差別、②奴隷以下の労働環境、食糧政策に加えて、是非ともふれずに済ますことのできない問題がある。それは③子どもの強制労働である。プラハのテレジエンシュタット・ゲットーでは、約一万五〇〇〇人の子どもたちが家族とは離され、労働を強いられた[29]。ドイツ国防軍は、ソ連戦線から退却をしていく一九四三年秋段階で、多くのソ連の市民や子どもたちをドイツに連行した。この年からは「ついに国防軍と労働動員全権委員の現地募集部隊は、東部で大人はおろか子どもたちまで組織的に連行するようになった[30]」。ディートリヒ・アイヒホルツは次のような例を挙げている。繊維コンツェルンが使用している労働者を診察した収容所医師は、一〇歳のポーランド人少女について、虚弱と栄養不良を指摘し、「このまま労働させれば『児童殺害』になる」と記している[31]。

また、カルル・フロー株式会社では、ソ連、ポーランドの子どもたちが極度に乏しい食糧事情のなかで、「毎日一〇時間以上、週給二ライヒスマルクで、最もきつい労働に従事[32]」させられていた。彼ら、彼女たちは四歳から一五歳の子どもたちであった。これらは第一に、子どもの労働を禁じた国際労働条約（ＩＬＯ条約）違反である。第二に、ドイツ人の子どもたちには虚弱や栄養不良の状態で、一〇時間以上も最もきつい労働をさせてはいなかった。これは民族差別に他ならない。東側の子どもたちが、またテレジン強制収容所ではユダヤ人の子どもたちが、死と隣り合わせの労働条件で酷使され、アウシュヴィッツに送られた。

（1）—（3） "Ich sah den Namen Bosch", analyse + kritik（以降、akと略称）, 2002.5.17, No.462
（4）（5） Karola Fings: Geschäfte mit dem Feind, Konkret, 1995, Nr.11, S.27
（6） Herbert Hoven: Was Ford nicht tut, Die Zeit, 1995.9.22
（7） Vgl. Karola Fings: a. a. O., S.28
（8）—（12） Ehrenbürger mit Nazivergangenheit, taz, 97.7.14. 「消耗品」という言葉はナチス用語であった。
（13） Matthias Arning: Zwangsarbeiter im "Dritten Reich", In: Späte Abrechnung, Fischer, 1995, S.40
（14） Dietrich Eichholz: Zwangsarbeit in der deutschen Kriegswirtschaft, In: Ulrike Winkler (Hg.) Stiften gehen, NS-Zwangsarbeit und Entschädigungsdebatte, Papy Rossa Verlag, 2000, S.29
（15） マーチン・ギルバート、滝川義人訳『ホロコースト歴史地図』東洋書林、一九九五年、二九頁。
（16） Vgl. Dietrich Eichholz: a. a. O., S.26
（17） Vgl. Matthias Arning: a. a. O., S.47

（18）マーチン・ギルバート、前掲書、三九頁。
（19）Vgl. Dietrich Eichholz: a. a. O., S.13
（20）蔵原雅人「特別企画／ヒトラー56年の生涯」『ヒトラー神話の復活』新人物往来社、二〇〇〇年、一七〇～一七一頁。
（21）ジェームス・テーラー、ウォーレン・ショー著、吉田八岑監訳『第三帝国事典』三交社、一九九三年、一六三頁。
（22）Vgl. Dietrich Eichholz: a. a. O., S.14
（23）（24）Vgl. Dietrich Eichholz: a. a. O., S.18
（25）（26）Vgl. Dietrich Eichholz: a. a. O., S.27
（27）（28）ルドルフ・ヘス著、片岡啓治訳『アウシュヴィッツ収容所』講談社学術文庫、一九九九年、二四九～二五〇頁。
（29）テレジン・ゲットーは、子どもたちや芸術家たちを収容したことで知られている。
軍需品の生産の際、細かい作業が必要で、子どもたちの手が重用され、このゲットーはアウシュヴィッツへ連行される前の中継所としても利用された。またナチス側は、諸外国からの批判を想定して、収容所内の生活とは全く異なる一日だけの〈普通の生活空間〉を演出し、それを映画に撮り、「収容所は天国である」という宣伝を赤十字を通じて広めた。以下の出版物を参照。〈アウシュヴィッツに消えた子らの遺作展〉を成功させる会編『テレジン強制収容所』ほるぷ出版、一九九一年。野村路子『15000人のアンネ・フランク』径書房、一九九二年。長谷川公昭『ナチ強制収容所――その誕生から解放まで』草思社、一九九六年。

この収容所内で作曲された音楽がCDで出版されている。"TEREZIN The Music 1941–44", (1), (2) Alexander Goldscheider等である。ギデオン・クライン、ヴィクトル・ウルマンらのピアノ曲、ヴァイオリン曲が収められている。彼らは楽譜を収容者に託し、アウシュヴィッツに連行され、生きて帰らなかった。ザグレブフィルの音楽監督で指揮者の大野和士氏は、テレジン収容所の作曲家たちが残した楽譜の演奏に取り組み、ヴィクトル・ウルマンのピアノ協奏曲を日本で初演したことがNHKで放映された（『命の旋律――ユダヤ人強制収容所の音楽家たち』一九九六年三月二三日）。
（30）Vgl. Matthias Arning: a. a. O., S.57
（31）Vgl. Dietrich Eichholz: a. a. O., S.32
（32）Vgl. Dietrich Eichholz: a. a. O., S.34

2——強制労働とは何か

これまで強制労働者の体験を紹介し、次に強制労働にかり出された人々の三つの出自、すなわち戦時捕虜、占領地の住民や労働者、強制収容所の収容者についてふれ、続いて民間人そしてチェコ、ポーランド、北欧・フランス、ソ連を中心とする出身国別の強制労働と、国際法に違反し、民族差別でもある子どもの労働について述べてきた。ここで、これらを基にして、あらためてナチス時代の強制労働とは何か、その特徴をまとめてみよう。

1　大規模、組織的な強制労働

(1) 農業部門から産業部門へシフト

ドイツの強制労働システムにおいて、大きな変化の時期は、すでに記したようにソ連侵略後の一九四二年から四三年であった。一〇〇万人単位でソ連から大量にドイツ帝国に動員された強制労働者は、農業部門のみならず、産業部門の至る所に投入された。変化の第一は、以降、農業分野から産業部門へ、なかでも軍需産業への大量動員が増加したことである。一九四二年三月に労働動員全権委員に就任したフリッツ・ザウケルは、就任後八か月間の投入数を次のように推定している。この間の新たな強制労働者は二七五万人であり、内訳を国、地域別に見ると、ソ連からは一四〇万人で最多であり、ポーランドと西欧がそれぞれ約三五万人を数えている。この人たちの多くは、私企業、ナチス親衛隊が経営する親衛隊企業に送られ、軍需産業に従事させられた。ソ連戦線での敗北期以降はソ連からの投入は急激に減少する。

(2) 全ヨーロッパを供給先に

変化の第二は、この減少を補填するために、強制労働者の連行地域を、全ヨーロッパレベルに広げたことである。決定的な敗北を被る一九四三年二月の前後、すなわち一九四三年一月から三月までにドイツへ連行された人々は約五一万六〇〇〇人を記録している。このうち、フランス、ベルギー、オランダ三国だけで六〇パーセントに達し、ソ連、ポーランドからはそれぞれ一二パーセントに減少している[1]。しかし、とりわけソ連からの連行の減少は、ドイツの軍需経済の維持、発展に決定的なダメージを与える。ザウケルは一九四三年の第四四半期（一〇～一二月）の現状を報告し、「東部においては労働力の予備軍がますます枯渇し、例えば（敵側が）比較的大きな経済領域を封鎖するというような軍事的措置をとるので、現存労働力の動員と移送は困難になってきた[2]」と述べている。

(3) 強制収容所に新たに触手

労働力不足の現場は、前線での塹壕掘り、ハンブルクなど港湾での軍需物資の荷役作業、重要生産施設の地下移転作業、炭鉱・建設業界、軍需・化学産業界などに広がった。「前代未聞の労働力不足[3]」に見舞われたナチス政体にみられた変化の第三は、新たな規模で強制収容所の収容者に触手を伸ばしたことである。

一九三三年三月三〇日、ミュンヒェン郊外のダハウにドイツで初めて強制収容所が造られた。この収容所は、看守やナチス親衛隊員の訓練の場となることにより、その後のヨーロッパ中に造られていく三〇〇〇以上の収容所のモデルとなっていく。ナチ党はこのダハウの収容者を強制労働に駆り立てようとした。世界恐慌のただ中で、その影響の最も深刻なこの時期、収容所の外には大量の失業者が溢れていた。ナチス政府は、失業者の雇用対策に取り組まざるを得なかった。ただし、企業がこの収容者に目をつけ、彼ら、彼女たちをただ働かせても、社会の失業者数は減らない。この時期、ナチス親衛隊とダハウ商工会議所との間で収容者の雇用をめぐる論争が生じている。商工会議所は、ちまたにあふれる失業者を目の当たりにして、収容所の外の雇用の増大につながらないような収容者の労働に反対した。論争は結局、私企業ではなく、公共の施設で労働させることでさしあたりの決着がついた。しかし強制収容所が次々に増設されるにつれ、一九三八年以降、労働の現場は親衛隊自身が経営する企業へと拡大されていく。職種は、第一に収容者自らが入れられ、寝泊まりする収容所そのものの建設作業であり（四二頁【地図3】を参照）、第二に首都ベルリンやその他の土地に建設されていくナチ党の記念建造物の基礎工事である。すなわち、レンガ造り、道路整備、採石作業、舗装道路用の砕石、砂利運搬などであった。こうして一九四一年暮れ頃までは、強制収容所の収容者は、私企業のＩＧ－ファルベン社を例外として、原則的には公共施設かナチス親衛隊の経営する企業で働かされた。その最大の理由は、企業が収容者のなかでもとりわけ政治犯の抵抗運動とそのサボタージュを恐れたからである。そして、そのための治安対策に関わることを敬遠したからである。

公共分野と親衛隊企業のみの限定使用という方針に転機が訪れたのは、ソ連戦線での敗北が始まる四二年の頃である。今までの外国人民間労働者と戦時捕虜に加えて、収容者を使い始めたのは大企業であった。以降、強制収容所の近くに労働のための収容所が無数に造られていく。こうした収容所は、“Aussenlager”、すなわち「外部収容所」あるいは「衛星収容所」と呼ばれた。収容所の位置づけも、それまでの懲罰や予防拘禁の場から経済的搾取の場へと全面転換する。ソ連戦線での電撃作戦の失敗から配色が濃厚になるにつれ、新兵を補充し、前線に向けて彼らを召集すればするほど、労働力不足は深刻になった。先に述べた収容者の抵抗、反抗には目をつぶらざるを得なくなった。一般的に言えば、危機の到来は、問題を本質に還元する。すなわち、企業は、本来の強制労働の「うまみ」「長所」に立ち返った。第一に、親衛隊に支払う「賃金」は格安であり、第二に、労働時間に制限がなく、第三に、国際条約を無視したまま、生命、健康への配慮なしに、重労働、危険労働、非衛生環境で、すなわち３Ｋ労働の現場で働かせることができた。第四に、ドイツ人労働者にならば適用される社会保障法の保護規定を、外国人強制労働者たちには該当させなかったため、企業は経費の節約が可能であった。

収容所内の組織も変更を余儀なくされ、所内管理局は親衛隊経済管理本部に組み込まれ、やがて一九四四年の頃になると、親衛隊そのものも人手不足に陥る。そこで親衛隊管理本部は自らの任務を、企業家や行政に肩代わりさせた。

大企業のみならず、各企業は強制収容所の収容者に群がり、収容者は〈使い捨て〉商品同然に扱われ、使用後に〈焼却〉された。ハンブルク近郊のノイエンガメ強制収容所では、焼却された遺体は、収容所所有の畑の肥料となった。生きているときは労働を通して収益を提供した収容者たちは、死んでなお収容所高官の食べる野菜の増産に貢献させられたわけだ。

強制労働の現場は、農業、企業だけではなく、一般家庭、自治体での労働、そして教会にも広がっていた。これらについては、後の章で述べたい。

2 「業績に連結」させる食糧配給

戦局の好転が望めないなかで、戦時経済は維持し続けなければならない。労働力不足がますます加速する一途をたどれば、頼る方法は現存する強制労働者の労働生産性を高めるしかない。一九四四年、とりわけ東側出身の強制労働者に対して、食糧を支給する際に「業績に連結」させる方法を採用した。食糧大臣ヘルベルト・バッケは、ナチスが作りあげた労働者組織のドイツ労働戦線と共同で、このシステムを導入した。ただし、これはすでに個々の企業が一九四三年段階で取り入れていた制度であった。今度は行政側が公に制度化した。ただでさえ死の淵に片足を入れて労働させられていた人々を三層にわけ、最下層にはさらに「業績」が悪いとして食糧の切りつめを断行した。三層とは、ドイツ人の業績と比較して、①ドイツ人の業績の一〇〇パーセント以上を挙げる人々、②一〇〇〜九〇パーセントの人々、③九〇パーセント以下の人々である。①の人々には「特別支給」を与え、②には、今までとは異なる新しい食糧配給を行い、③にはパンの配給を削減し、チーズの支給を打ち切った。この措置の狙いは、第一にそれぞれの層の人々を互いに競わせ、分断して支配することである。一個の砂糖を自分がとり、相手をけ落とす時に発揮される、火事場ならぬ〈地獄のバカ力〉に依存しようというわけである。第二には、食糧の全体量を切りつめることである。労働環境を改善し、人間としての健康、安全に配慮することで生産性を高める努力をするのではなかった。

転じて、現代社会においても、「成果主義」と称して、社員の「業績に応じて」差を付けた給与、賞与の査定がなされている。しかし、たいていの場合、この真の狙いはボーナス全体量、人件費の切りつめである。人件費総量の抑制こそが目標であるのと同様に、『業績に連結』する食糧配給」とは、食糧の全体量の抑制こそがねらい所であった。しかし、この制度も、翌年には敗戦が濃厚になるにつれ、①の人々への「特別支給」措置は廃止せざるを得なくなった。〈バカ力〉を振り絞っても所詮は常に飢餓と寒さに襲われるだけだとなれば、労働生産性の向上などは問題にならなくなってしまった。ついには、強制労働者には食糧の支給が完全にストップし、飢えにさらされ、放置された。後に述べるが、ナチス当局や警察へ「返却」された人々も多数いた。「返却」とは、企業がもてあました強制労働者を自らは手を下さないで、当局や警察に対して行った〈殺害依頼〉行為である。

食事の配給をめぐっては、この「業績連結食糧制度」の導入以前に、企業側とナチス側にはささやかな対立が存在した。ソ連侵略後の一九四一年一一月、ゲーリングは、ロシア人捕虜へは質の悪い食事を、最低量供給するようにとコメントしている。[5] ヘルベルト・バッケ食糧大臣は、質を最も落としたロシア人用のパン（「ロシアパン」）を、東側労働者にもあてがうよう指示していた。そのロシア人用パンの素材とは、ライ麦の粗挽きが五〇パーセント、砂糖大根とかんなくずがそれぞれ二〇パーセントずつ、残りの一〇パーセントは麦わらか葉であった。こうした粗末なパンでは、良質の労働力は養成できない。だがナチス側にとり、ロシア人は「劣等人間」であり、ドイツ人の食事のおこぼれを頂戴する存在でしかない。ただ企業側は、労働生産性の低下を恐れ、ナチス側に食事の改善をめざして異議を唱えたこともあった。ヒトラー時代に繁栄を謳歌した巨大軍需コンツェルンのクルップ社は、次のように報告している。「我が社では、ロシア人戦時捕虜はとりわけ重労働に従事しているが、彼らへの食事は不十分なこと極まりない[6]」。このまま彼らにこうした食事しか与えないと、「短期間に体力を落とし、中には死ぬ者も出ている[7]」。またドイツ産業グループは、食事とは人間にとり必要という視点ではなく、単に労働業績を高める手段である、という観点から以下のように述べている。ソ連人労働者に最低限の食事しか与えないというのは人種や政治的見地からは望ましいかもしれないが、「労働力を使うという立場からはこのような食事は目的に合致するものではないと思われる。というのも（こうした食事が続けば）業績の向上ではなく、低下がもたらされるからである。これは最終目的に照らしてみるとあってはならない事態である[8]」。企業側は、では右のような視点に立ち、ナチス側と交渉し、食糧事情の改善に全力を注ぎ、粘り強く抗議し続けたか、というとそれはしなかった。理由は、ソ連戦線での敗北期までは、強制労働者は〈無尽蔵〉であったからである。取り替え可能な「消耗品」だった。そして敗北期以降は、なかでも四四年から四五年になると、ドイツ人の食事すら枯渇したので、改善の余地などは皆無になった。戦後、連合国によるニュルンベルク国際軍事裁判と米軍によるニュルンベルク継続裁判でこの搾取と虐待は裁かれることになる。

3 「業績に連結」させる賃金

各民族間を分断し、支配する労務管理は、食糧の配給方法だけではなかった。『二〇世紀の神話』等でナチ党の基本思想を広め、美術品の略奪に精を出したアルフレート・ローゼンベルクは、一九四一年に東方占領地域担当相になった。彼は、ソ連からの連行者のうち、ロシア人よりもウクライナ人を優遇しようと何度も試みている。この人たちをドイツ人側に取り込み、「東側労働者」という範疇から外そうとした。しかし、ナチス指導部にあって伝統的な人種秩序を重んじる人々の反対にあい、実現することはなかった。

分断支配の管理方式は、「賃金」の支払いを巡っても目論まれていた。強制労働者を導入する初期の頃、ゲーリングや、「四か年計画」の指導者の一人で軍需省のフリッツ・トートは、ソ連からの民間人労働者のみに小遣い銭程度の金を与え、生産性を高めようと努力した。しかしこの差別的「賃金」という試みも徹底することはなかった。ディートリヒ・アイヒホルツはその理由を二点挙げている。一つは、東方占領地域省やナチス当局が、重労働をさせておきながら小遣い銭程度の「賃金」しか与えていない事実が外国に知られれば、「労働力の巨大な搾取をしている」(9)という非難をうける。他は、法的な根拠である。すなわち、ドイツ産業グループは、軍需コンツェルン側の懸念を次のように表している。「税法、労働法の規程によれば、業績に基づいて差をつけることは不可能である」(10)。

後の「労働を通して殺戮」、ILO条約や捕虜の待遇を定めた国際法などを無視した強制労働の実態に比べると、初期の頃には、まだ業績連動賃金制にはこのような法の遵守を曲がりなりにも主張する「反対論」が存在していた。

4　人種差別に基づくヒエラルヒー

ナチス時代の労働者はドイツ人をも含めて、三層に大きく分けられた処遇を受けた。階層の最上階には、ゲルマン民族と称されたドイツ人、及びこの民族に属すると考えられたオランダやデンマークからの民間人労働者が組み入れられた。第二層には、フランスやベルギー等西欧からの民間人労働者が位置した。最下層は、「異人種」「劣等人間」と決めつけられた人々で、スラブ系民族、ユダヤ人、スィンティ・ロマの人々であった。中でも強制収容所には、主にユダヤ系の人々やナチスに反対する政治犯が収容され、とりわけこの人たちは日常的なテロに晒され、労働は苛酷を極めた。

一般に植民地支配をしている側の国の労働者は、二重の関係を持たざるを得ない。植民地支配側の労働者は、支配を受ける国の労働者の上に立ち、加害の側面を持つ。しかし、支配をしている国の労働者は、その自国の支配者、企業からは搾取される。ドイツ人労働者も全く同様の関係にあった。ナチス支配下では、対ナチスとの関係では犠牲者でありながら、外国人、とりわけ第三層の外国人強制労働者に対しては、これら〈劣等人間〉の上に立つ〈支配者〉であった。こうした支配―服従の構造は、第一次大戦下でも特にドイツの重工業界で見られた。ドイツは、ベルギーから強制連行をしたが、この時はベルギー内外で大きな抵抗にあった。この第一次大戦時に比べ、第二次世界大戦では抵抗も少なく、地域も西欧、東欧全域に、分野も農業、全産業界、自治体、教会などに拡大した。

5　後始末

（1）間引き

各企業やナチスは、戦争も末期の頃になると、膨大な数の強制労働者の〈処分〉と〈後始末〉という新たな問題を抱え込むこととなった。ドイツの軍事的敗北が濃厚になり、強制収容者をそのまま継続して管理し統制する余裕が、経済的にも、人的にも無くなってきた。他方で、一九四四年七月二〇日のヒトラー暗殺事件に象徴されるように、企業や行政、治安当局は抵抗や反乱を恐れ、抑圧体制を強化するか、あるいは抱え込んだ強制収容者を〈間引き〉することで、管理統制上の〈後始末〉を図ろうとした。この〈後始末〉のためには次のような措置がとられた。

①抵抗をする人々の処刑。
②収容所外に連れ出し、病気、飢餓、寒さにさらす「死の行進」。
③国家警察や秘密国家警察の出先機関に〈戻す〉。
④収容所内で、寒さの中で、飢餓、過労、病気の人々の放置。

強制労働者を投入した当初から、企業やナチスが恐れていたことは、彼ら、彼女たちの組織的抵抗や蜂起であった。人々は決して強制労働のシステムに諾々と従っていたわけではなかった。抵抗し、収容所からの自力解放に成功した例としては、ワイマールに建設されたブーヘンヴァルト強制収容所がある。(11) しかし、成功例の陰では無数の〈間引き〉が行われた。ミュンヒェン近郊のダハウ強制収容所には、外国人強制労働者が「戦時捕虜兄弟協力」という組織を結成し、抵抗運動を展開したことが記録されている。しかし、ゲシュタポ（秘密国家警察）に見つかり、一九四四年九月四日、ロシア出身労働者約一〇〇人が処刑された。

(2) 警察、職安へ「戻す」という措置

「死の行進」については、とりわけ大戦末期の四四年、ハンガリーユダヤ人が「オーストリア国境に向けて」行進させられた事実が知られている。本書では、既に前節のボッシュ社での体験で言及したので、ここでは「戻す」措置について述べておきたい。一九四四年一一月、ナチス親衛隊を構成する一部局である人種・移住局は、ゲシュタポの地方出先機関に以下のように命じている。東側出身の外国人強制労働者を、独自の判断で処刑するように、と。もう一つ別の指示を見てみよう。ディートリヒ・アイヒホルツは、企業、警察、行政が一体となった〈間引き〉の手法について述べている。[12] 敗戦を間近に控えた一九四五年の復活祭の頃、親衛隊の一部局である国家保安本部の長官エルンスト・カルテンブルナーは、警察の地方出先機関に指針を下達した。それによると、強制労働者の扱いに関しては、出先機関の長が、「自己の権限と責任」で決定しなければならない。また地方出先機関には、高度の進取の精神、責任感、献身的な努力が要請され、いかなる逡巡も許されず、敗北主義に陥らないで、一切の温情を排した断固とした処置を取り入れなければならない、という。

警察が現地の判断で処刑できる、という指示、方針に対して、では企業側はどのような処置で応えたのであろうか。一九四五年二月八日、ドイツ産業グループは次のような記録を残している。①企業は、例えば強制収容所収容者、ユダヤ人、戦時捕虜を、ゲシュタポや職安のような権限のある地方出先機関に〈戻す〉ことが正当であると認められなければならない。②企業には、生産にはもはや不要になった外国人を、職安に〈戻す〉権利が与えられなければならない。数日後、ドイツ経済会議所も、産業グループの〈戻す〉という方針と同様の措置をとることを満場一致で決議している。また一九四五年三月七、八日、ノルトライン・ヴェストファーレン地区の製鉄・鉄鋼産業の要人は、アルベルト・シュペーア軍需相に面会し、以下のように要望している。残された議事録によると「信頼のおけない外国人は、できる限り早いうちに〈移送〉されなければならない。

現地の国家警察司令部に通報」する措置をとりたいので、認めて欲しい、と。

ここで示されていることは、企業が、持て余した強制労働者を国家警察や秘密国家警察の出先機関に〈移送〉し、〈戻す〉、すると、出先機関は、独自に、勝手に処刑したということである。企業は、飢餓と病気と疲労にさいなまれ、自社のために身をすり減らして労働してきた人々を、故郷に帰すのではなかった。まるでＢＳＥ（牛海綿状脳症）に感染した牛やインフルエンザにかかった鶏を扱うように、自らの手を汚さずに、警察に〈処分〉をさせ、〈間引き〉した。

牛も鶏も、飼い主は涙を流しながら別れを告げるであろう。しかし企業はそうではなかった。私は、〈家畜以下の措置〉という以外に形容の言葉を知らない。

（3）帰還者を待ち受けた偏見

今まで述べてきた①から④の措置から逃れ、無事に帰還した人々にも戦後の歩みは決して平坦ではなかった。敵国ドイツのために働いた、あるいは貢献したという汚名を着せられた人々も多い。なんとか帰還した人々の数は、ソ連のみに限ると約五二〇万人であった。このうち戦時捕虜が一八〇万人、民間人労働者が三四〇万人にのぼった(13)。帰還後、この人たちの多くは、「協力者」、祖国への「反逆者」という視線を全身に浴びながら、当局の尋問を受け、審査される収容所に、再度入れられた。

ダハウ強制収容所では、外国人強制労働者が「戦時捕虜兄弟協力」という組織をつくって抵抗運動をしていたことにすでにふれた。旧ソ連のウクライナ出身のパウル・ティモーアは、モスクワの染料工場で技師として働いていた。ドイツ軍に捕まり、戦時捕虜としてクルップ社の本拠地、ルール地方のエッセン市に連行された。ここで強制労働者たちの抵抗組織「反ファシズム闘争同盟」を結成する。彼は強制労働者たちに呼びかけた。軍需生産をボイコットしよう、ドイツ人親方や監視員の指示を拒否しよう。やがてゲシュタポに発見され、監獄に入れられた。一九四五年三月、連合軍の空爆後に脱走し、幸運にもモスクワに帰還できた。しかし、これで彼の苦悩は終焉しなかった。自国の捜査機関によりまた逮捕される。一九四七年、一五年の懲役刑を命ぜられ、矯正労働収容所に入れられる。〈強制〉収容所時代の敵国への〈協力〉姿勢を、〈矯正〉させるというわけだ。一〇年の入所を経て判決は破棄された。一九六二年、彼は五七年の生涯を終える。終戦をはさんで〈強制〉から〈矯正〉へ、二つの収容所が押し付けた彼の苦悩、苦痛、偏見、差別に対して、補償した者は誰もいない。後に本書が取りあげる「記憶・責任・未来」基金が補償の支払い対象者としているのは、生存者のみである。

(1) Vgl. Dietrich Eichholz: a. a. O., S.20
(2)(3) Vgl. Dietrich Eichholz: a. a. O., S.21
(4) 労働戦線：本来の労働組合が解散させられた後に作られた、唯一の労働者組織。建前は、労使の協調、諸階級の利害対立の解消が謳われた。労働者側は、ストライキが禁止され、「指導する」経営者と「指導される」労働者の役割が強調され、労使関係は国家の管理下に置かれた。
(5) Vgl. Dietrich Eichholz: a. a. O., S.31
(6)—(8) Vgl. Dietrich Eichholz: a. a. O., S.32
(9)(10) Vgl. Dietrich Eichholz: a. a. O., S.31
(11) 抵抗—蜂起—解放に参加した本人自身の著作に、ブルーノ・アーピッツ、井上正蔵他訳『裸で狼の群の中に』(上下、新日本文庫) がある。ただし、この著作には、最近疑問も提示されている。イアン・ブルマ、石井信平訳「記憶を保存する」『戦争の記憶』TBSブリタニカ、一九九四年を参照。
(12) Vgl. Dietrich Eichholz: a. a. O., S.33–35
(13) Vgl. Mathias Arning: a. a. O., S.61

第三章——国際法と裁判

1——国際法、国内法と強制労働

1 無差別大量殺戮の時代

第一次世界大戦は、人類史においてそれまでの戦争の形態、方法を一変させた。資本主義は、産業革命を経て企業間の生存競争を激化させ、勝ち残った少数の資本家は他の企業を傘下に収め、ますます巨大化し、市場を支配していった。寡占企業、独占企業の出現である。とりわけ重化学工業は極めて大きな資本が必要であり、一つには軍需生産と結びつくことでそれを獲得していった。各国で軍需生産によって成長した船成金や鉄成金を生み出した。

第一次世界大戦前のナポレオン戦争も普仏戦争も、主力は馬と大砲であった。歩兵と馬が一体となって突撃をした。しかし、商社、輸送機関、銀行、鉄鋼・船舶・重化学工業界などが兵器生産と直結した第一次大戦期では、様相は激変する。まず、陸地の戦闘では毒ガスが大量に生産され、使われた。一九一五年四月二五日、ドイツはベルギーにて塩素ガス（毒ガス）一二〇〇トンを使用、五〇〇〇人の死傷者を記録した。さらに、戦車が開発された。西部戦線では、対戦車用にとりわけ塹壕戦が展開され、また機関銃が発明された。海戦では、潜水艦（Uボート）が開発され、ここから発射される兵器（魚雷）は、軍艦であろうと民間商船であろうと相手を選ばず撃沈した。空の戦いでは、飛行機からの爆弾の投下により一般の住民をも巻き添えにした。飛行船による都市爆撃は兵士のみならず、民家を焼き払い、老人、女性、子どもや障害者ら非戦闘員にも被害を増大させた。局地での戦闘では馬と大砲も使われてはいたが、いまや巨大企業は、毒ガス、戦車、機関銃、潜水艦、飛行機など、無差別に大量殺戮が可能な兵器の生産に力を注いだ。これらの兵器、軍需物資そして軍人、軍属の輸送のために、鉄道網が張り巡らされ、大量輸送機関も飛躍的に発達した。

ところで、これらは、現代の戦争、紛争、事件に直結している。オウム真理教が一九九四、九五年に松本と東京の地下鉄で撒いたのは毒ガスサリンであった。核兵器が登場し、宇宙防衛システムなどと地球外の世界をも〈戦場〉に取り込んでいる現在にあっても、戦車は、なお陸地戦の主役の一翼を担っている。原子力に動力を代えた潜水艦は、海軍の重要な兵器である。空からの大量無差別爆撃は、一九一一年、イタリア対ドイツ戦争で手による爆弾の投下から始まり[1]、一九三七年、ナチスによるバスク地方のゲルニカ空爆や、同年の日本海軍による無防備都市(上海を経て南京、重慶)への爆撃につながっている。そしてさらに、第二次世界大戦後の米軍による二度の原爆の投下、ヴェトナム戦争での大量の焼夷弾や枯れ葉剤の投下、一九九〇年代直前からのアメリカのパナマ空爆、そして湾岸・アフガン・イラク戦争での無差別大量爆撃へと連続している。無差別大量殺戮の時代は、手による投下を除けば、第一次世界大戦と共に開始され、二一世紀の現在に続いている。

2 国際法

兵器は精密度を格段に高め、また残虐度を馬と大砲の時代には考えられないほど増してきた。これに比例して被害に遭う人々も前線の兵士だけではなく、銃後の女性や子ども、老人、障害者など非戦闘員や一般の住民にまで拡大してきた。しかし他方では、こうした最前線であろうと銃後であろうと区別なく襲いかかる残虐性や被害をなるべく少なくしていこうとする人間の努力も、また連綿と続いてきた。国際社会は、すでに一九世紀の後半から、ある時は戦場で傷ついた兵士の保護を定めた国際条約を作ったり、使用する兵器の種類を制限する宣言を挙げる努力をしてきた。戦争の「人道化」をめざし、その労苦は国際人道法、戦時国際法を発達させてきた。

第二次世界大戦中に該当する国際法は、一つは国家間で結ばれる条約であり、他は慣習法である。なかでもよく知られている条約は、一九〇七年のハーグ条約（「陸戦の法規慣例に関する条約」、以下「ハーグ条約」と略称）とその付属書である「陸戦の法規慣例に関する規則」（以下「ハーグ陸戦規則」と略称）、それに一九二九年の二つの「ジュネーヴ赤十字条約」である。条約は、国際慣習法により補われる。この慣習法は、条約という形をとらないが、戦時の際の国内、国際的な慣習が法源となっている。適用されるのは、条約による合意が存在しない場合、また戦争をしている当事国同士が条約に加盟していない場合である。一九二六年に採択された奴隷禁止条約は、その後、慣習法となっている。

ドイツ第三帝国の場合、占領地の住民や戦時捕虜を連行し、強制収容所の収容者と共に強制的に労働させた機関、組織は、三つあった。強制労働はそれらの共同作業であった。第一は、もともとヒトラーの身辺警護を任務として設立され、後に「国家の中の国家」といわれる巨大な組織に成長したナチス親衛隊である。第二は、正規軍の国防軍であり、第三にこれらの組織に積極的に出向き、交渉し、一人でも多くの捕虜、住民、収容者をもらい受けた企業である。

（1）第三帝国が拘束される国際条約〈1〉「ハーグ陸戦規則」

ところで、ドイツ国家と国防軍は、右に述べた戦時の国際法に拘束される。一九〇七年の付属書「ハーグ陸戦規則」は、新しい法をつくったのではなく、それまでの慣習法を取り入れた。ドイツはこれを承認し、国内法に取り入れた。従って、ナチス時代の国防軍は一人一人が「ハーグ陸戦規則」を遵守しなければならないはずであった。一九一〇年、官報にて「ハーグ陸戦規則」は国民に広報された。広報は、この「規則」が、①「戦争がもたらす苦痛 Leiden を緩和する」こと、②戦争当事国が、当事国同士および人民とのあいだで、どのような行動をとるべきか、その「一般的な規範」を示している、とその主旨を伝えている(2)。

「ハーグ陸戦規則」によれば、都市などに突撃し、たとえこれを攻め取っても、掠奪に任せてはならないし（二八条）、戦争といえども私有財産を没収してはならない（四六条）。掠奪に関しては、再度これを禁じる条文を設けている。すなわち「掠奪は、之を厳禁す」（四七条）[3]と謳っている。占領地で税金を徴収する場合以外に、取立金をとる時、むやみにこれを取りあげてはならず、もし取りあげる場合には、領収証を発行しなければならない（五一条）。いかなる手段を用いようとも、無防備、非武装の都市、村落、住宅、建物への「攻撃」「砲撃」を禁じている（二五条）。

捕虜に関しては、以下のように定めている。「兵力」とは何かを定義して、兵力とは戦闘員及び非戦闘員であるとし、両者は、捕まえられた場合、捕虜としての待遇で差別されず、等しく取り扱われる権利をもっている（三条）。さらに、捕虜を使って「其の本国に対する作戦動作に加らしむることを得」ず（二三条）[4]と定め、捕虜の出身国との戦いや軍事行動の一切に、その捕虜を使用してはならないと規定した。これによれば、軍需産業への投入や塹壕を中心とする陣地の構築に、また軍用道路・鉄道建設に戦時捕虜を動員することは、「規則」違反である。「捕虜は労働のために利用しうるが、非軍事的性格の労働に限られるという伝統的原則」[5]が「ハーグ陸戦規則」は、本来条約締結国の間でのみ該当する。しかし、その本質的な部分は、第二次世界大戦の頃にはすでに国際慣習法として認められていた。したがって、中心となる条文は対ソ連との関係でもドイツは遵守する義務を負う[6]。

（2）第三帝国が拘束される国際条約〈2〉「捕虜条約」

ドイツが守らなければならない国際条約の第二は、一九二九年に締結された二つの条約のうちの一つ「俘虜（捕虜）の待遇に関する条約」（以下「捕虜条約」と略称）である。この条約の目的は、①「ハーグ陸戦規則」

を補うこと、②戦時捕虜の保護を拡大すること、③条約の当事国は「いかなる場合でも」条約を遵守することの義務づけである。ドイツはこの条約を一九三四年に批准し、国内法に取り入れた。したがって、「ハーグ条約」「ハーグ陸戦規則」と同様に、ドイツ国家、国防軍は末端の兵士に至るまで、この条約に拘束される。一九三四年四月三〇日の官報で国内法に取り入れたことが告知された。この告知文は、「一九二九年七月二七日の戦時捕虜の待遇に関する条約」と題され、条約に署名した国々を列挙した後、条約の主旨を簡潔に述べている。それによると、「戦争の際に不可避となる苛酷さ Härte を和らげ、戦時捕虜への（厳しい）運命を緩和する」[7]ことが国家の義務であるとしている。この時から二四年前に「ハーグ条約」を官報で通知した際の「戦争の苦痛 Leiden を緩和する」という表現とほぼ同じである。

「捕虜条約」は、まず捕虜収容所の設備、衛生、規律など収容環境を詳細に定めている。『東京裁判ハンドブック』[8]から引用すれば、設備に関して、宿泊所は「湿気を避け」、「保温且つ照明」が必要であり、「火災の危険に対しては予防」措置が講ぜられなければならない（一〇条）。寝室については、その「総面積、最小気容、寝具の設備及材料」の三点に関して、「捕獲国の補充部隊」と同一にせよ、という条件がつけられている。すなわち、戦争の際には、国は兵士の減員を補充しなければならないが、この自国の補充兵と同じ環境を捕虜にも提供せよと定めている。しかし、ドイツ軍と警察により捕まり、企業によって奴隷労働をさせられた人々が収容された強制収容所、労働収容所、教育収容所などは、これらのすべてに違反している。殺戮のみを目的とした絶滅収容者などは論外である。

食糧に関しては、質、量ともに「補充部隊のものと同一たるべし」（第一一条）とし、「飲料水は充分に供給しなければならない（同）。「食糧に関する一切の団体的懲罰手段は之を禁止す」る（同）。ナチス時代、ソ連人という「民族性」を一括して犯罪者集団と見なし、非ソ連人に比べて懲罰的に食糧の質量を劣悪化したことも条約違反である。

衛生環境については、「収容所の清潔及衛生を確保」する義務と、伝染病を予防するための「一切の衛生的措置を執る義務」が課されている（一三条）。しかし収容所の実態には、予防はおろか、全く逆に菌を生体に植え付ける人体実験が含まれていた。治療、手当の必要がある時は、その「費用は捕獲国の負担」である（一四条）。捕虜への医学的検査は、少くとも「月に一回」はしなければならない（同）。

収容所の知的、道徳的条件で挙げられているのは、宗派の礼拝であり、捕虜自身の計画する「知的・体育的娯楽」を「でき得る限り、奨励」することである（第一六条）。礼拝は、捕獲国の定める秩序や規定に従うという条件がつけられてはいるものの、宗派の行いには「一切自由」が与えられ、「その宗派の礼拝式に参列する」ことができる（一六条）。身体は拘束されていても、信条まで束縛はされない、というわけである。トマス・キニーリー原作の『シンドラーのリスト』（スピルバーグ監督）[9]という映画には、弾薬製造中に機械を止め、収容者たちによるユダヤ教の礼拝シーンが織り込まれている。一二〇〇人のユダヤ人を救ったオスカー・シンドラーの救出方法は、しかし〈強制労働〉であった。ただし、これまで述べてきたナチスや他の企業の「捕虜の待遇」とは異なっていた。強いて言えば、この「捕虜条約」の水準で彼ら、彼女たちを扱った。だからこの人たちは生き残ったと思われる。〈殺戮〉強制労働ではなく、いわば〈生存〉強制労働がこの人たちに戦後の命を保障した。映画ではドイツの敗戦が近づく頃、ポーランド南部のプワショフにあるシンドラーの工場で、〈ある一つのシーン〉が繰り広げられていた。それはユダヤ教のラビに扮した長老が主宰するユダヤ教の礼拝であった。

兵士は、武器を捨て、捕まった時からは戦闘員ではなくなる。条約は捕虜を一人の人間として扱うよう定めている。「その宗派の礼拝式に参列」できる人権を捕虜にも保障しているのだ。また一切の体罰、日光の当たらない場所へ「監禁」すること、残酷な刑罰も禁じられている（四六条）。

捕虜の労働を定めた条項（二七〜三四条）では、捕虜を二つに分類し、上級の兵士たち、すなわち「将校及之に準ずる者」は労働させてはならないが、これ以外の捕虜は、階級、能力に応じて「使役」することができる（二七条）。捕虜の人権にとりわけ配慮しているのは、次の条項である。「一日の労働時間は過度」であってはならず、その時間は、捕虜の労働と同一の労働に従事している「民間労働者」の労働時間を上回ってはならない（三〇条）。その場合、「不健康又は危険なる労働」（三二条）や、「肉体的に不適当なる労働に使役」（二九条）することを禁じている。交戦国同士で協定を結んでいれば、その労働には賃金を払わなければならない（三四条）。休日については、一週に一度、連続二四時間の休業日を設け、その日は「なるべく日曜日」とするよう定めている（同）。第二章の「体験を語る」でふれたように、ボッシュ社では、休みを与えられず、外光にもあたれなかった、という証言があった。

「ハーグ陸戦規則」では、捕虜を「作戦行動」に動員してはならないと定めていたが、この「捕虜条約」では、「作戦行動」を具体的に規定し、その行動への動員を禁じている。すなわち、「各種兵器弾薬の製造」や「運搬」をさせたり、「戦闘部隊」のいる所へ資材を運ばせ、届けさせることは許されない（三一条）。

（3）第三帝国が拘束される国際条約〈3〉「ジュネーヴ赤十字条約」

ドイツが戦時に拘束される国際条約の第三は、一九二九年の二つの条約のうちのもう一方である「ジュネーヴ赤十字条約」である。この条約の趣旨は、戦場における傷病兵の状態の改善をめざしている。ドイツは、一九三四年、この条約にも加盟し、国内法に取り入れている[10]。

これらの国際条約が、法廷で被告自身によって読み上げられたことで知られている裁判がある。それは被告の名前を冠した「ミルヒ裁判」である。戦後、連合国により国際裁判（ニュルンベルク国際軍事法廷）が開かれたが、この裁判に続いて、米占領軍による「継続裁判」が一二件、同じニュルンベルクで行われた。中でも一九四七年四月一六日～一七日に、元「空軍省」次官であり、かつ航空産業ルフトハンザ社の監査役会長を務めたエアハルト・ミルヒに、一二件のうちで最も早い判決が下された。彼は、空軍関係ではゲーリングに次ぐナンバー2であり、人、物資、原料そしてノウハウを総動員する最高責任者の一人であった。米軍による継続裁判では被告人であったミルヒは、直前の連合国による国際裁判の方では証人を務めた。ナチス時代、命令を下す側であったにもかかわらず、国際裁判の証言席では、命令を受け、従わざるをえない「立場の弱さ」を強調し、「被害者」を装い続けた。法廷では、主席検事の一人ロバート・H・ジャクスンが、兵士が常時携帯を義務づけられていた「兵隊手帳」の朗読をミルヒに依頼した。手帳に書かれた「ドイツ兵士の戦争遂行のための一〇か条」こそはハーグ条約やジュネーヴ条約の中心部分であった。ミルヒはこの条約を熟知していた、と答えざるをえなかった。「ミルヒは一言一句朗読させられながら、同時に、自らの違法な、犯罪行為に関する、後の（継続裁判の）判決の核心部分を朗読してしまった[11]」。継続裁判での判決は、終身刑となった。

（4）第三帝国が拘束される国際条約〈4〉「奴隷禁止条約」

ドイツが遵守すべき第四の国際条約は、一九二六年、国際連盟で採択された「奴隷禁止条約」である。批准をしない国があるとしても、「一九四四年当時は、既に国際慣習法になっていた[12]」。したがって、企業は、賃金を与えなかったり、身体的自由を束縛したりすること、言い替えれば「奴隷状態」で働かせたことに国際法上の責任を負っている。

（5）第三帝国が拘束される国際条約〈5〉「ＩＬＯ五号条約」

第五に指摘すべきは、子どもの労働について定めた「ＩＬＯ条約」違反である。第一回ＩＬＯ総会が一九一九年に採択した「ＩＬＯ五号条約」によれば、「工場に使用しうる児童の最低年齢を一四歳と定め[13]」た。一九三七年にこれを改正し、ＩＬＯ五九号条約を定めたが、ここでは「最低年齢を一五歳に引き上げた」。

ソ連、東欧からの強制連行の項で既にふれたが、プラハのゲットー・テレジエンシュタットでは約一万五〇〇〇人の子どもたちが強制労働をさせられた。また収容所医師の手記は、「児童殺害」という言葉を使い、一〇歳のポーランド人少女の繊維コンツェルンでの強制労働を証言していた。カルル・フロー株式会社では、四歳から一五歳の子どもたちが、劣悪な食事で、毎日一〇時間以上、働かされていた。こうした子どもの労働に関しては枚挙にいとまがない。一九四三年、国防軍は、ソ連からの撤退時に連行してきた市民、民間人、子どもを軍需産業に配分した。この時、軍需産業側は、軍需大臣に次のような不平を漏らしている。「自分たちにまわしてもらった強制労働者の大部分は、老弱だったり年齢が若すぎたり、病気のために、労働に投入できなかった」[14]という。デュッセルドルフのマンネスマン社で真空管を造る作業に動員された東側出身の労働者のうち、二九パーセントは一四歳以下の子どもであった。視覚障害者、高齢で衰弱した人々、傷病者が含まれ、「労働には投入できなかった」[15]。アウグスト・テュッセン精錬所には約五〇〇人が東側から連行されてきた。生後一か月から一四歳までの子どもたちが一六一人もいた[16]。こうして企業、親衛隊、国防軍はまさにＩＬＯ条約に違反した労働を強いた。

3　国内法

違反は国際法に対してだけではない。とりわけ女性には法的に禁じられていた重労働や健康を害する恐れのある労働現場での労働に、ソ連やポーランドの女性が動員された。ドイツの国内法にも違反していたのである。重労働や、不健康と非衛生の典型的な労働現場は、石炭や鉱物資源の掘削作業である。ここでの坑内作業は、ドイツ人女性には禁止されていた。粉塵や有毒ガスに襲われる危険を常にはらみ、同時に重労働に晒される石炭鉱山での労働を例にとろう。ここでは新たな石炭を求めて掘り続ける仕事は、以前は四人の男たちによって担われていた。現在はロシア人女性四人が受け持っている。彼女たちは一人あたり、毎日、四トンの石炭を掘りだしている[17]。三度の食事をとり、職業訓練を積んだ屈強なドイツ人の男たちですら厳しい作業を、彼女たちは飢餓、寒さ、ムチうち等、生死の境界を行きつ戻りつする労働条件下で、強要された。ドイツ人女性にはさせなかったので、民族的蔑視・差別も彼女たちを襲った。

危険なガス漏れ、最悪の衛生環境の中で、ロシア人女性たちと共に労働した体験を持つドイツ人男性労働者たちは、戦後、異口同音に次のような証言をしている。「非人間的な労働・生活条件のため、少しの間働くと、とりわけ若い女性労働者の姿が見られなくなった[18]」。彼女たちは、「少しの間」の「消耗品」「部品」でしかなかった。取り替えられた「新たな消耗品」、「新たな部品」は、やがて「少しの間」使われたのちに、また「見られなくな」るわけだ。こうした〈奴隷以下〉の違法な労働は随所で見られた。

経営者には、労働者に安全な職場環境を提供する義務がある。いかなる国においても、労働運動の歴史とは、賃金をめぐる労働者側からの闘いの歴史であると同時に、経営側に労働環境を改善させ、心身ともに安心して働ける環境をつくらせる努力の歴史でもある。一九五三年五月一一日、フランクフルト地裁は、判決の最後にIG―ファルベン社の経営陣の「福祉義務違反」を指摘した[19]。この裁判所での判決は、強制労働がハーグ陸戦規則への重大な違反であることにふれた数少ない判決の一つとして有名である。IG―ファルベン社がアウシュヴィッツに造った自社の収容所・モノヴィッツで働かされた原告に対して、判決は次のように述べている。「(IG―ファルベン社は)原告と他のユダヤ人収容者を、人権を持った人間として扱わず、雇用者として、あるいは少なくとも(労働者に対して)事実上、支配を及ぼせる人間として義務づけられていた市民的勇気を持たなかった。(略)これにより、彼らは少なくとも不注意から、福祉義務に違反した[20]」。

戦後、国連では「世界人権宣言」「国際人権規約」「人種差別撤廃条約」等、数々の人権関係諸条約が締結されてきた。国際社会は、日本の植民地支配や、とりわけナチス時代の人権の無視・抑圧を反省し、これらの諸条約を作りあげてきた。この努力が忘れられてはならないと痛感する。

4　強制労働者使用の目的

（1）ドイツ人労働者の穴埋め

強制労働はどのような利益をもたらしたのか、ここでは主として企業側の強制労働の目的について述べよう。第一に、それはドイツ人労働者を〈三重の意味〉で穴埋めし、補充したことである。すでにふれたように、一九三九年九月、ポーランド侵略を開始したドイツは、欧州に次々と「生存圏」と称する占領地を拡大していった。拡大するには国防軍兵士やナチス親衛隊、警察の投入が必要であり、占領を保持し、略奪した企業の活動を再開するにもこれらの人員が不可欠である。その人員の補填には、①徴兵年齢に達した青年か、②ひとたび現役から退いた軍人が再び召集されて軍務につく予備役か、③現に職を持っているドイツ人労働者を徴兵するしかない。現職のドイツ人労働者を国内や占領地の労働現場から戦地に徴兵すれば、ドイツ企業は労働力を失う。こうして外国人市民が占領地や従属地から、また戦時捕虜や強制収容所の収容者が、失われた労働力の代役として、強制的にドイツの労働現場に動員された。〈三重の意味〉の一つは、戦地におもむいた、主としてドイツ人男性労働者の穴埋めである。これは、〈不在〉になった労働者の代役である。

とりわけ「キツイ、キケン、キタナイ」の３K労働の現場が割り当てられた。ドイツ人〈不在〉者が多くなればなるほど、外国人が代役を強いられる。〈三重の意味〉のもう一つは、ドイツに〈現存〉する労働力の補填である。ドイツ人の職人やマイスターなど腕利きの熟練工が、スパナを鉄砲に持ち替えて戦場に行けば、また高度の技術者や専門家も戦場に流出すれば、産業界全体の業績は悪化する。残された人々は、自らの仕事を続行するのみならず、戦場におもむいた熟練工の職をも引き受けなければならない。労働は強化され、長時間労働を強いられる。食糧事情が逼迫し、夜間空襲警報は鳴り響く。こうして外国人は、ドイツに残り今働いている、〈現存〉するドイツ人熟練工の生産性の低下を補填させられた。いわゆる補助労働である。またドイツ人〈不在〉者が多くなればなるほど、ドイツ人〈現存〉者に負担がかかり、負担緩和のために外国人が3K労働等の補助労働をさせられた。

マンスフェルトにある銅採鉱所では、ここで働く外国人の七七パーセントが地下鉱山で働かされた。ソ連人の場合、ナチス当局の規定により、最もきつい労働現場のみに投入された[21]。ルートヴィヒスハーフェンのIG—ファルベン工場では、IG—ファルベン自身が次のように記録している。強制労働者の八五パーセントが、きつさの程度が中、強の現場で働き、また交代制労働者としても投入されている。職業教育を受けず、今のままの基礎知識で、特殊労働に、あるいは特に厳しい酢酸工場や汚染のひどい工場に動員されている、と[22]。外国人男性のみならず、ドイツ人女性に禁じられていた重労働、健康を害する労働を、ソ連、ポーランド人の女性が引き受けさせられていたことは、既にふれた。こうして外国人労働者は、〈不在〉者の補填と〈現存〉熟練工の負担緩和で企業に貢献し、なかでも3Kの現場では必要不可欠な生産力として多大な寄与をした。

ドイツは占領地や従属地を増やすと、その地の企業を労働者ごと併合したり、略奪した。現地の市民や労働者は、この略奪された企業で、新たに乗り込んできたドイツ人、すなわち〈新参〉者の作り上げる支配構造に組み込まれて労働を強いられた。ドイツからやってきたこの〈新参〉者の創り出す人種ヒエラルヒーの最下層で苛酷な労働に従事し、企業の戦時経済を潤した。〈二重の意味〉の最後は、この〈新参〉者への忠誠と服従を通したドイツ経済への貢献である。

(2) 不払い、低賃金労働

企業にもたらした第二の利益は、不払いあるいは低賃金労働である。多くの場合、強制労働者は不払い労働であった。賃金が支払われた場合でも、①直接本人には渡らず、企業はナチス親衛隊に支払った。しかし、②

本人に支払われた場合であっても、食費、宿泊、日常雑費と称して賃金から天引きされ、労働者に残った金額はごく少額であった。ナチ党ナンバー2で、戦時経済の基本となった「四か年計画」の責任者のヘルマン・ゲーリングは、低賃金で働かせるよう、次のように述べている。「彼らを労働現場に投入すること。とりわけ賃金支払いは、ドイツ企業が有能な労働力をできる限り安く使えるという条件でなされなければならない[23]」。

(3) 労働生産性

第三は、労働生産性である。とりわけ東側からの強制労働者は、平均年齢が若く、有能で労働生産性が高かった。この人たちは、〈不在〉となったドイツ人労働者の代役として、また〈現存〉するドイツ人熟練労働者と、〈新参〉者としてのドイツ人労働者、経営者を支えた。

(4) 社会保障規定から除外

第四に挙げられるべき点は、強制労働者はドイツの社会保障法の保護規定から除外されていた。企業には、フリーハンドが与えられ、したがって、いつ、いかなる条件でも労働をさせることに歯止めが利かなかった。

(5) 戦後へのスタートダッシュ

ここまでは利益が戦時中に生じるのに対して、第五では戦中のみならず戦後の利益が計算に入れられている。

ドイツの敗戦の二年前頃から、連合軍の空爆は激しさを増す。英国空軍の爆撃司令部の狙いの一つは、ルール工業地帯の主要都市エッセンであった。「エッセンは他のどこよりも多い二八回の大爆撃を受けた[24]」。爆撃の標的になった都市は、ルール工業地帯に多く、他にも北のハンブルク、ブレーマーハーフェン、キール、ロストク、ダンツィヒ、ベルリン等が含まれ、ヴッパータール、ヴュルツブルク、ハイルブロンなどは都市の四分の三が破壊された。「爆撃によって軍需生産はいろいろな形で妨げられた。特定の産業（石油、航空機、自動車）は、一九四四年と一九四五年に激しい直接の被害を受けた。合成石油は一九四四年九月までにかつてのわずか五パーセントに減少した。（略）兵器の生産は、生産方式の厳しい合理化と、爆撃を避けて安全な地域に移して行うことで維持されていたが、計画よりもずっと少ない量しか生産できくなくな[25]」った。強制労働者は廃墟となった都市の復興をめざして、ある時は自治体が責任を負う瓦礫の撤去と清掃作業に従事し、ある時はキリスト教会の管轄であった死体の運搬と埋葬作業にかり出された。中でも高価な生産設備を空爆から守り、「安全な地域」に移転する際、その移転先に選ばれたのは鉱山地域であり、地下坑道であった。企業は、施設を空爆から防衛するだけでなく、生産手段や原材料を温存することで戦後の生産を円滑にスタートさせ、他企業に先駆けて生産を開始する戦略を立てた。そのために強制労働者に、なかでも強制収容所の収容者に移転作業を強いた。この人たちは、連合軍の空爆下で、すなわち本来味方である側からの爆撃に晒されながら、その恐怖の下で重労働に動員された。

（6）高度経済成長

こうして企業は、強制労働者にドイツ人労働者の代役、不払いあるいは低賃金労働を課し、高い労働生産性と恣意的な搾取で利潤を上げ、生産設備の移転を通して戦後経済へのスタートダッシュを早めた。強制労働者のこうした「貢献」が、今日のドイツではほとんど語られていない。一九五〇年代中頃から始まるドイツ経済の「奇跡の復興」から経済成長への軌跡のなかで、常に真っ先に取りあげられる点は、ドイツが戦後復興を、何ひとつ残されていない、全くの廃墟（ゼロ）のなかから築き上げた、とする「ゼロ時からの出発」論である。戦前と戦後は〈廃墟〉で断絶されている。この論によると「ゼロ」から出発をしたドイツは、①「勤勉さと再建への努力」という国民性が原動力（とりわけ、銃後に残された女性たちが、バケツリレーにより、瓦礫をかたづけたことが特筆される）となり、②戦後のマーシャルプランや、③東側からの難民や移住者の労働力によって「奇跡の復興」が成し遂げられたのだという。ヒトラーが自殺を遂げたことと、ナチ党も、国外逃亡者たちや残党を除いてほぼ壊滅したことが戦前と戦後の断絶を強調する論に信憑性を与えてきた。ほんとうに「ゼロ」から築き上げたのだろうか。実は「ゼロ」ではなく、外国人労働者たちの代役、不払い賃金、労働生産性、搾取、施設移転等が戦前からの遺産として存在していたのである。ドイツの製品や機械類が戦後も輸出商品として世界市場に進出できたのは、「勤勉な国民性」や製品の質的「優秀」さだけに原因があるのではない。安価でなくては競争に勝てない。戦前からの外国人強制労働者の血と汗による資本蓄積もその一因であろう。「ゼロ」ではない。「血と汗」によって築き上げられたその上に「奇跡の復興」がなされたのだ。戦前と戦後は断絶していない。「勤勉な国民性」や製品の質的「優秀」さを強調する戦後復興論は、いつのまにか「神話」と化した。この「神話」は、ドイツ人のナショナリズムをくすぐり、国民統合に好んで用いられてきた。

外国人強制労働者の遺産が忘れられているだけはない。ドイツは「奇跡の復興」を遂げ、高度の工業国家になった後も、この労働者たちに補償することを拒絶してきた。一九五二年の「ロンドン債務協定」をタテに、強制労働による国家賠償問題を先送りしてきた。莫大な額にのぼる賠償支払いをしなかったこと、これも「奇跡の復興」に寄与した。問われているのは、第一に、戦前と戦後に「断絶」を置くことで強制労働者たちの貢献を「ゼロ」にし、忘却するのではなく、正当な評価をすることである。第二に、戦後の補償をきちんとすることを通して、正当な評価を実体化することである。この二点こそ、後に、本書の中心課題である強制労働補償基金『記憶、責任、未来』の項で取りあげる主題となる。

（7）ステータス・シンボル

一九四三年頃、約五七〇万人の民間人強制労働者の三分の一は、女性であった。彼女たちの中には、企業以外に一般の家庭でメイドとして労働を課された人々も多数いた。ドイツ人女性ではなく、ロシア人、ウクライナ人、ポーランド人女性を手に入れようと、一般家庭もまた競って行政当局におもむいた。その目的は、第一に、家事労働の軽減化である。夫や息子たちが戦地に徴兵され、残された家族は、男たちの労働を代替しなければならなかった。第二には、メイドがいる、というステータス・シンボルが得られることである。国防軍兵士たちは、前線から一時帰省をするとき、勝手に若い女性を同伴して来ることがしばしば見られた。アルフレート・ローゼンベルク東方占領地域大臣が、こうした私的連行を合法化しようと努力した事実が報告されている[26]。ナチスにとり東側諸国は〈ドイツの生存圏〉であり、ここはゲンルマン民族の支配する〈植民地〉であった。強制労働者を使用したすべての企業、自治体、教会などの組織も、一般家庭も、ドイツ帝国が〈植民地〉を獲得したという実感は、自分のすぐ隣で働かされる強制労働者が異国の出身者である、という事実で確かめられた。

5　企業の虚偽

企業の中には、東側占領地域で強制労働者を補充するために、企業独自の補充事務所を開設する企業も現れた。例えば、弾薬・武器製造コンツェルンのクルップ社は、一九四一年末からは、会社独自に、この事務所を通して労働者を本社のエッセン市に連行している。またフォルクスワーゲン社では、設計技師フェルディナンド・ポルシェがヒトラーの「国民車」構想に沿って、車の大量生産に着手していたが、彼もまた工場に外国人労働力を導入することに精力を注いだ。一九四四年三月、彼は〈ナチス詣で〉の一環として、ナチス親衛隊最高指導者のヒムラーを訪ね、強制収容所の収容者を会社にもっと投入させて欲しいと直談判している。連合軍の空爆から機械設備を守り、同時に敗戦後の再建のスタートダッシュを他社に先駆けて円滑に進めるためであった。談判の結果、五月末に工場は技師アルトゥール・シュミーレをアウシュヴィッツに派遣し、労働力の補充に務めている。

こうしたことは「何も珍しいことではなかった。一九四四年中頃からは企業の代表者たちが強制収容所の収容者の選別に加わることが常態化していた(27)」にもかかわらず、今日、ドイツ企業は、強制労働者の使用は、ナチス政体により強いられたと主張している。とすると、企業も、強制労働者も共に〈被害者〉となる。しかし、強制労働者を押しつけられたという証拠は、今日、全く存在しない。

6　各社の強制労働

ここで自社を〈被害者〉と見なす企業の例を、ディール社とフォード社に見てみよう。IG—ファルベン社、クルップ社、フリック社は、後にニュルンベルク国際軍事裁判や継続裁判について論ずる時に取りあげたい。

(1) ディール社の場合

〈1〉元社長への称号授与

一九九七年三月五日、ニュルンベルク市議会は、金属・電子・防衛産業を営むディール社の前社長カルル・ディールに名誉市民の称号を授与する決定をした。これに対して同盟90／緑の党のゾフィー・リーガー市議は、カルル・ディールが一九四五年に連合国により職務禁止の措置がとられていることを理由に、授与に反対をした。職務禁止は、彼がナチス党員であったか、ナチス党に近い組織のメンバーであったか、このどちらかを意味するためである。これに対して市議会で多数派を構成するキリスト教社会同盟（CSU）、自由民主党（FDP）、極右政党の共和党等が、授与に賛成票を投じた。七月二日、全国紙の日刊紙『ターゲスツァイトゥンク』は、「浮上した黒い影」を報じ、ドイツによる東欧占領中に、ディール社が「ポーランドの組立工場でユダヤ人強制労働者を使用した[28]」と書いた。七月一六日、予定通りに市ホールにて授賞式が行われ、前社長には「わが都市ニュルンベルクに常に忠誠を尽くし、市の繁栄に貢献[29]」してきた、と賛辞が贈られた。同盟90／緑の党市議五人は表彰の際に退席、社会民主党（SPD）議員は出席していたが、拍手を控えた。

〈2〉ディール社の強制労働史

ここでディール社の社史を振り返ってみよう。

この企業は、第二次世界大戦の開戦前から、起爆装置、手榴弾等を製造する軍需産業であった。名誉市民の称号を授与されたカルル・ディールは、父親の「ハインリヒ・ディール金属・鋳物・プレス工場」を、父の死後、一九三八年に受け継ぐ。戦後は、時計、車両等の生産に転換するが、西ドイツ連邦国防軍が新たに創設されると、再び軍需生産に移行した。カルル・ディールによれば、「第二次世界大戦中に積み重ねることができた、数十年にわたる経験[30]」を生かしたのだという。戦車、弾薬、ミサイル部門を得意とし、一九九六年には、売上高が二七億マルク（約二〇〇〇億円）の金属・電子・軍需コンツェルンに成長した。翌一九九七年には、前年比約一二パーセント増の売上高を記録する。

名誉市民の受賞理由は、第一に、社がドイツ国内のみならず世界中に労働者を一万二五九〇人雇い、なかでもニュルンベルク市で四〇〇〇人を雇用していること、第二に、カルルが旧市街地や記念建造物の再建に努力し、これに巨額の寄付をしたこと、また数年来、貧者への慈善家として評価されてきたこと等が挙げられた。こうした点から議会多数派は、受賞はむしろ遅すぎた、という立場をとった。

しかし受賞式の晴れやかなスポットライトは、「黒い影」まで覆い尽くすことはできなかった。まず東欧の女性たちが以前から声を挙げていた。一九四四年から四五年の終戦にかけて、ペータースヴァルダ、ラーゲンビーラウ等のポーランドの地で、起爆装置や手榴弾を造らされていた女性たちが、強制労働の実態を訴えた。また、グロース・ローゼン収容所で働かされていた約一〇〇〇人の人々の中から、ディール社の職長により、日常的に殴打され、苛酷な強制労働に追いやられていたことを告発する人々が現れた。それだけではなく、さらに賃金が不払いであり、これらの責任が当時のカルル・ディール社長にある、と公表した。

カルル・ディール前社長の受賞を機に、この企業が強制労働者を酷使してきた実態の一部が歴史の暗闇から見えてきた。ドイツの連邦公文書館から明らかになってきた事実は次の通りである。
①同盟90／緑の党市議ゾフィー・リーガーは、一九四三年一月二六日の日付で、カルルが「一等戦時功労十字勲章」の受賞候補者であったことを示す史料を発見した。(31) この勲章の受賞理由は「現存する軍需工場の規模を拡大し」、これはドイツ国民の手本となったからだという。(32) では、なぜ「規模が拡大」できたのか。この史料によれば、開戦の年一九三九年に三二〇〇人を数えていた従業員が、四二年には八五〇〇人に増員されている。この約二・七倍の増加こそは、まさに強制労働者に由来していた。その大部分は、占領地の東欧出身者であった。ディール社のみならず他のドイツ企業で、彼ら、彼女たちは、無権利状態で酷使され、ナチスの官庁用語で言う「消耗品」扱いの対象であった。「消耗品」の処分先は焼却炉であった。
②強制労働は、既に述べたように、企業とナチスそして国防軍の三位一体で行われていた。日刊紙『ターゲスツァイトゥンク』の調べでは、一九四四年六月の「ナチス経済管理本部D局Ⅱの行動計画書」は、「軍需産

業の目的達成のため、収容者の投入」という欄を設け、次のように記述している。すなわち、強制収容所の収容者を軍需生産のために強制労働させた企業は「有限会社ハインリヒ・ディール社、ニュルンベルク、No. 14/17a」である。[33]

ここで再度確認しておこう。ナチス時代の強制労働者とは、一般に次の三つの種類の人々を指す。ナチスは権力を握った直後、主として政敵である共産主義者、社会民主主義者を初めとして、ナチ政体に批判的な人々を予防拘禁し、強制収容所に収容した。こうした政治犯を、そして後には一般刑事犯やユダヤ人等をも含めて強制労働に駆り立てた。この人々を第一とすれば（強制収容所収容者）、後に、とりわけ一九三九年のポーランド侵攻後に各地の戦闘で捕まえた捕虜（戦時捕虜）、すなわち元兵士が第二の範疇に入る。第三には、戦闘後の占領地から連行してきた民間人、すなわち一般の人々、子どもたち等が該当する。

戦後、調査にあたった連合国の援助再建組織の追跡機関は、強制収容所関係のリストを作成した。一九四九年七月に公表された『強制収容所と囚人のリスト』には、強制収容所の地名欄が設けられ、ニュルンベルクの東にあるレーテンバハという地名欄に次のような記述があった。[34]「民間人労働者収容所：ディール、ブルネン通り九番地、一九四〇年七月二〇日～四三年七月一三日」。

しかしディール社が強制労働をさせたのは民間人だけではなかった。右に述べた第一の分類に属する強制収容所の収容者をも酷使した。ニュルンベルクから北東に向かうと、チェコとの国境に隣接してヴァイデンという町がある。第二次大戦の初期、ここにフロッセンビュルク強制収容所が建設された。反ヒトラー運動で知られる「七月二〇日事件」に連座したとして、敗戦直前の一九四五年四月、ボンヘッファー牧師、カナリス提督らが処刑された収容所として名が知られている。同じ追跡機関の資料には、ミュンヒベルクという地名（オーバーフランケン地方）の下に、「フロッセンビュルクの外部労働班」[35]という記述があった。そして、「ミュンヒベルク労働収容所、金属・鋳物・プレス工場・ハインリヒ・ディール有限会社。一九四五年四月一三日以前に閉鎖」[36]と書かれていた。これが意味するところは、すなわちフロッセンビュルク強制収容所の囚人たちを、収容所の外へ連れ出し、ミュンヒベルクのディール工場で働かせた、ということである。「外部労働班」とは、強制収容所の収容者の中で、収容所から外へ連れ出されて、近くに立地していた企業のために、働かされた人々のことである。

③賃金を払わなかったことは、以下の事実で明らかになった。戦後、敗戦国ドイツを占領した連合国は、とりわけナチス強制収容所での強制労働、残虐行為、殺戮等を調査し、その中で未払い賃金が多額にのぼることを想定した。そして、企業に対して、未払い賃金があれば、連合国の追跡機関に提出させる規程をつくった。ところでニュルンベルク市資料館には、ディール社がこの規程にしたがって、一九四七年七月一七日の日付で、連合国援助再建組織の追跡機関に宛てた手紙が残されていた。ここには、社がいつも使っている口座とは別の口座に小切手で三万九一三七・七八ライヒスマルクを振り込み、連合国側へ提出する意志が示されていた。これだけの額の未払い賃金が存在したことになる。

〈3〉「戦時利得者」

授賞式の当日、ディール社の責任を追及する市民グループは、ホールの入り口に横断幕を掲げ、「彼は名誉市民か、いや戦時利得者だ」と世論に訴えた。強制労働者を酷使してナチス体制と自社の双方を支え、未払い賃金により多大な利益を得たまま、戦後、沈黙を通してきたディール社も、その過去を隠しきれなくなってきた。戦後補償を求める市民運動、犠牲者や被害者の直接の声、公開される資料から見えてくるナチス体制への協力、迎合への批判――これらを包み込んだ社会的圧力に対して、一九九七年暮れ、ディール社は、強制労働者に未払い賃金の支払いの意志を示し、社独自の基金の設立を約束した。

〈4〉ディール社の基金設立

ディール社は、元強制労働者たち、市民の抗議に対して、戦後五〇年以上にわたり続けてきた沈黙、回答せずという立場から一転して、一九九七年、基金の創設を表明したが、その基本姿勢は、第一に、強制労働者の使用は強いられたためであり、第二に、社には強制労働者の使用に法的な責任はない、という。すなわち、法で定められた職場の安全管理、労働者への安全な職場の提供義務等に違反してはいない、というわけだ。したがって、第三に、支払いは公的義務ではない。良心や謝罪が不可欠となる補償をするのではなく、自主的な贈り物（プレゼント）であるという。

ディール社は、こうした姿勢を示しつつ、他方で二つの取り組みを同時に進行させていた。それは元社長カルルが、ベルリンの歴史家ヴォルフガンク・ベンツにナチス時代の社史を研究するよう依頼した件である。もう一つは、経営陣の一員であり、長男のヴェルナー・ディールが、イスラエルのテルアビブ滞在中に被害者の女性たちと会ったことである。爆弾の発火装置のネジをボルトで締める作業に従事した彼女たちは、ディール社の職長たちに虐待され、凌辱され、中には生存者と死者に分ける選別作業をさせられた人々もいて、現在もその後遺症に苦悩している事実を語った。

こうして翌一九九八年、ディール社は援助基金を設立した。後に述べる、本書のメインテーマである「記憶・責任・未来」基金に参加するのではなく、社独自の援助基金を創設した。その趣旨は次の点に現れている。

（1）社の事務長ヘルベルト・ヴストによれば、「強制労働への補償ではなく、ドイツの大地で経験した特別の苦悩に対する自主的な贈り物」[37]である。

（2）法的義務を認識してはいない。収容者への虐待は残念である。

（3）強制労働者投入は（ナチスにより）強制されたものである。

（4）将来、正規に補償することが義務となった場合、現行の「自主的贈り物」をそこに算入させること。

（5）これにより、「歴史を積極的な方向で終わらせることができる」[38]。

要するに、①強制労働者は、ナチスが社に強制したのであり、社は被害者である。②「虐待」は確かに行ったが、その苦痛に対しては、謝罪するのではなく、「贈り物」を「自主的」に、恩恵として与えようというわけである。これでは歴史は「終わらせることができ」ず、フタをされるだけである。歴史は苦悩のうめき声をあげ続けるであろう。

（2）アメリカ企業フォード社の場合

〈1〉ドイツ支社

アメリカ・ミシガン州に本拠地を置く自動車企業フォード社が、ドイツ・ワイマール共和国の首都ベルリンに事務所を開設したのは、一九二五年であった。その後、一九三一年にケルン市に拠点となる大工場を建設し、一九三三年以降から始まるナチス時代にドイツ・フォード社は最盛期を迎える。ナチスと密接な関係を維持し、大量の強制労働者を連行し、働かせたこの巨大コンツェルンは、ヒトラーの戦争遂行に必要不可欠な存在であった。しかし、フォード社は、本書で後に述べる強制労働者への補償基金「記憶・責任・未来」の創設で、被害者団体、ドイツ政府、アメリカ政府、ドイツ企業等が合意に達した一九九九年一二月段階でも、この基金を巡る補償交渉のテーブルにつくことすら拒否し続けてきた。

〈2〉第二次大戦前のフォード社

初めに、欧州で第二次世界大戦が始まる一九三九年九月一日以前のフォード社とナチスの関係を見てみよう。自動車の大量生産方式の創始者であり、独裁的で、時代錯誤の考えの持ち主でもあったヘンリー・フォードは、元来、ナチスとの共通点を多くもっていた企業家であった。例えば、フォードは反ユダヤ主義を標榜するマスコミに助成金を贈っている。また、フォード自身の反ユダヤ主義的パンフレット『国際的なユダヤ人：世界の緊急課題』は、一九二〇年代にヒトラーの注目を浴びる。これはドイツでは、一九二一年にライプツィヒで、ハマー出版社により出版された印刷物である。この二〇年代、フォードはアメリカの上院議員に立候補したが落選、今度は大統領選挙に挑戦しようとしていた。これを知ったヒトラーは、『シカゴ・トリビューン』紙に次のように語っている。「できれば、選挙を援助するために、私の有能な組織の幾つかをシカゴや他の大都市に派遣したい(39)」。ヒトラーの著した『我が闘争』は「一家に一冊を」とのスローガンで大量に出版されたが、ここでフォードは礼賛の対象になっている。すなわち、ヒトラーによれば、アメリカ合衆国の株式市場を支配しているのはユダヤ人であり、一億二〇〇〇万人のアメリカ合衆国の生産者を操っているのもユダヤ人である。だが、その中にあって「ただ一人偉大な人、フォードだけがユダヤ人の怒りにもめげず敢然と独立を維持している(40)」と賞賛されている。

共通点の第二の例は、労働組合、労働運動に対するむき出しの敵意と憎悪である。ヒトラーは権力を掌握して二か月を経た五月一日のメーデーを「国民的労働の祝日」と改称し、翌日、労働組合の役員を大量に逮捕し、労組を解散させる。他方、フォードは労働組合員は扇動者に操られている、という考えをもち、長年にわたり自社の労働者が組合を結成する動きを抑圧してきた。

フォード社は一九三一年にケルンに拠点となる主要工場を建設して以来、ナチスとは良好な関係を築く努力をしてきた。ドイツ市場で自社製品を売り込むために、ナチス政府から、自社に都合の良い省令を公布させる。例えば、一九三六年以降、全製品に「ドイツ製品」と表示して宣伝をし、販売が許された。一九三七年、従来の卵形のシンボルマークは、「フォード・ケルン」と表示されたワッペンに変わり、ここに自社工場とケルン市のシンボルであるドームの写真が入れられた。加えて一九三八年夏、フォードは七五歳の誕生日に、ヒトラーから在米ドイツ領事を通して大十字勲章が授与される。ナチス政体が外国人に与える最高の栄誉である。ヒトラーの〈フォード崇拝熱〉は相当高かったようである。ドイツ・フォード社はこれに応えて、翌一九三九年四月二〇日、ヒトラー総統の五〇回目の誕生日に三万五〇〇〇ライヒスマルクをこの最高権力者に贈っている。

一九三八年のドイツフォード社の自動車生産をみると、乗用車の生産台数でドイツ第四位を記録し、営業用の車両の分野では、既にドイツ第二位となっている。第二次世界大戦が始まると、自家用車部門は売れ行きが低下していくが、これと歩調を合わせるように生産を軍用の体制に切り換えた。

〈3〉第二次大戦中のフォード社

一九三九年九月、ヨーロッパ戦線での開戦とほぼ同時に、フォード社はドイツ国防軍と警察用の乗用車の生産に乗り出す。国防軍の各部隊は、東欧各地で侵略と占領の拡大を続ける事態に比例して、道路事情の悪い地域、また原野を走る車種が必要になった。社の利益と販売台数もこれに連動して増加している。一九三九年、一二八万ライヒスマルクであった利益は、一九四三年には二一七万ライヒスマルクに増えている。販売台数は、一九三八年から四三年にかけて五〇パーセント以上上昇している。

この時期、ドイツ支社の社内新聞（一九四〇年四月）に掲載された「総統」と題する詩は、フォード支社がいかにナチス体制に忠誠を尽くしているかを示している。

総統

私たちはあなたに誓いました
私たちは永遠にあなたのものです
大河に注ぐ小川のように
私たちはあなたに抱かれる
たとえあなたを理解できなくとも
あなたと共に歩みます(41)

ロベルト・H・シュミット社長は、一九四一年、ケルン工場創立一〇周年記念式典で、ナチスの地方幹部を前に挨拶をした。ここで彼は、フォード社が戦争でドイツ側にいかに貢献しているか、自分の業績を自画自賛している。次のような演説である。「平和財の生産から戦争経済への転換は、おおかた摩擦なしに行われました。（略）国防軍によって使用されたフォード車は、あらゆる前線でその性能の良さを証明しました」[42]。ドイツ・フォード社は、ダイムラー・ベンツ、オーペル社と並び、ドイツ国防軍へ乗用車を提供する最も重要な自動車産業に成長した。一九四二年には、国防軍に納品する輸送部門に着目したドイツ・フォード社は、乗用車の生産をストップし、軍用トラック部門に生産を特化している。とりわけ「三トントラック」は国防軍用に大量生産された。一九四二年までに、新たなトラック、そして以前の乗用車、鉄道車両を含めてドイツの機械化部隊で使用された車は、その三分の一がケルン工場の生産である。

こうした発展は積極的なナチスへの忠誠と協力の「成果」であった。アメリカが参戦した場合、在ケルンの米企業フォード社をどうするかが、ナチス側の懸念材料であった。他方、ナチスの「アーリア人」至上主義や連合国に対する排外主義は、フォード社にも圧力としてのしかかった。当然、ケルン・フォード社を排斥する動きは存在した。しかし、フォード社は、自社の監査役会でドイツ人が多数になるよう配慮することでこれに対応した。さらに、一九四〇年末に新株券を発行した際に、その買い手をドイツ人のみに限定し、それにより、米本社の出資率を七五パーセントから五二パーセントに下げた[43]。加えてこの時、ドイツ企業のＩＧ―ファルベン社が、一七五万ライヒスマルクをフォード社に出資することで、フォード社の「アーリア化」、すなわちドイツ化に貢献した。一九四一年七月、ＩＧ―ファルベン社取締役会はナチス政府に、フォード社の経営陣は「ますますドイツ化されてきました」という文書を提出している[44]。一九四三年以降は、社はドイツ国防軍の支配領域に進出し、フランス、ベルギー、オランダ、デンマーク、ルーマニアのフォード工場を支配下に置いた。

さて、ケルン・フォード社は、遅くとも一九四二年五月には強制労働者の労働に依存していた。一九四三年までに各地のフォード工場では、全労働力の半数は、外国人すなわち、戦時捕虜、民間人、強制収容所収容者であった。ケルン市で強制労働させられた約二万人以上の人々のうち、ケルン・フォード社には、少なくとも二五〇〇人のロシア人、ウクライナ、フランス人、ベルギー人たちが働かされていた[45]。強制労働の実態は、すでに第二章の「フォード社」での証言で触れたように、一日、一二時間以上の労働であり、慢性的な飢餓状態が覆い、待ち受けているものは警棒、監禁室、殺戮であった。

〈4〉第二次大戦後のフォード社

ドイツが無条件降伏の文書に調印したのは一九四五年五月八日である。この日ドイツ・フォード社は生産を縮小してはいたが、ストップはしなかった。一九四八年、ヘンリー・フォードが米本社からドイツに来て、戦後一〇万台目のトラックの生産を祝った。ドイツ・フォード社は、戦争末期に短期間ではあるが、米占領軍に捕らえられていた社幹部のロベルト・シュミットを再び雇用した。シュミットは、米本社宛の手紙の中で、「自分はナチスを激しく憎んでいた[46]」と書き、自らの戦争責任に蓋をした。彼は、戦後再びフォード社で要職についたナチス時代の六人の重要人物の一人となった。

敗戦の間際にナチス政府は、ドイツ各地のフォード工場に合計一〇万四〇〇〇ドルを支払っている。理由は、社が主張する「連合国による爆撃の被害とその損害補償」である。しかしフォード本社はこの額に満足せず、一九六五年、アメリカの対外賠償請求委員会に対してさらに七〇〇万ドルを要求した。委員会は、フォード社が「自身が言うところの損害をインチキな為替相場を使って吊り上げようとした[47]」と認めながら、最終的には一一〇万ドルを認定した。証言で見たように、フォード社が資産を築き、資本蓄積を果たし、途切れることなく戦中→敗戦の日→戦後と一貫として生産を続けることができた一因は、死と背中あわせで労働をさせられ続けた強制労働者たちの多大な寄与にあった。だが、補填されたのはフォード社が主張する「損害」のみで、強制労働者への支払いは一銭もなされず、流された血と汗は一切報われていない。

〈5〉日本企業の場合

フォード社は、こうして爆撃の「被害」を受けたとして「損害補償」を獲得したが、ここで日本の場合に話を転じてみよう。一九四四年四月一四日、中国人の張文彬（ジャン・ウェンビン）さんは、河北省で突然、強制連行され、下関を経て新潟港に連れてこられ、新潟港運株式会社（現リンコーコーポレーション）で港湾荷役労働を強制された。横殴りの風と積雪中の荷役作業は苛酷であるにもかかわらず、「暖房設備は一切無く、寝床は藁が敷いてある程度、風呂には一回も入れてもらえず、一度の食事は饅頭一個だけだった(48)」。寒さと飢餓、疲労で死者が続出した。「新潟華工管理事務所についての外務省嘱託員の報告書によれば、中国人の『当所における死亡者数は、一五九名、二一％(49)』」に達している。

国は戦後、閣議決定で、中国人や朝鮮人を働かせたことで、企業は「損失」を被ったとして、「必要なる補償を考慮するもの」と定めた(50)。国と企業を被告とする新潟訴訟の判決文によると、新潟港運株式会社を傘下におさめる日本港運業界は、「被告国から、合計五三四万四五五円の補償金の支払いを受けた（平均すると、一事業場あたり約二五万四三〇七円となる。）」と事実認定している（「事実及び理由」の第三「認定事実」の七「日本港運業界に対する補償(51)」）。日本で中国人を使役した企業の一三五事業所は、一、二、三を除いて政府から補償金を受け取っている。企業は、強制連行・労働者を放置し、何の補償もしないまま、政府から「損失」を手厚く補填された。

朝鮮人の強制連行・労働者の場合を、富山の工作機械メーカー不二越でみてみよう。

一九九二年九月三〇日に提訴された第一次訴訟は、二〇〇〇年七月一一日、最高裁で和解を迎え、現在、第二次訴訟が進行している。『不二越25年史』には、「四四年（昭和一九年）になると朝鮮から半島女子挺身隊一〇八九名、男子五三五名が入社したこと等が明記されている(52)」。企業は、強制労働者への労賃の不払いで、売上高も純利益も共に伸ばしながら、強制労働者を使役したことで「損失」を受けたとして、政府から「前受金」と称する前払い代金を受け取っている。「不二越は『臨時軍事費特別会計』から一九四一年下期五四七万円、四三年下期二五六七万円、四五年上期には一億四四五七万円の『前受金』を受け取っている(53)」

企業が補償金を受け取る根拠は国により異なっている。フォード社は爆撃の「被害」であり、日本の企業は、強制労働者を使う「損失」である。しかし、共通しているのは、死に至るまでの労働者に賃金を支払わないだけでなく、戦後半世紀以上に渡って「解決済み」として、生存者を、死者を放置しておきながら、企業だけが手厚く補償されたことである。

〈6〉基金参加拒否

ドイツ支社が戦争責任を不問にし、米本社が支社と共に賃金を不払いのままにしている一方で、米本社は、後にテーマにする「記憶・責任・未来」基金への拠出を二〇〇〇年段階に至っても拒否し続けている。その最大の理由は、一九四一年にアメリカが第二次世界大戦に参戦をした後は、米本社はケルン工場へのコントロールを失い、したがって、このドイツ支社が行ったことには何の責任もないからだという。だが、もしこの主張が、百歩譲って正しいとしても、ドイツの子会社の方の責任は免れない。親会社が責任を感じず、拠出をしなくとも、子会社がすればよい。「記憶・責任・未来」基金に拠出を呼びかけられている企業は、後に述べるように、戦後に設立された企業をも含めて、ナチス時代に企業活動を行った全社が対象である。

〈7〉フォードシステム

今日、一企業名に由来する「フォード・システム」といえば、二つの意味を持つ。第一は、二〇世紀初頭にアメリカで普及し始めた徹底した労務管理による効率的な生産体制をいう。一工場内で、大量生産方式により生産費を引き下げ、流れ作業と規格化された部品で生産の合理化を進めた。それまでは車体を固定し、労働者が部品と工具を手にして車のまわりを移動したが、一九〇八年のガソリン・エンジン「T型フォード」車の生産からは、車体が動き、逆に労働者は立ち姿のまま、機械の動き（ベルトコンベア）に合わすことを余儀なくされた。人は機械の一部になり、巨大な歯車の一構成要素になった。既にアメリカで一九世紀末から考案されていた生産性向上のための工場管理システムであるテーラー・システムは、労働者から構想、計画、企図を奪い、労働者を単なる実行、作業、労働をするだけの存在におとしめる労務管理論を特徴としていた。作業過程を細分化し、移民を含む工場労働者から熟練性、判断力、〈頭脳〉を取りあげ、労働者を機械に付属する単調、単純な〈肉体〉労働者に変えるテーラー・システムが、「フォード・システム」に編入された。「フォードシステム」の第二の意味は、一工場内のこうした労働の編成とは異なり、全社会的規模で繰り広げられる大量生産と大量消費を特徴とする現代社会のシステムである。「高い生産性をほこる大量生産体制は、大量消費を前提しなければならない。それは、非資本主義的領域と接合していた労働者の伝統的生活様式を最終的に解体し、労働者に資本主義的に生産された消費財を購買させ、こうして労働力再生産にかかわるいっさいを資本のもとに包摂する」[54]社会の体制を意味する。自動車産業界で生じた作業過程の効率化、生産性の向上の一部が労働者の賃金に上乗せされ、購買力を高めた。一九〇八年には八〇〇ドル強のフォード車の価格はわずか八年後に四〇〇ドルに下落した。イタリア共産党の指導者で思想家のグラムシは、フォード・システムに着目し、一九三〇年代に新しい資本主義社会をこのシステムで展望した。「一九一四年初めにヘンリー・フォードは新聞紙上にセンセーショナルな予告を載せた。『工業世界のいまだかつて見たことのない労働者報酬最大の革命』が開始されつつある、と[55]」。

一九世紀の前半に、一自動車工場から他産業界へ、そして全産業界へ拡大していったフォード・システムは労働者の賃金を引き上げ、生産物の価格を引き下げ、労働者の購買力を高めることで、第二次世界大戦後の「大量生産―大量消費」社会の成立の可能性を準備した。だが、ナチス時代、フォード社では、労働者たちの「大量生産」はあっても、「大量消費」の展望は許されず、大量消費されたものは、生活物資や財貨ではなく、自らの肉体と生命であった。

7　ナチス犯罪とは何か

本書は、後に企業と政府の共同出資による強制労働補償基金「記憶・責任・未来」の創設に焦点を当てるために、ナチス犯罪に関しては、ここまで主として国防軍、産業界、親衛隊の三者による強制連行―労働に関連するテーマに的を絞ってきた。当然のことながら、ナチス犯罪はこれに限らない。

（1）戦争開始以前の暴力装置

イタリアのムソリーニが、一九二二年、国王により任命されてごく少数政党出身の首相に就任したように、ヒトラーもヒンデンブルク大統領に任命され、一九三三年一月三〇日、保守派の支援のもとで連立政権（閣僚一一名のうちナチ党出身者三名）の首班についた。ナチス政体は、経済的には、「強制労働の目的」でふれたように、東部に新しい生存圏を獲得し、ここへの植民とここからの資源の収奪を政策とした。古来、国家は外に侵略を計画する時、国内の反対派を排除し、物言わぬ〈臣民〉に仕立て上げようとしてきた。マルクス主義を根絶し、民主主義や自由主義を抑圧し、「政治的信条」の違いを根拠に反対派を弾圧した。これに、ナチ党本来の姿勢である〈アーリア民族優越主義〉が加わり、「人種、信仰、世界観を理由にナチスの暴力措置によって」（連邦補償法、一九五六年）人は迫害された。特記すべきは、「それにより生命、身体、健康、自由、所有物、財産、職業上の出世に被害を被」（同）る事態が、一九三九年の戦争開始以前に生じ続けていたことである。

具体的にみてみよう。政権奪取後一か月も経ない二月二四日、ナチス政体は共産党本部のある「カルル・リープクネヒト会館」を警察力で占拠した。二月二七日、国会議事堂放火事件を引き起こし、これをドイツ共産党の仕業であると宣伝した。九月二一日から始まった裁判では、逮捕され、起訴された共産党員は全員が無罪となったが、運動への威嚇の効果は十分に発揮された。翌二八日、「民族と国家防衛のための大統領緊急令」がヒンデンブルク大統領ににより発せられ、これにより、個人・思想信条・結社の自由や郵便通信の秘密、住居の不可侵性などの自由権が奪われた。また、保護検束が導入され、ゲシュタポ（秘密国家警察）は刑事手続きを一切踏まずに、始めは共産主義者を、後にはナチス体制への批判者を拘束した。こうしてワイマール憲法は改正手続きを取らずに、停止させられ、〈拘束〉者は増加する。一方、ナチス政体自体は憲法に〈拘束〉されず、「ナチスが憲法」と化していく。緊急令が施行されてから一〇月までに、約一〇万人が保護検束を受け、大半が年末までには釈放されたものの、五〇〇～六〇〇人が殺害された(56)。政権が、憲法に拘束されないと、どんな事態になるかを如実に示している。

(2) すさまじい事後法の体系

憲法に拘束されないナチス体制の法制度上の特徴の一つは、次々に新法をつくり、法の一般原則を放棄した点にある。その最たるものは、事件後に新法を作り、その新法で過去の事件を裁きつづけたことである。芝健介氏は、右の「国会放火事件」を例に挙げて以下のように述べている。「放火の現行犯として逮捕されたオランダ人青年を、事件後つくられた特別法によって、すなわち放火の罪だけでは死刑相当でなかったそれまでのドイツ刑法を変えた特別事後法によって、死刑に処したのをはじめ、次々に新しい法をつくってはそれで政治犯はじめ『非国民』あるいは外国諸民族をナチ体制は処断し続けました(57)。こうした「法原則破壊をすさまじいまでに進行させたのが、まさにナチ体制の特徴でした。このことについて、ニュルンベルク裁判批判者が触れないのであれば、それは著しく衡平を欠く態度といわざるをえません(58)」。

（3）「人道に対する罪」

共産主義者や社会主義者は「民族と国家防衛のための大統領緊急令」を根拠に、「反国家的活動を行い、公共の安全と秩序を乱す恐れがある」（傍点――田村）[59]と権力側が抱く見込みだけで身柄を拘束された。拘束期間も拘束場所も示されないままであった。ペーター・シュタインバッハ他の『ドイツにおけるナチスへの抵抗』によれば、ナチスが権力を掌握したその日、ドイツ共産党はゼネストの呼びかけを行ったが、少数の例外を除いて反応は全くなかった。「続く数か月にわたり、多くの共産主義者が逮捕され、拷問にかけられ、根拠なく拘留され、また、裁判に全くかけられずに虐殺された人が多数いた」[60]。始めは普通の収容所に入れられていたが、人数が多くなるにつれて強制収容所に収容した。すなわちミュンヒェン郊外のダハウに初めて強制収容所が建設され、三月二〇日以降は、ザクセンハウゼン（三六年建設）、ブーヘンヴァルト（三七年）、フロッセンビュルク（三八年）の基幹強制収容所が収容先となり、オーストリア併合後はラーヴェンスブリュック（三九年）がこれに加わった。これらは、開戦前の、平時における弾圧装置の代表例である。ただし、一九三五年を契機に弾圧される人々の傾向が変わる。ナチス政体は、共産主義者や社会民主主義者を「非常事態」や保護検束を手段にして抑圧していたが、この頃になると「左翼勢力の組織的な抵抗が抑え込まれ、共産主義者との戦いが一段落した」[61]。以降、「取り締まりの対象を、それまでの政治犯から、ナチ体制の人種的、社会的な規範から逸脱する人々にまで拡大」[62]していく。ユダヤ系ドイツ人や、ナチスの人種理論に基づく「非アーリア人種」への抑圧が、史上未曾有の規模で繰り広げられる。一九三八年一一月九日から数日間、ドイツ全土とオーストリアでユダヤ人商店が破壊され、ユダヤ教会が放火され、聖典が焼かれ、ユダヤ人が殺害された「水晶の夜事件」が起こる。

三九年三月一五日、ドイツ軍はプラハを占領し、やがてチェコスロヴァキアを解体する。

戦中はもちろんのこと、こうした戦争の開始以前の、すなわち戦争とは関係のない、平時に、特定の範疇に入ると勝手に判断された人々への犯罪、したがって、ドイツ人からなるナチス政体が、自国内のドイツ人（この場合、ユダヤ系ドイツ人やドイツ人共産主義者などナチス政体に抵抗するドイツ人）やドイツの併合地（この場合、チェコスロヴァキアやオーストリアなど）の市民への犯罪が、ニュルンベルク国際軍事裁判と継続裁判では「人道に対する罪[63]」として取りあげられた。戦中も含めた、とりわけ戦前のこうした市民への抑圧は、戦争犯罪としてではなく、ナチス犯罪、ナチスの不法として裁かれることになった。

　次に第二次大戦開戦後の占領地、保護国などで民間人への殺害、虐待、連行、略奪、都市の意図的破壊——これらをよく示す書物にマーチン・ギルバート著の『ホロコースト歴史地図』がある。その「まえがき」から開戦後の、民間人、市民への人道に反する行為、戦争の法規や慣例に対する違反などの例を引用してみよう。やや長いが、抑圧のすさまじさと広がりの一端を知る手がかりになる。

「ポーランド占領後殺害された民間人、アウシュヴィッツの最初の犠牲者（大半は非ユダヤ人だった）、ナチの安楽死計画の犠牲者、サハラ砂漠に設置された奴隷労働キャンプにおけるユダヤ人、非ユダヤ人殺し、一九四一年四月および一九四二年一月のユダヤ人・セルビア人殺し、チェコのリディツェ村の村民虐殺、ザモシチ地方のポーランド人追放と虐殺、絶滅キャンプへ移送されたジプシー[64]、ローマで起きた報復のためのユダヤ人・非ユダヤ人殺し、ユダヤ人もろともエーゲ海に沈められたギリシャ人とイタリア人、オラドゥル・シュル・グラーヌ村の村民虐殺（フランス）、マウトハウゼンで殺戮された数万人のジプシー、ソ連兵捕虜、スペイン共和国派の人々、そしてエホバの証人、同性愛者[65]」。

　これらの戦前、戦中の犯罪は、どれ一つをとっても偶発的なものであったり、たまたま生じた「事件」ではない。用意周到に準備され、計画的に、意図的に、国家、親衛隊、企業、行政官庁、警察など様々な組織の共謀なしには貫徹できない。一九五五年にアラン・レネ監督の映画『夜と霧』が上映された。戦後に撮影された部分はカラーで、戦前の部分は白黒で表現されている。強制収容所には、収容者から没収したトランク、眼鏡が山のように積まれている。同じように重ね加えられた髪の毛の山を、カメラは〈ふもと〉から果てしない〈頂上〉に至るまで、あたかも高山植物好きの登山者が道行く植生を調べるように、入念に、克明に映しだしていく。白黒画面には、ナチスは髪の毛から絨毯を織った、という字幕がながれる。死体からは肥料が、また石鹸が造られた、という字幕が続く。これらは何人かの〈手作業〉による突発的な出来事ではなく、また一人や数人の思いつきから生じた〈手工業〉的なものではない。共同の組織的、計画的な〈収容所産業〉のうみだした事態である。

警察官ジャック・ドラリュは、レジスタンスに参加、ゲシュタポに捕えられ、収容所体験を持つ。彼の『ゲシュタポ、狂気の歴史』は、「フランスのレジスタンスによるはじめてのゲシュタポ全史である」(66)。ここに、ナチス親衛隊経済管理本部が発行した回状が紹介され、髪の毛の「利用」方法が述べられている。それによると、親衛隊の「上級師団長ポールは、収容所内で切り取った毛髪は、『完全に利用しつくされるべし』、『男の毛髪は、人口フェルトに加工して、網に利用する(67)』」、女性の髪からは「『潜水艦乗組員のスリッパ、国有鉄道職員のフェルトの靴底を作るべし』と指令していた(68)」。殺戮収容所の迅速、効率的な人体の焼却施設にも表れているように、これらは巨大コンツェルンが産業革命を経験し、その蓄積した科学技術を駆使してナチス親衛隊、国防軍と共謀した「成果」でもあった。ニュルンベルク国際軍事裁判では、こうした点が共同の計画、共同謀議として問われることになる。

(1)「世界のドキュメンタリー、『無差別爆撃の歴史(前)』」(二〇〇四年、ドイツ、NDR制作)NHK、二〇〇四年二月一五日放映。
(2) Hamburger Institut für Sozialforschung: Verbrechen der Wehrmacht, Hamburger Edition, 2002, S.17
(3)(4) 小田滋、石本泰雄編『解説条約集』(増補版)三省堂、一九八六年、四九七頁(カタカナをひらがなに改めた)。
(5) 藤田久一「国際法からみた捕虜の地位」木畑洋一、小菅信子、フィリップ・トウル編『戦争の記憶と捕虜問題』東京大学出版会、二〇〇三年、一二頁。
(6) Vgl. Hamburger Institut für Sozialforschung: a. a. O., S.16
(7) Vgl. Hamburger Institut für Sozialforschung: a. a. O., S.21
(8) 東京裁判ハンドブック編集委員会編『東京裁判ハンドブック』青木書店、一九八九年、二五七〜二六四頁(カタカナをひらがな表記に改めた)。

(9) 原作は Thomas Kenealy: SHINDLER'S LIST であり、翻訳が、幾野宏訳『シンドラーズ・リスト』新潮文庫、一九八九年として出版されている。

(10) Vgl. Hamburger Institut für Sozialforschung: a. a. O., S.21

(11) Gerhard R. Überschär (Hrg): Nationalsozialismus vor Gericht, In: Friedrich Kröll: Fall 2 Der Prozess gegen Erhard Milch, Fischer Verlag, S.94

(12)(13) 北陸戦後補償弁護団『不二越強制連行・強制労働損害賠償請求訴訟、訴状』二〇〇三年四月一日、二二頁。

(14)—(18) Vgl. Dietrich Eichholz: a. a. O., S.34

(19)(20) Wolf Klimpe-Auerbach: Deutsche Zivil-und Arbeitsgerichtsbarkeit und NS-Zwangsarbeit, In: Ulrike Winkler (Hg.): Stiften gehen, NS-Zwangsarbeit und Entschädigunsdebatte, Pappy Rossa, 2000, S.219

(21)(22) Vgl. Dietrich Eichholz: a. a. O., S.33

(23) Thomas Hanke, Klaus-Peter Schmid: Verdrängte Geschichte, Die Zeit, 1998.8.27

(24) リチャード・オウヴァリー、永井清彦監訳、秀岡尚子訳『ヒトラーと第三帝国』河出書房新社、二〇〇〇年、一〇五頁。

(25) リチャード・オウヴァリー、前掲書一〇四頁。

(26) Vgl. Mathias Arning: a. a. O., S.56

(27) Vgl. Mathias Arning: a. a. O., S.58

(28) Bernd Siegler: Nazi-Vergangenheit verdüstert Bilanz bei Diehl, taz, 1998.7.2

(29) Bernd Siegler: Diehls Vergangenheit ausgeblendet, taz, 1998.7.17

(30)—(36) Ehrenbürger mit Nazivergangenheit, taz, 1997.7.14(ドイツ連邦公文書館の「一等戦時功労十字勲章」受賞候補者名簿 No.1116)

(37)(38) Bernd Siegler: 1000 Mark für jeden Monat Zwangsarbeiter, taz, 1998.6.2

(39)—(41) Ken Silversterin: Ford und der Führer, Freitag, 2000.2.4

(42) Vgl. Karola Fings: a. a. O., S.26

(43)(44) Vgl. karola Fings: a. a. O., S.27

(45) Herbert Hoven: Was Ford nicht tut, Die Zeit, 1995.9.22

（46）（47） Vgl. Ken Silversterin: a. a. O.
（48） 中村洋二郎「怒りの波おさまらず新潟港――港湾荷役に強制連行された中国人九〇一人の代表訴訟」古庄正、田中宏、佐藤健生『日本企業の戦争犯罪』創史社、二〇〇〇年、二一六頁。
（49） 同書二一三頁。
（50）（51） 一九四五年一二月三〇日の閣議決定「移入華人及朝鮮人労務者取扱要綱」「中国人強制連行・強制労働損害賠償請求事件」判決文全文、張文彬裁判を支援する会、中国人戦争被害者の要求を支える会・新潟県支部、中国人強制連行強制労働事件新潟訴訟弁護団編集・発行『新潟地裁判決・特集』二〇〇四年四月、七六頁。
（52） 山田博「不二越　破綻した『すべて解決済み』主張――不二越強制連行訴訟で和解成立」古庄正、田中宏、佐藤健生前掲書、一〇〇頁。
（53） 竹内二郎「不二越強制連行の実態」『技術と人間』二〇〇二年一〇月号、株式会社技術と人間、九二頁。
（54） 山田鋭夫『増補新版　レギュラシオン・アプローチ――21世紀の経済学』藤原書店、一九九一年、八一〜八二頁。
（55） 財団グラムシ研究所、キアーラ・ダニエーレ、ドナテッラ・ディ・ベネデット、フィアンマ・ルッサーナ編、東京グラムシ会『獄中ノート』校訂版研究会、小原耕一、鳥井園子、森川辰文訳『グラムシ思想探訪』いりす、二〇〇五年、二一頁。
（56） 山本秀行『ナチズムの時代』世界史リブレット49、山川出版社、一九九八年、一五頁。
（57）（58） 芝健介「ニュルンベルク裁判の構造と展開」『問いただす東京裁判』緑風出版、一九九五年、一二八頁。
（59） 野村二郎『ナチス裁判』講談社現代新書、一九九三年、五一頁。
（60） ペーター・シュタインバッハ、ヨハネス・トゥヘル、田村光彰、斉藤寛、小高康正、西村明人、高津ドロテー、土井香乙里訳『ドイツにおけるナチスへの抵抗　１９３３―１９４５』現代書館、一九九八年、三五頁。
（61）（62） 山本秀行、前掲書四三頁。
（63）「人道に対する罪」の成立過程などに関しては、清水正義『「人道に対する罪」の成立』内海愛子、高橋哲哉編集『戦犯裁判と性暴力』緑風出版、二〇〇〇年を参照。
（64）「『ジプシー』といい『インディアン』といい（略）抑圧する側の名辞であり（略）『ジプシー』と呼ばれる人々は、自らをロマといい、あるいはシンティと呼ぶ」（小川悟「ロマに対する差別の実態と解放運動の歩み」、磯村英一編『増補・現代世界の差別問題』明石書店、一九九二年、二八二頁）。本書では、ロマあるいはロマ・スィンティという呼称を用いる。

(65)マーチン・ギルバート、前掲書一一頁。

(66)ジャック・ドラリュ著、片岡啓治訳『ゲシュタポ、狂気の歴史』、講談社学術文庫、二〇〇〇年、五一八頁。

(67)(68)同書三六五頁。

2――ニュルンベルク国際軍事裁判とニュルンベルク継続裁判

一般に「ニュルンベルク裁判」というと、主要戦争犯罪人を裁いたニュルンベルク国際軍事裁判と、これにすぐ続いて行われた一二のニュルンベルク継続裁判の両方を含めた一三の裁判を指す。前者の国際軍事裁判は、「国際」の名が付いているように、米、英、ソ三か国とフランス臨時政府が裁判の手順を決定した。ナチスが降伏して間もない一九四五年六月二六日に開催されたロンドン会議の席上であった。これに基づいて八月八日、四者は具体的な細目を定め、ロンドン協定を締結する。これは「ヨーロッパ枢軸国の主要戦争犯罪人に対する訴追と処罰に関する協定」と呼ばれ、後にさらに一九か国が加わることになる。この協定に付随する「国際軍事裁判憲章」が主要戦争犯罪人を裁いた根拠である。他方、ニュルンベルク継続裁判の方は、対独管理理事会法律に基づく米占領軍による単独の軍事裁判である。したがって「国際」という名称が付いてはいない。米軍は、このニュルンベルクの地以外にも、米占領地域内の強制収容所ダハウに設置した法廷で、単独の軍事裁判を開いた。

ところで、単独で軍事裁判を行ったのはアメリカだけではない。ドイツを占領したのは、米、英、仏、ソの四か国であったので、残りの三か国もそれぞれが単独で、ドイツの占領地内で、またドイツの国内、国外で軍事裁判を開催した。例えば、英軍は、英国に距離的に最も近いドイツの北西部を占領したが、この占領地にある強制収容所ベルゲン・ベルゼン等に軍事法廷を設置する一方で、進駐していたイタリアのベニスでも審理を展開した。本書は、ニュルンベルクで行われた連合国共同の国際軍事裁判と、米による単独の継続裁判に焦点を合わせる。とりわけ、後者が中心的な課題となる。

1　ニュルンベルク国際軍事裁判

初めに、一九四五年一一月二〇日に始まり、翌年の一〇月一日に終了した国際軍事裁判を概観しよう。裁かれる対象者は主要戦犯容疑者であり、それ以外の容疑者は、犯罪が行われた国に引き渡す方針が定められた。例えば、アウシュヴィッツ所長ルドルフ・ヘスは、ポーランドに送られ、ここで裁かれた。戦争犯罪が問われた被告は二四人であり、その所属に応じて六つの集団と組織に分けられる。①ナチス突撃隊（SA）、②ナチス親衛隊（SS）、③陸軍参謀本部／国防軍最高司令部（OKW）、④政府、⑤ナチ党政治指導者、⑥ゲシュタポ／親衛隊保安部である。ただし、実際に判決を受けたのは二二名（総統官房長M・ボルマンは行方が分からず、欠席裁判）であった。激烈な反ユダヤ主義者であり、労働戦線の指導者ロベルト・ライは判決の前に自殺。唯一産業界から被告となった巨大軍需コンツェルン、クルップ社の社長グスタフ・クルップは、重病を理由に免訴になり、裁判中、一度も被告席に座ったことはなかった。彼は、一九四一年以来、卒中による発作が続き、ベッドでの生活が続いたと判断された。ここで是非とも確認しておきたいのは、本書がここまで取りあげてきた強制労働に代表される巨大企業、軍需産業界の重大犯罪が、この国際軍事裁判ではただの一人も、ただの一社も裁かれなかったことである。この企業家、経済界が裁かれたのは、後の継続裁判の方である。後に本書が中心に取りあげる理由はここにある。

（1）「人道に対する罪」と「狭義（通例）の戦争犯罪」

国際軍事裁判については、既に多くの研究書が出されているので、ここでは要点のみを記そう。国際軍事裁判憲章に基づいて、検察側のまとめた戦争犯罪の訴因は、訴因二「平和に対する罪」（国際軍事裁判憲章第六条a項）、訴因三「狭義（通例）の戦争犯罪」（同b項）、訴因四「人道に対する罪」（同c項）と、これら三つの訴因のどれかに関わる共同の計画、謀議を裁く訴因一「共同謀議」である。

ここでは、後の継続裁判で裁かれた企業家との関係で、「人道に対する罪」に焦点を当てたい。国際軍事裁判憲章第六条c項は、「人道に対する罪」を以下のように規定している。

「人道に対する罪とは、すなわち、戦前または戦時中にすべての民間人に対して行われた殺害、絶滅、奴隷化、強制連行、あるいはその他の非人道的行為であり、また本裁判所の管轄に属する犯罪の遂行として、あるいはこの犯罪に関連して行われた政治的、人種的または宗教的理由に基づく迫害行為である。しかもなされた行為が犯行地の国内法に抵触すると否とに関わらない[1]」。

ところで、「狭義（通例）の戦争犯罪」（同b項）をみてみよう。

「戦争犯罪とは、すなわち、戦争の法規または慣例の違反である。この違反には以下の行為が含まれる。占領地に所属する、または占領地内の民間人の殺害、虐待、または奴隷労働のため、あるいはその他の目的のための強制連行であり、戦時捕虜あるいは海上における人の殺害や虐待であり、人質の殺害、公的なあるいは私的な財産の略奪、都市町村の故意の破壊であり、または軍事的必要性では正当化されないあらゆる種類の荒廃である。しかし、これらだけに限定されない[2]」。

これを表にしたのが「狭義の戦争犯罪」と「人道に対する罪」（【図表5】）である。この両者は、「行為の実体としてそれほど異なるものではない[3]」。違いは、第一に、狭義の戦争犯罪では、「都市町村の恣意的破壊」や「戦争捕虜への虐待」などの表現に見られるように、国際条約であるハーグ諸条約（一九〇七年）やジュネーヴ諸条約（一九二九年）への違反が問われている。これらの代表的な交戦法規や国際慣習法への違反は、すでに第一次大戦前から処罰が可能であった。ただし、その裁判による処罰は、戦闘が続行している間だけであり、戦後は禁じられていた。しかし、一九一九年、日本を含む戦勝五か国が定めたヴェルサイユ条約では『戦後、戦犯は戦勝国に身柄を引き渡され、その軍事裁判所で裁判される』という新しい方法を初めて規定した[4]」。こ

〔図表５〕「狭義の戦争犯罪」（ｂ項）と「人道に対する罪」（ｃ項）の比較

犯罪類型	狭義の戦争犯罪	人道に対する罪
	戦争の法規または慣例の違反	犯行地の国内法に抵触すると否とに関わらない
犯罪の場所と対象	占領地に所属する民間人または占領地内の民間人 Angehörige der Zivilbevölkerung von oder in besetzten Gebieten 戦時捕虜 Kriegsgefangene や海上における人 Personen auf hohger See 人質 Geiseln	すべての民間人
犯罪の時	（戦中）	戦前または戦中
犯罪行為	・殺害 Mord ・虐待 Misshandlung ・奴隷労働 Versklavung またはその他の目的のための強制連行 Deportation ・戦時捕虜あるいは海上における人の殺害 Mord や虐待 Misshandlungen ・人質の殺害 Töten ・公的なあるいは私的な財産の略奪 Plünderung ・都市町村の故意の破壊 Zerstörung ・軍事的必要性では正当化されないあらゆる種類の荒廃化 Verwütung ・これらだけに限定されない	・殺害 Mord　・絶滅 Ausrottung ・奴隷化 Versklavung ・強制連行 Deportation ・およびその他の非人道的行為, andere unmenschliche Handlung
		政治的, 人種的または宗教的理由に基づく迫害行為

出典：Gerd Hankel/ Gerhard Stuby (Hg.): Strafgerichte gegen Menschlichkeitsverbrechen, Hambuger Edition, 1995, P.518 より作成

の時導入された「新しい方法」は実際には用いられなかった。というのも裁かれるべきドイツ皇帝ヴィルヘルム二世は、オランダに亡命し、身柄の引き渡しをオランダ政府が拒否し続けたからである。

　第二に、犯罪の行われた場所と対象が、狭義の戦争犯罪では、敵国に属するか、あるいはその敵国内の民間人（一般住民）であるのに対して、

「人道に対する罪」では、対象はすべての民間人、すなわち敵国であろうと自国であろうと、すべての一般住民であり、戦時中のみならず、戦前の行為も含めて処罰対象になる。ナチス政体が、自国のドイツ人、すなわちユダヤ系ドイツ人やドイツ人共産主義者、社会主義者、自由主義者などに加えた、戦前の残虐行為をも包含して裁こうとした。この視点は、狭義の戦争犯罪には含まれていない、「政治・人種・宗教的理由」からの迫害によく表れている。戦争以前の、すなわち戦争とは直接関係のない、平時の弾圧、抑圧も「人道に対する罪」の射程範囲である。この点に、狭義の戦争犯罪が対象とする行為の範囲の〈狭さ〉の欠陥を補う意義があった。しかも、犯行は、行われた地の国内法上、たとえ合法ではあっても、国際法上の犯罪となることをも定めた。元来、この「人道に対する罪」に該当する行為の多くは、第二次大戦以前にも「『私人または下級の公務員が実行した場合には』各国の国内法にもとづいて処罰されうるという国際慣行が認められていた」[5]。新しい点は、指導者個人をも国際法上、その責任を免れさせないとした点である。

（2）判決

判決をみると、有罪は「共同謀議」で八名、「平和に対する罪」で一二名、「狭義の戦争犯罪」と「人道に対する罪」でそれぞれ一六名であった。また、被告たちが国家機関の地位にあってもその個人の責任は免れない、と憲章の精神に則って判断した。重要な点を一点だけ挙げておこう。「人道に対する罪」に関しては、国際軍事裁判憲章第六条c項や起訴状にあったナチス政体による戦前に行われた、自国民（ドイツ人）と連合国側やドイツに占領された地域の民間人への犯罪は、裁判所の「管轄外」として裁かれなかった。この戦前（平時）の犯罪をも含めて裁いた場こそ、米軍による単独の継続裁判とドイツが自らで裁いた裁判であった。

（3）ニュルンベルク国際軍事裁判の意義と問題点

〈1〉後世に残す学ぶ場

国際軍事裁判の功罪についても既に多くの論点が出されてきた。ここでは、その意義について一点だけに触れておきたい。

第二次大戦でのドイツの戦争犯罪を、司法を通じて処罰しようとした最初の試みは一九四二年一月の九か国宣言である。これはドイツに占領された各国の亡命政権がロンドンで発した宣言である。その後一九四三年一〇月、ナチス指導部の処遇を検討する米英ソ三国首脳会議（モスクワ）が開催され、「モスクワ宣言」が出される。ここで戦争犯罪者を追求し、米英ソに引き渡すことを確認している。連合国首脳の間で犯罪の処罰は検討されていても、それが報復や見せしめからではなく、裁判による処罰の方針がはっきりと決められていくのは、大戦も末期の一九四五年二月のヤルタ会談あたりからである。この前まで、イギリスは、裁判や司法手続きを経ずに、日本とドイツの戦争犯罪人の即決処刑を提唱していた。もし、指導者たちを即決処刑していたならば、第一に、「勝者の復讐劇」という批判がますます根拠を得ていたであろう。第二に、裁判を行ったからこそ、法廷には膨大な歴史史料と証言が提出され、その証拠資料を後世が分析し、ナチス犯罪の総体を学ぶ契機にすることができた。歴史に学び、ナチス犯罪を繰り返さないための重要な一歩である。

ダハウ強制収容所で働き、後にアウシュヴィッツ強制収容所の所長（一九四〇～四三年）となったルドルフ・ヘスは、それまでの排気ガスによる殺戮をやめ、毒ガスのチクロンBを最初に使用した人物である。戦後、ニュルンベルクで連合国側の尋問を受け、一九四六年四月、国際軍事裁判で親衛隊（SS）国家保安本部長官カルテンブルナーの証人として召喚され、さらに、続いて開催された米軍の継続裁判でも、「事件番号四、ポール裁判」[6]と「事件番号六、IG―ファルベン裁判」にて米検察側からの尋問を受けている。カルテンブルナー（死刑判決）の弁護人側の証人として、アウシュヴィッツでは自分の管理のもとで「二〇〇万人以上が殺され」[7]、「死体処理の方法、SSの財産として囚人の金庫や指輪を収集したこと、椅子やソファーなどの家具の部品用に女性の髪の毛を集めたことなどを証言した」[8]。今日、後世に生きる私たちは、こうした証言録から、なぜ個人的には礼儀正しく、小市民の典型のような人物が、殺戮工場の〈工場長〉になりえたのか、そのメカニズムを知ることができる。

空軍総司令官ゲーリング元帥（死刑）の場合も、その証言から後世は多くを学び取ることができる。裁判開始早々、彼は、法廷を英米に向けて反論の場にしようと努力した。その理由の一つは、ナチスの侵略戦争と大量殺戮を、連合国側のドイツへの空爆と同列に据え、両者を相殺しようとしたからである。彼の弁明の第二は、ドイツの戦争目的が、ヴェルサイユ条約で失った領域を取り戻すこと、ドイツ国民に、本来の、自然の発展を取り戻させることであるという。この相殺論、あるいは相対化の理論、また反ヴェルサイユの姿勢からの戦争という立論は、ナチス政体の全体像を検討し、解明するべき論点として今日、なお有効である。裁判を行わず、即刻処刑をしていれば、歴史はこうした論点の提供をはるか後になってしかなし得なかったであろう。ゲーリングは、裁判の開始後、一度は諦めの境地に陥ったようだが、一九四六年三月頃からは、連合国側に対し戦う姿勢に転じた。自らを「ナチ・ナンバーワン」と名乗り、裁判に要する日数を、他の二一人の被告の誰よりも多い一二日と主張した。彼は、このうちの二日間を弁護人のシュタマーからの質問に答える形で、自身とナチスとの関わりの説明に費やした。一度も妨げられずに語り続けたゲーリングのナチス体験は、基本的には、ナチスの理論と運動が〈目的が手段を正当化する〉という視点で貫徹していることを示した[9]。後世は、これを通して、ナチス時代の全貌の一端を知る手がかりを得た。英国裁判官代理ノーマン・バーケットは、一九四六年三月一八日のメモに「ゲーリングはかなりの知識を持ち、この点、検察側よりも勝っているところが多々ある」[10]と記した。「常に自信に溢れ」[11]て披露したこの「知識」とそれにまつわる時代状況こそ裁判が行われなければ私たちは知ることができなかった。

要約すれば、裁判では、証言、資料を通して、ロマ民族やユダヤ系の人々、政治、信条を異にする人々への迫害と抑圧の実体を明らかにし、後に触れるように、ナチス親衛隊のみならず、国防軍の犯罪をも歴史の闇から引き出した点は、極めて意義深い。

〈2〉問題点

世界史上初めて侵略戦争を裁くニュルンベルク国際裁判の開催がなぜ可能であったのか、その理由は多々あろう。国際的には、たとえ罰則規定はなくとも、「国家の政策の手段としての戦争を放棄する」（第二条）と謳った一九二八年のパリ不戦条約（日本は一九二九年六月に批准）があり、この条約違反を問う国際世論は、ニュルンベルクにも東京国際軍事裁判にも強い影響を与えた。一九八八年五月、奥野誠亮国土庁長官は、「（日中戦争において）日本には侵略の意図は無かった」「盧溝橋事件は偶発的」と発言し、辞任に追い込まれた。この時、秦郁彦氏は、奥野長官の強調したかった点を三点にまとめ、検証している。秦氏はその一つに、東京裁判が「勝者による敗者に加えた懲罰」であるという史観を挙げている。そしてこうした東京裁判批判は「単純な懲罰論」であるとして、その根拠を以下のように説明している。「問題はそうした弱肉強食の時代に終止符を打とうと、日本を含む列強が合意の上で国際紛争の処理機構として国際連盟を設立、一九二九年には『侵略戦争』の放棄を誓った不戦条約を結んだことにある。（略）近年盛んになってきた東京裁判批判は、勝者が作った事後法によって敗者の日本を裁いた点を強調しているが、最終論告をよく読むと、不戦条約と連盟規約がよりどころとなっていることがわかる」[12]。侵略戦争の違法性を国際的に確認したこの条約がある以上、その侵略戦争を計画し、準備し、開始し、指導遂行した指導者は、共同で謀議をし、「平和に対する罪」を犯した人間としてその違反の事実と責任が問われるのは当然であろう。ここから裁判が開かれるのは必然である。

こうした国際法からの裁判の必然性とは別に、軍事的には、連合軍が、ドイツを「完全な敗北＝無条件降伏」に追い込んだことも裁判開始の一因であろう。戦後すぐ、ドイツはドイツ人自身で自らの戦争犯罪を裁く政治勢力に欠けていた。ヒトラー体制への最後の批判勢力は、一九四四年七月二〇日のヒトラー暗殺未遂事件で壊滅的な打撃を受けた。

この時に処刑された人々の中には、ヒトラー後のドイツ像のプランをたて、「欧州連合の構想[13]」を抱く人々もいた。共産主義者や社会民主主義者は国外へ亡命していたり、拘束、逮捕されて強制収容所で命を落とすか、強制労働で死線をさまよっていた。ヒトラー人脈に代わり、潰滅した第三帝国を担う人材はこうして欠如していた。となれば、連合国主導で裁判官や検察官の構成、裁判の管轄範囲、訴追手続き、立証方法、裁判所の権限、刑の執行手続き等が決定される。このことは同時に、当然ながら、批判にさらされる要素をも持っていた。

中でも、「平和に対する罪」や「人道に対する罪」を事後法であるとする批判は繰り返しなされてきた。しかし私は、ニュルンベルク国際軍事裁判は、先に述べたように、極めて大きな歴史的意義を有しながら、その最大の欠陥は、連合国側の戦争犯罪を裁かなかった点にある、という見解を支持する。極東軍事裁判の最大の問題点が、マッカーサー連合国最高司令官の政治的判断で天皇を戦犯として裁かなかった点にあるように、ニュルンベルク国際軍事裁判も、何を裁いたかではなくて、〈何を裁かなかったか〉に反省点がある。その一つは、スモレンスク近郊のカチンの森で数千人のポーランド人将校の死体が発見された（一九四三年四月）ことに端を発する「カチンの森の虐殺」である。ニュルンベルクでは、ユーリ・V・ポクロフスキーソ連側検事が、その責任はナチス親衛隊保安諜報部（SD）にあると主張した。九〇年代になりソ連政府自身により、ソ連赤軍による犯行であることが確認された[14]。この虐殺がニュルンベルクで裁かれていれば、少なくとも、捕虜の虐待、殺害で、一九二九年のジュネーヴ捕虜条約違反が問われ、狭義の戦争犯罪が該当していたはずであった。さらには、一九三九年のソ連によるフィンランド侵略、また米・英のドイツの都市への無差別空爆も裁判では問われなかった。

2 ニュルンベルク継続裁判

(1) ニュルンベルク継続裁判と強制労働

国際軍事裁判では、「人道に対する罪」に関して、本来その射程範囲であるはずの戦前の犯罪は裁かれなかった。また、企業家を誰ひとりとして被告とはしなかった。戦前の犯罪をも、また企業家をも含めて裁いたのは、一二の事件を対象とした米軍単独のニュルンベルク継続裁判であった。一二の裁判を以下のように六グループに分けることができる。

①医師：人体実験や病院内殺人、優生思想に基づく殺人、強制断種などが裁かれる(事件番号一)。②高級官僚：航空省次官エアハルト・ミルヒ(番号二)と外務省などの諸官庁(番号一一)の官僚のトップグループが裁かれる。③法律家：トップの数人が自殺や死亡をしたため、最高幹部は裁かれていない(番号三)。④ナチス親衛隊・警察官：親衛隊経済管理本部長官オズヴァルト・ポールを筆頭とする経済管理本部員(番号四)、親衛隊自身のイデオロギーと人種の「純潔性」の維持を推進した親衛隊人種植民本部(番号八)、行動部隊(番号九)が裁かれる。⑤国防軍幹部：南東戦線将官(番号七)、国防軍最高司令部ＯＫＡ(番号一二)が裁かれる。⑥経済界のトップ：フリック社幹部(番号五)、ＩＧ―ファルベン社幹部(番号六)、クルップ社幹部(番号一〇)が裁かれる。こうして事件番号を付けて一括された事件は、番号を横断して職業、地位に着目すると、重なっている場合がある。例えば、番号三では、法律家が一六名裁かれたが、番号九で被告席に座った親衛隊行動部隊員二四名の場合、約三分の一は法律家である(残りは、歯医者、大学教授など)。

強制労働は、民間人、戦時捕虜、強制収容所収容者が強いられた。連行、収容、管理、監視、労働―酷使は産業界、ナチス親衛隊、国防軍の「三人四脚」の共同犯罪であり、他方、強制労働者の〈消耗品としての間引き、後始末〉には医師も関わった。これに諸官庁をも含めて第三帝国総体が強制労働者を生み出し、維持した。したがって本来、①医師から⑥企業までほぼ全分野の裁判を取りあげるのが筋であろう。しかしここでは、とりわけ⑥著名な経済人が裁かれたフリック、IG—ファルベン、クルップの巨大三企業に焦点を絞りたい。その理由は、第一に、先立つニュルンベルク国際軍事裁判で巨大コンツェルンの体現者たちは誰ひとりとして裁かれなかったからであり、第二に、戦争は、軍人のみが軍事的、好戦的理由から引き起こすのではなく、その最大の本質は、経済的利益の獲得、人を含めた資源の略奪だからであり、巨大資本が経済的利益を求めて外交にではなく、武力に期待する衝動にあるからである。第三に、後に見るように、あくまでも日本に比べた場合に戦後補償が進んでいるドイツにおいて、とりわけ旧東欧の強制労働者への補償が、戦後五六年も経た二〇〇一年六月までなされなかったこと、そしてこの戦後補償の引き延ばしと怠慢には、ドイツの巨大企業が決定的な責任を負っているからである。第四に、本書は、後にこの第三の点を中心に、企業と国による強制労働補償基金の創設を扱うこともあり、「戦前」の犯罪をも含めて、継続裁判で企業家がどのように裁かれ、その後どのような措置が取られたのか——この問題を右記巨大企業三社を例に論じたい。

（2）IG—ファルベン社の場合（事件番号六）

〈1〉IG—ファルベン社とは

一二の裁判で、「人道に対する罪」のみで有罪の判決が下ったのは、三件あり、うち二件はIG—ファルベン社とクルップ社である（他はミルヒ裁判）。

IG—ファルベン社は、第二次世界大戦前、ドイツ国内の企業ランキング一位を占める総合化学会社であり、ナチス時代には世界最大の化学コンツェルンであった。燃料を世界中の支店、子会社を通してドイツ国防軍のみならず、敵側である連合国の爆撃機、飛行機にも供給していた。全企業の中で、ナチ党（ドイツ国家社会主義労働者党）へ資金を最も多く提供していた企業であり、ヒトラーの権力奪取を最も多額の金銭で支えた企業であった。一九四一年から四五年間で、ＩＧ―ファルベン社が所有する強制収容所で、強制労働者三・七万人が死亡した。さらに人体実験を目的意識的に行い、殺戮したことで戦争責任が問われている。

〈2〉ＩＧ―ファルベン社小史

①第二次世界大戦前

一九〇四年、三つの化学関係の企業は同盟を結んだ。三企業とは、バイエル社（Bayer＝フリードリヒ・バイエル染料会社、レヴァークーゼン市）、ベー・アー・エス・エフ社（ＢＡＳＦ＝バーディッシェ・アニリン・ウント・ソーダ工業、ルートヴィヒスハーフェン市）、アグファ社（Agfa＝アニリン製造株式会社、ベルリン市）であった。「三社同盟」により、第一次大戦中に造られたものこそ、毒ガスであった[15]。大戦中の一九一六年、右の三社に加えて、ヘキスト社等の六大化学企業が利益共同体契約を結ぶ。ドイツは、第一次世界大戦を引き起こした責任と敗戦により巨額の賠償金が課され、工業生産力は戦前の半分以下に激減した。一九二三年にはマルクの価値は一九一四年当時のわずか一兆分の一に落ち込む。こうした経済の混乱期からやがて「相対的安定期」に移行する一九二五年、六大化学企業は合同し、トラストを形成する。社長にカルル・ボッシュ（ＢＡＳＦ社）、監査役にＣ・デュースベルク（バイエル社）が就任する。一九二五年一二月、さらにヴァイラー・テル・メール社等の二社を加え、巨大トラストのＩＧ―ファルベン社（ドイツ染料工業利益共同体株式会社、Interessengemeinschaft der deutschen Farbenindustrie AG）が成立する。ＩＧ―ファルベン社のＩＧとは、「利益共同体」でありファルベンとは「染料」を表す。

ＩＧ―ファルベン社は、第一次世界大戦で失った基盤を徐々に回復しながら、製品は染料を中心に、窒素、無機化学製品、写真製品、合成皮革を扱い、独占的地位を占め、ドイツの化学工業界を世界第一位に引き上げる。一九二九年、スタンダード石油と協定し、水素添加法により合成石油の開発に乗りだす。さらにマグネシウム、チタンそして合成ゴムにも領域を広げる。一九三一年にIG―ファルベン社の南東欧州専門家であるハインリヒ・ガッティノーがナチス指導部とコンタクトを取るためにベルリンに転勤する。こうしてIG―ファルベン社は、合成石油のプロジェクト作りをヒトラーに説得をする機会を得る。

世界経済は、一九三〇年代初め、世界恐慌の打撃から立ち直るためにブロック化へ向かう。自由貿易政策よりはブロックを形成し、世界的規模での国境を越えた商取引からブロック内での貿易に転じようとした。IG―ファルベン社は、合成石油の生産により、ドイツが石油の輸入への依存体質から脱却でき、自給自足への展望が可能であると主張した。ヒトラーも、この計画が世界経済に頼らず、ブロック経済体制内で自前のエネルギーの生産に繋がる点を評価し、IG―ファルベン社に政治的・財政的援助を約束する。IG―ファルベン社は、返礼として経営陣のトップ数人がナチ党の党員になる。監査役会副会長カルル・フォン・ヴァインベルクもこの時入党した。彼はユダヤ人である。ヒトラーが政権に就く一九三三年以前のことだった。

こうしてナチ党との結びつきを強めたIG―ファルベン社は、合成石油、合成ゴムなど戦争に必要な化学生産物を供給することでナチ政府の自給自足政策を支え、他方、企業の中ではナチ党への最大の資金提供者になっていく。見返りに政府から大量の補助金を獲得する。一九三五年九月、IG―ファルベン社で高圧化学の専門家カルル・クラオホが、ベルリンのIG―ファルベン社がもくろむ国防軍対策の新連絡部署に勤務替えとなる。IG―ファルベン社の一部課である新連絡部署が受け持った仕事は次の二点であった。①合成ゴム、合成石油の生産で企業内の他部署との調整役を務める、②ナチス政体の、関連部局との連絡をとる。この二点を通して、ヒトラーの政策に無条件に忠誠を尽くす代わりに、戦時に国家とナチ党から自立性を獲得することができた。他方、配置換えのクラオホは、国家の原材料部局の一部門である研究開発部門の責任者に任命される。この原材料部局は、ヘルマン・ゲーリングの指揮下にあった部局である。こうしてクラオホは国家の一部局に務める〈公務員〉でありながら、同時に、〈私企業〉IG―ファルベン社の経営陣の一員であり、高圧化学部門の責任者でかつIG―ファルベン社ベルリン本部長をも務め、〈公〉と〈私〉の二足の草鞋をはくことになった。

ナチ党は、一九三六年、ニュルンベルクの党大会で、経済成長をめざしつつ戦争を準備し遂行する四か年計画を発表する。この年、ゲーリングが計画の責任者に就任し、IG―ファルベン社はその推進力となる。四か年計画の全予算の九〇パーセントが化学産業界に投入され、この化学産業界の予算の七五パーセントをIG―ファルベン社が受け取った。四か年計画とは、「実はIG―ファルベン計画であった」[16]。ナチ政体の〈公務員〉であり、同時に経営の中枢にいる〈企業人〉であるクラオホに象徴されるように、IG―ファルベン社はナチスとの関係を緊密にしていき、そのぶん企業と国家の境目が失われていく。IG―ファルベン社は、こうした産業界と官界の癒着を利用し、併合したオーストリア、占領したチェコスロヴァキアで化学産業を次々と接収する。第二次世界大戦が始まると、ナチスの外国占領とは、これに国防軍やナチ党も加わった産官軍党が一体化したIG―ファルベン社による化学工業界の占領でもあり、社には未曾有の利益をもたらした。

②第二次世界大戦

社はやがてドイツの他の化学産業界をも取り込んで、世界最大の化学コンツェルンとして指導的役割を果たしていく。IG―ファルベン社のつくり出す燃料、武器弾薬がナチスに戦争を引き起こす軍事力を与え、第一次世界大戦以来、ドイツ国民を二度の世界戦争に追いやる原動力となった。とりわけ合成石油、ガソリン等の燃料は、文字通り原動力中の原動力となった。個々の戦車やトラックを動かすのみならず、戦争全体を推進する力を生み出した。またIG―ファルベン社の子会社であるデゲッシュ社の製造したチクロンBを原料とする青酸ガスは、収容所のガス室で使われた。ガス殺こそは、不要になった欠陥品〈消耗品＝強制労働者〉を抹殺する役目を果たした。いわば回転寿司のようにベルトコンベヤーに乗せられた人間〈消耗品〉は、行き着く先がガス室であった。またここではバイエル工場が提供するチフス菌、神経ガス等を使った人体実験が行われた。後者の場合、大抵がIG―ファルベン社員自らが実験を行った。

『独占資本の内幕』の著者ダレル・マッコンキィは、IG―ファルベン社が「一九三三年に政治献金をして以来これらあらゆる活動を通じて、ヒトラーの政策樹立に大きな役割を果たしてきた」[17]点に触れ、経営陣の一人であり、継続裁判の被告になるゲオルク・フォン・シュニッツラーの証言を紹介している。シュニッツラーは、戦後、アメリカ占領軍の軍調査団に次のように答えているという。IG―ファルベン社は、「戦争へみちびいたヒットラーの対外政策に決定的な手助けをしました……かくてわたしは、イー・ゲー（IG―ファルベン社）がヒットラーの政策の大半の責任を負っていると結論せざるをえません」[18]。

アウシュヴィッツ強制収容所での強制労働を語るとき、企業では真っ先にIG―ファルベン社、クルップ社を挙げなければならない。もともとこの収容所は一九四〇年五月、対ポーランド人用の強制収容所として建設された（アウシュヴィッツIと称される）。ドイツは景気の回復と軍需生産への傾斜が契機となり、労働力不足に見舞われていたからである。その指揮には、ルドルフ・ヘスがあたり、一九四〇年一〇月にはここから約三キロ離れた所に「ロシア人囚人対象の急造絶滅収容所」[19]として、ビルケナウ絶滅収容所が追加建設される（アウシュヴィッツII）[20]。以降、全ヨーロッパから膨大な数の人々が輸送されてくる。殺戮された人々は、少なくとも一五〇万人を数える。IG―ファルベン社は、各国から運ばれてくるこの無限の労働力に触手を伸ばした。

一九四一年初め、軍部はIG―ファルベン社に合成ゴムの生産を早めるよう依頼する。それは数か月後に踏み切る独ソ戦に備えるためであった。一九四一年四月、IG―ファルベン社は、無尽蔵の労働力を求めて、アウシュヴィッツ近郊の市東部に合成石油・ゴムを生産するブーナ工場の設立を開始する（アウシュヴィッツIII）。この設立には、ナチ親衛隊最高指導者ハインリヒ・ヒムラーが個人的に支援をし、IG―ファルベン社経営陣幹部のオットー・アンブロスとハインリヒ・ビューテフィッシュが指揮をとった。ブーナ（Buna 合成ゴム）とは、原料となるブタジエン（Butadien）とナトリウム（Natrium）の両頭文字に由来する。

IG―ファルベン社は、強制収容所（アウシュヴィッツI）から収容者を連れてきてブーナ工場で働かせ、また戻すというシステムに満足しなかった。第一に、社にとって、収容者の往復には時間がかかりすぎた。これを短縮しようとした。ただでさえ一日一食、しかも劣悪な食事しか与えず、寒さと雪・雨・みぞれの中を往

〔図表６〕

アウシュヴィッツ強制収容所

市西部
ビルケナウ絶滅収容所
（アウシュヴィッツⅡ）
・ガス室

市東部
IG-ファルベン・ブーナ
工場
（アウシュヴィッツⅢ）
・合成ゴム・石油工場
・1941年建設

市南部
アウシュヴィッツ強制収容所
（アウシュヴィッツⅠ）
1940年建設

隣　接

モノヴィッツ強制収容所
IG-ファルベンの私営強制収容所
（アウシュヴィッツⅣ）
1942年夏完成

出典：田村光彰「ドイツ企業の戦後反省――ダイムラー・ベンツとIG-ファルベンの場合――」『金沢大学大学教育開放センター紀要』第17号，1997年，57頁

復行進させられている労働者から、さらにその往復時間を切りつめようというわけだ。第二に、移動と行進中の暴動と逃亡を防ぎ、また疲労度を少なくしようとした。この二つの理由から、すなわち、一分でも長く働かせようとする資本の論理から、また労働力の消失や消耗を防ぐ理由から、IG―ファルベン社は非情かつ残忍な計画を実行に移した。一九四二年夏、ブーナ工場の自社敷地内に、IG―ファルベン社所有の、モノヴィッツ〈私営〉強制収容所を建設したのである（アウシュヴィッツⅣ）。資本主義体制下で、労働生産性の向上を、働く人々の同意や合意なしに企業だけに任せると、企業とはとんでもないことをしでかす組織体であるという教訓をここでも残した。こうしてアウシュヴィッツ強制収容所とは、最初に建設された本来の収容所（アウシュヴィッツⅠ）だけではなく、絶滅のみを目的とした殺戮収容所・ビルケナウ（同Ⅱ）、さらにIG―ファルベン社関連のブーナ工場（同Ⅲ）と、これに併設された〈私営〉強制収容所モノヴィッツ（同Ⅳ）の四つの部分から成る複合収容所となった（【図表6参照】）。一九四二年、このブーナ工場では、一

四万四〇〇〇人の外国人強制労働者が働かされ、この数はここで働く全労働者の三分の一以上を占めた。

ＩＧ―ファルベン社は、ナチ親衛隊と国防軍が絶えずアウシュヴィッツⅠに連行してくる無尽蔵の収容者をモノヴィッツに（Ⅳ）借り受け、この人たちをブーナ工場（Ⅲ）で働かせた。熟練工の場合には一日四ライヒスマルクの労賃が、強制収容者に対してではなく、ナチ親衛隊に支払われた。親衛隊は、強制労働に人を投入すればするほどその金庫は豊かに潤い、労働者は死に向かって極限までやせ細った。ナチ親衛隊との蜜月関係は顕著であり、社幹部のアンブロスは、同じ幹部のフリッツ・テル・メールに、「親衛隊と我々の新しい友情は、多くの実りをもたらしてくれる」[21]と手紙に書いている。近代的な設備を備えたブーナ工場を経営するＩＧ―ファルベン社の思惑は、次のようなものであった。①ブーナ（合成ゴム）の大量生産により、ブロック経済体制下で、輸入に頼らず、ナチスの自給自足経済を支えること、②ブーナの価格を、天然ゴムの価格以下におさえることで輸出の促進を図る、③これにより唯一の生産者として、戦中だけでなく、戦後をも展望して、市場の独占を図ることであった。

こうした思惑は、ハンブルク社会調査研究所の研究員ベルント・ボルの指摘によれば、以下の販売や市場の拡大に現れている[22]。ブーナ工場の建設から一九四四年までに、まず売り上げ高は三一億ライヒスマルク（五七％増）に伸び、純利益は三億ライヒスマルク増（一二五％）、投資額は二五億ライヒスマルクに達した。二五億ライヒスマルクの出所は、三分の二弱が自己資本であり、残りは国からの借り入れ金や補助金、税金の免除額などである。一九四三年段階で、合成ゴムと燃料は、生産物の二〇％を占める。同じ年、国防軍がＩＧ―ファルベン社の生産物に依存する割合は次のようになっている。アルミニウムが八％、化学繊維が二五％、燃料が三三％であるのに比べ、合成石油・ゴム、テトラエチル鉛、メタノール、爆薬の安定化剤はそれぞれ一〇〇％を記録している。

販売と市場の拡大は、モノヴィッツ強制収容所の収容者を酷使する度合いと比例している。一九四三年冬頃から収容者の肉体的疲労は顕著になってきた。酷使と極度の疲労は次の事実に現れている。すなわち、ＩＧ―ファルベン社は、収容者を定期的に大量に選別し、交換にでた。〈消耗〉した労働者をふるい落とし、絶滅収容所ビルケナウ（Ⅱ）に送り、代わりにアウシュヴィッツⅠから肉体的に良好なユダヤ人をモノヴィッツ（Ⅳ）に連行した。一九四二年から四四年にかけて、三万五〇〇〇人がモノヴィッツに新〈消耗〉品として送り込まれた。そのうち二万五〇〇〇人が生きて帰れなかった。一日平均、三二人が死んだことになる。

酷使と疲労の一端は、隣接するIG—ファルベン社所有の鉱山でも如実にうかがい知ることができる。一九四二年から四四年の間にこの鉱山では約六〇〇〇人がモノヴィッツ収容所から動員され、投入された。『IG—ファルベン社とアウシュヴィッツ工場における収容者の強制労働』(23)の著者ペーター・ハイエスによると、戦争末期には、この人たちの生存期間はわずか四～六週間であった。シラミの跋扈する三段ベッド、日本の北海道の北、サハリンの中部に位置する北緯五〇度の空の下で、いかなる天候であろうとも早朝の点呼、一日一一時間の重労働、駆け足での積み荷運搬作業、生存ぎりぎりの食事——このような環境の中で労働を強いられた彼ら、彼女たちを待ち受けていたのは、過労・衰弱死かガス室であった。「経営陣の中に、収容者の状況を改善しようとした人々がいた、という指摘は全く見あたらない(24)」。

〈3〉ニュルンベルク継続裁判とは

①路線対立

戦後、IG—ファルベン・コンツェルンの解体は、アメリカ占領地域に立地していたIG—ファルベン社から始まり、連合国側の全占領地域に拡大していく。連合国側の意図は、ドイツの軍需産業を解体し、平和産業への転換を図ることであった。他方、冷戦の開始とともに、連合国の中でもとりわけアメリカ政府は軍需産業を、逆に温存し、なるべく早く再建させる方向に針路を変えていく。この点、同じ敗戦国日本でも方針の転換がなされた。アメリカは、対日方針において、占領初期の〈民主化路線〉を、ソ連に対する防波堤戦略に変更し、日本の旧体制を解体するのではなく、温存し、再建、利用する方向に舵を切る。アメリカ本国での〈解体派〉と〈再建派〉の路線対立は、占領地ドイツでの、後に述べる米軍による継続裁判だけでなく、裁かれた被告たちのその後の運命と処遇にも決定的な影響を与える。

②「解体派」の敗北

ドイツの敗戦の直前にあたる一九四五年四月、米統合参謀本部は、ドイツ占領にあたる米軍事政府の中心的課題が、ドイツ経済の非軍事化とその管理である、とする宣言をまとめる。この宣言に基づき、米統合参謀本部は、米占領政府に向けて指令JCS一〇六七を出す。この指令は、米占領政府が、連合国共同管理委員会に影響力を行使して、ドイツの武器、弾薬、その他の戦争資材の生産、輸入、開発をすべて禁止せよ、という内容であった。ここにはIG―ファルベン社を意識して、社の生産物に該当するものが具体的に例示されている。それは合成ゴム、燃料、アルミニウム、マグネシウムであった。さらに指令は、米占領政府がこれらの生産施設を管理下に置き、賠償目的に撤去、解体するよう命じていた。

一九四五年七月五日、米占領政府は、連合国共同管理委員会法第五二号に基づいて、撤去、解体の命令を出した。この中で、IG―ファルベン社への処遇が次のように表されている。

「IG―ファルベン・コンツェルンは、ドイツの戦争経済で、重要な役割を演じ、国際的な関わりにより連合国の防衛部隊を危機に陥れた。このコンツェルンがドイツの管理下にある限り、世界の危機である。したがって、米地域のIG―ファルベン企業はすべて（米）軍事政権の監督下に置かれ、経営陣とそれ以外の管理職は職を解かれ、株主の権利は無効にされる[25]」。

こうした解体路線をアメリカ本国で進めていたのは、財務長官ヘンリー・モーゲンソーとその財務部門の責任者バーナード・バーンスタインであった。モーゲンソーは、既に一九四四年九月のチャーチル、ローズヴェルト会談に対独戦後処理案を提出していた。この「モーゲンソー案」は、結局は廃案になったが、ドイツの国防軍、巨大軍需産業のみならず、工業をも解体し、ドイツを農業小国に作り替えようとする目的を持つことで知られている。モーゲンソーは、戦前の案の精神に基づき、ドイツ企業の徹底的な解体と平和産業への転換を推進しようとした。他方、米本国の軍需省、外務省は、戦後もナチス政府に残ったドイツの官僚と共に戦後処理の作業に取り組んだ。モーゲンソーの影響力を阻止し、できる限り早急にドイツ産業界、軍需産業界を復興させることが目標となった。

両路線の対立は、数か月後に解体路線派の敗北で決着がついた。この敗北は、米の占領政府の中の財務部門を再編成し、縮小化し、中心人物を左遷する措置に現れていた。すなわち、一九四五年九月一二日、米占領政府副長官ルシアス・D・クレイにより、今までの財務部門は解体され、任務が縮小され、業務は予算や外貨の分野のみに狭められた。また解体と非ナチ化の対象となる産業界は、全産業界ではなく、ドイツの銀行業界に限定された。左遷に関しては、バーンスタインが財務部門の下位の責任者に配置換えさせられた。ここではIG―ファルベン社の解体に力を発揮することができないだけでなく、彼は、一八四五年の終わりには、この部局からも外された。こうして軍需省、外務省を中心とした温存・再建派が勝ち、この人たちは、米軍によるニュルンベルク継続裁判にも決定的に影響力を及ぼしていく。

③冷戦の進行

米占領軍による一二の事件を扱ったニュルンベルク継続裁判は、一九四六年一〇月二五日から四九年四月一四日まで、約二年半にわたって行われた。国際軍事裁判の方が四五年一一月二〇日から四六年一〇月一日まで一一か月弱であったのに比べると、長期化している。しかし最も大きな相違点は、国際軍事裁判の行われていた期間が、今まで潜在的に存在していた東西冷戦構造が顕在化し始めていた時期であるのに対して、継続裁判の方は、冷戦が進行、深化していた時期を背景としていた点であろう。

ドイツが降伏（四五年五月八日）しても、太平洋地域では依然として戦争は続いていた。日本では、四五年四月に沖縄本島に上陸した米軍との戦闘で九万五〇〇〇人の民間人を含む一九万人が犠牲者となった。ここには、味方であるはずの日本軍により、集団自決を強要されたり、避難先の洞窟から追い出されたり、スパイ容疑で殺戮された民間人も多数含まれている。五月一二日、米英仏は、ヤルタ会談に基づき、ソ連に対日参戦を求めていたが、トルーマン米大統領は、ソ連への武器貸与の停止命令を出す。六月、沖縄守備隊全滅。七月、ソ連に対する優位をも目的の一つにする原爆を米が完成。広島、長崎への原爆投下を経て、翌四六年三月五日、英首相の「ソ連封じ込め」の前触れとなる有名な「鉄のカーテン」演説が、米ミズーリ州フルトンで行われた。七月一二日、中国で国民党と共産党の内戦（第三次国共内戦）が始まる。東西冷戦が顕在化する中で、国際軍事裁判の判決は、この約二か月半後に下された。

一方、国際軍事裁判の終結後、四九年四月まで行われた継続裁判の方は、米国の指導の下でトルーマン・ドクトリン（四七年五月）、マーシャルプラン（四七年六月）、北大西洋条約機構（ＮＡＴＯ）調印（四九年四月）に見られるように、対ソ、対共産圏への強硬路線と同時進行で行われた。とりわけ、トルーマン・ドクトリンは、第二次大戦後のアメリカの外交・軍事の基本路線をなし、欧州、中東、アジア、アフリカ等各地で適用され、「封じ込め政策」の根幹をなした。東西冷戦の進行と深化は、継続裁判の方により大きな影を落としていく。

④ＩＧ―ファルベン裁判

継続裁判で審理された事件番号六のＩＧ―ファルベン裁判は、四七年五月七日に起訴、裁判開始が八月一四日、判決は、翌四八年七月二九、三〇日に出された。一年弱の裁判で、一五二日の審理日数が記録されている。弁護人は六〇人、当時のドイツで「最良の弁護士[26]」がＩＧ―ファルベン社側についた。この中には、国際軍事裁判の方で弁護活動を展開した弁護人もいた。オットー・クランツビューラー弁護士は、ヒトラー自殺後、敗戦までの七日間だけナチ党総裁に任命されたデーニッツ海軍総司令官（判決は一〇年の有期刑）を弁護し、ルドルフ・ディクス弁護士は、国立銀行総裁や経済相を務めたヒャルマー・シャハト（判決は無罪）を担当した。ハインリヒ・レルンスナー弁護士は、国防軍最高司令部（ＯＫＷ）や参謀本部を受け持った。彼らは、こうした国際軍事裁判での体験を、ＩＧ―ファルベン社を裁く継続裁判で活用することができた。

(a) 政治からの圧力

ＩＧ―ファルベン裁判は、開始早々、進行中の米ソ対立、冷戦の現実が判事の発言に現れる。裁判官はカーティス・G・シェイク裁判長（米インディアナ州最高裁判事）を含めて四人であった。裁判官ジェイムズ・モーリス（米ノース・ダコタ州最高裁判事）は、第一回審理日に次のように発言し、ソ連への過剰な〈警戒〉を喚起している。「私たちは、今やロシア人の件で不安に思わざるを得ない。私たちが準備を整えないうちに彼らが法廷に進軍する事態が生じても、私は驚かない(27)」。

米国の政治家も既に開始以前から裁判に圧力をかけた。ミシガン州選出ジョージ・A・ドンデロ議員は、在ドイツの米軍事政府には、共産主義のシンパが入り込んでいる、と公然と発言した。タフト上院議員は、「被告たちが裁判にかけられたのは、単に戦争に負けたからに過ぎない」と発言し、近代科学技術を駆使したIG―ファルベン社の毒ガスの提供、人体実験、強制労働と奴隷化、大量殺戮などを闇に葬る姿勢を示した。米共和党議員ジョン・E・フランクリンは、議会で直接、名指しはしないものの「少数派人種」という表現でユダヤ人を暗示し、以下のように演説した。「戦後二年半を経過し、ニュルンベルクの少数派人種は、ドイツ兵の処刑だけでなく、ドイツの実業家への裁判も行っている(28)」。こうした反ユダヤ主義は、各国のユダヤ系市民が六〇〇万人の肉親、友人を殺害され、辛うじて生き残った人々も、連行―職業の喪失―家族の離散―解放された収容所内での伝染病、傷病、トラウマで苦悩している現実から、意図的に目をそらす役割しか果たさない。

(b) 判決

IG―ファルベン社のみならず、産軍官は、その構成員が勝手に個人的に犯罪を犯したのではない。計画し、共謀し、巨大なナチス政体の一部として、一歯車としてそれぞれが犯罪を分業した。検事側は、こうした集団で、分業を行った犯罪者集団としてのIG―ファルベン社の責任を追及した。一方弁護側は、集団としての行為ではなく、個々別々に、それぞれの行為を擁護する方針をとった。例えば、親衛隊の攻撃から、ユダヤ人組織の幹部を守ろうとした経営陣がいた、と。

次章の「国防軍の犯罪展」で触れるように、国防軍すべてが民間人の殺戮に加わった、と判断するのは誤りである。国防軍の中にも、ナチス党員の中にも、異を唱え抵抗した人々はいた。したがって一律に「AはBである」と断定すれば、細部を見ない、例外を見ようとしない論理に陥る。しかし、IG―ファルベン社の幹部の中にユダヤ人組織を守ろうとした人間がいた、などという「新発見」は、この時もその後も証明されていない。また、オットー・アムブロスを始めとして七名が、アウシュヴィッツについては知らなかったと主張した。何度も自社のプロジェクトの視察にこの絶滅収容所を訪れているにもかかわらず。訴因には、平和に対する罪（訴因Ⅰ）、狭義（通例の）戦争犯罪（同Ⅱ）、人道に対する罪（同Ⅲ）、国際軍事裁判で犯罪的と判断された組織の所属（例えば、ナチス親衛隊、同Ⅳ）、共同謀議（同Ⅴ）が挙げられた。

判決は、全員が訴因Ⅰ、Ⅴで無罪になり、C・シュナイダー、H・ビューティフィッシュ、E・フォン・デア・ハイデは、ナチス親衛隊を兼ねていながら、訴因Ⅳの「犯罪組織」への所属でも無罪が言い渡された。有罪とされた訴因は、戦争の法規慣例違反に該当する狭義の戦争犯罪と、人道に対する罪だけであり、最高の有期刑は八年であった（【図表7】参照）。課された刑罰は軽すぎると言わざるを得ない。

(c) その後の経営陣

i　恩赦―釈放

ただですら軽い判決に加えて、その後の経営陣の処遇のされ方をみると、一方の犠牲者、被害者の失われた生命、被った損害と比較せざるを得ない。まず、後にもふれるが一九五一年一月三一日、在独アメリカ高等弁務官J・H・マクロイは、判決を停止し、恩赦を与え、〈収容〉されていた全員を釈放した。一九四一年から四五年の間に、IG―ファルベン社が所有する強制収容所で、強制労働者三・七万人が〈収容〉されたまま生きて帰らなかった。さらに、七年の有期刑を受けていた元社長F・テル・メールは、判決五年の後に次のように記した。「生存を求めて闘った国に対してIG―ファルベン社は、戦争の悲惨な最期に至るまで我々の当然の義務を果したのである」[29]。そしてIG―ファルベン社の社史を見ると、アウシュヴィッツはとりたてて論ずる必要のない出来事であり、誤った投資でしかない、という[30]。アウシュヴィッツのガス室で殺害され、焼却された人々は、「日に六〇〇〇人以上」[31]にのぼり、一九四四年夏には「六週間のあいだに二五万人以上のハンガリー・ユダヤ人が虐殺された。納骨所では遺灰を処理しきれなくなった。いまやガス室送りされた、あるいは銃殺された犠牲者たちは、溝にほうり込まれ、その上にガソリンを浴びせられ野外で焼却された」[32]にもかかか

〔図表 7〕IG—ファルベン社経営陣の継続裁判判決結果

被告名	判決	備考
オットー・アムブロス	有罪 8 年	経営陣 アウシュヴィッツ建設の指導 裁判で「アウシュヴィッツについて知らなかった」
ヴァルター・ドュルフェルト	有罪 8 年	経営陣 裁判で「アウシュヴィッツについて知らなかった」
フリッツ・テル・メール	有罪 7 年	経営陣，IG-F. 技術者 フォン・シュニッツラーに圧力をかけ，裁判開始前に，証言をほぼ例外なく撤回させる アウシュヴィッツは「単なる投資の誤り」論者 裁判で「アウシュヴィッツについて知らなかった」 1956年バイエル社の監査委員会委員長
カルル・クラウホ	有罪 6 年	高圧化学専門家，1935.9～ベルリンの IG-F. の対国防軍の新連絡担当部署に勤務，監査役会会長，国の原材料部局の研究開発部門の長であると同時にIG-F. の経営陣メンバー
ハインリヒ・ビューテフィッシュ	有罪 6 年	経営陣 アウシュヴィッツ建設の指導 裁判で「アウシュヴィッツについて知らなかった」
ゲオルク・フォン・シュニッツラー	有罪 5 年	経営陣，男爵，IG-F. 商業委員会議長 裁判開始前に，自分の考えをはっきりと述べる 開始後，証言を撤回する
ヘルマン・シュミッツ	有罪 4 年	社長
マックス・イルグナー	有罪 3 年	経営陣
エルンスト・ビュルギン	有罪 2 年	
パウル・ヘフリンガー	有罪 2 年	経営陣
ハインリヒ・オスター	有罪 2 年	経営陣
フリートリヒ・イエーネ	有罪1.5年	経営陣 裁判で「アウシュヴィッツについて知らなかった」 1955 ヘキスト社監査委員会委員，後社長
フリッツ・ガイエフスキ	無罪	経営陣
ハインリヒ・ヘールライン	無罪	経営陣
アウグスト・フォン・クニーリーム	無罪	経営陣 裁判で「アウシュヴィッツについて知らなかった」
クリスティアン・シュナイダー	無罪	経営陣 裁判で「アウシュヴィッツについて知らなかった」
カルル・ラオテンシュレーガー	無罪	経営陣
ハンス・キューネ	無罪	経営陣
ヴィルヘルム・マン	無罪	経営陣
カルル・ヴルスター	無罪	経営陣
ハインリヒ・ガッテノー	無罪	経営陣
エーリヒ・フォン・デアハイデ	無罪	
ハンス・クーグラー	無罪	

（秘書マックス・ブリュッゲマンは，健康上の理由で除外）

わらず。

ii　ガス室と原爆の矮小化

現在でも、自国の少数民族や先住民、移民や外国人を排斥し、多文化社会の創設を望まない人々は、ナチスのホロコースト（特定の民族や集団の大量虐殺）を矮小化し、ナチス犯罪を否定したり、ナチス時代を美化することを通して自国のマイノリティへの政治的諸権利の付与に反対する。一九九五年二月八日、オーストリア極右政党「自由党」のハイダー党首は国会演説で、ナチス・ドイツの強制収容所とは、犯罪を犯した人を懲らしめるための「懲罰収容所」である、と述べた。この表現は、強制収容所を正当化するためナチス自身が当時使っていた用語である。フランス極右政党「国民戦線」の党首ジャンマリ・ルペンは、ことあるごとに「ナチスのガス室も広島の原爆もたいしたことはない」との姿勢を繰り返し、一九九七年、ドイツでナチスの大量虐殺は「歴史の細部に過ぎない」と発言。また、記者会見では、もし第二次世界大戦について書かれた一〇〇〇頁の厚さの本があるとすれば、ナチスの「強制収容所に割かれているのは二ページ、ガス室は一五行に過ぎない」[33]と述べた。ルペンもテル・メールもアウシュヴィッツを些細な事件とする点で共通している。だが、後者は、その当事者であり、体験者であり、加害者である。それだけに罪は重いと言わざるをえない。

iii　後継企業での出世

連合国共同管理委員会は、戦後、工業化計画を作成し、「脱カルテル計画」を方針とし、ドイツ重工業の解体やカルテルの解消をめざした。しかし冷戦の中でこの「脱カルテル計画」が無効化され、一九四八年、米英占領当局は、連合国共同管理委員会の「解体法」を破棄する。ドイツ重工業界を再建する方針が強化される。この中でＩＧ―ファルベン社は、後継企業ＢＡＳＦ社、ヘキスト社、バイエル社という新三大コンツェルンとして復活を遂げる。有罪判決を受けた戦争犯罪人の雇用禁止を定めた連合国側の禁止規定は、占領条約の撤廃と時を同じくして破棄される。一年半の有期刑を受けたＦ・イェーネは、一九五五年、ヘキスト社の業務執行を監査、監督する監査委員会の一員に就任し、後に社長となる。アウシュヴィッツを単なる投資先の誤りとするテル・メールは、一九五六年、バイエル社の監査委員会委員長になる。後継企業の利益は、その後、最盛期のＩＧ―ファルベン社の利益を凌駕する。

ＩＧ―ファルベン社は、軍需経済をめざす四か年計画の実体を握り、その推進役を務め、外国の企業を横領し、あるいは追放し、親衛隊から無尽蔵の〈労働奴隷〉の提供を受けた。一九四二年、全労働者の三分の一に匹敵する一四・四万人の外国人強制労働者を酷使した。刑が軽かっただけでなく、四三年から翌年にかけて、モノヴィッツ（アウシュヴィッツⅣ）に〈消耗〉品として送り込まれた三万五〇〇〇人の命と運命に思いを馳せる暇もなく釈放された幹部は、ＩＧ―ファルベン社の後継企業で再び高い地位につく。彼らからは、その時、〈消耗〉させられた三万七〇〇〇人の命をも含めて、強制連行―労働の無数の人々の運命とその後を調査し、「監査」する人は出てこなかった。

〈4〉フリック社

①第二次世界大戦前

一九六〇年代に、五〇～六〇億マルクの財産で、世界最富豪の一人に数えられ、有名になったフリードリヒ・フリックは、しかし、戦争末期の一九四四年、全従業員一二万人強のうち、半数以上を外国人強制労働者で占めさせた史実はあまり知られていない。フリック社はドイツ鉱山業界で中心的役割を果たした企業である。

フリードリヒ・フリックは、一九二〇年代中頃からドイツの鉄鉱石と鋼鉄の生産の五分の二を占めていた統一製鉄株式会社を支配下に置く。一九三二年、ゲルゼンキルヒェン市に所有していた鉱山会社を第三帝国に売却し、その収益で鉱山コンツェルンの「中部ドイツ鉄鋼会社」を設立し、この会社を基盤にフリックの巨大コンツェルン化が始まる。これを経済面での巨大化とすれば、人的・政治的側面での巨大化は、一九三二年一月二六日に開かれた「デュッセルドルフ会議」への参加あたりからスタートする。この会議は、新進の政治家ヒトラーと銀行家との会合であり、これにより両者の相互依存は強化されていく。世界恐慌の影響を最も深刻に受け、危機の頂点にあたる一九三二～三四年に、フリードリヒ・フリックは、ワイマール共和国崩壊直前のブルジョワ諸政党と共にナチ党へも財政支援を行う。「デュッセルドルフ会議」の直後に、彼はヒトラーに直接会い、ナチ党に一〇万ライヒス・マルクを提供する。さらに、ヒトラーの権力掌握後、ナチ党がドイツ国家人民党との連合で辛うじて過半数を確保することになる一九三三年三月の国会選挙には、資金として二〇万ライヒス・マルクを贈る。以降、ナチ党を構成する諸団体やナチスの幹部たちへの献金を通して、この党との結びつきを強めていく。幹部の中でもとりわけナチス親衛隊の最高指導者ハインリヒ・ヒムラーには、毎年巨額の資金が振り込まれた。この資金の流れは、フリック社の幹部であり、同時に後にナチス親衛隊少将に昇進していくシュタイン・ブリンクが加入する「ヒムラー友の会」が表舞台となった。

一九三三年、ヒトラーの権力掌握と時を同じくして、フリックは軍需生産を開始する。経済省等に出向き、フリック社の利点が、資源の多様性や空爆に耐えることのできる資源基盤にあることを宣伝し、自社の軍需製品を購入するよう働きかける。やがて「中部ドイツ鉄鋼会社」に砲弾、砲身などの注文がくる。ヒトラー内閣の無任所大臣であり、プロイセンの内相を務めていたヘルマン・ゲーリングには、誕生日に、あるいは何かにつけて資金を提供し、その見返りとして、フリックは彼の援助を受け、飛行機の生産に分野を拡大する。

第二次世界大戦前のフリック社を語るとき、是非とも記しておきたい点はユダヤ人財産・工場の没収である。元東独のアカデミー史の専門家で、ドイツ統一後、ベルリンの抵抗運動記念館の研究員を務めたクラオス・ドロービシュは、フリック社によるユダヤ人財産の〈ドイツ化〉、すなわち、〈アーリア化〉を三例紹介している。(34)最初の例は、フリックとオットー・シュタインブリンクが没収した武器・車両工場である。以前からユダヤ系ドイツ人の財産を狙っていた二人は、軍の武器担当課長クルト・リーゼから寄せられた問い合わせに飛びついた。一九三四年一〇月、「ズィーモン商会の武器・車両工場を引き受ける意志があるかないか」という願ってもない照会がフリック社に届いた。ユダヤ人が武器生産に携わることは宜しくない、という理由である。この後、どのようにユダヤ系ドイツ人の企業がドイツ人企業家に乗っ取られるか、その典型例がここに見られる。すなわち、会長アルトゥール・ズィーモンは逮捕され、工場を放棄する代わりに釈放が許される。シュタインブリンクは、一〇〇万ライヒス・マルクを軍側に提供する。こうして軍は儲けて、一方、武器・車両工場は、フリックらを中心として、ドレースデン銀行やナチ党等が加わる共同の経営体（コンソーシアム）の手に移った。

第二の例は、リューベック株式会社が所有する溶鉱炉の没収である。一九三七年、フリック社は、国家の圧力と複雑な外国為替業務を利用して、多額の株式、有価証券を通して、ユダヤ系ドイツ人の溶鉱炉を自分のコンツェルンに併合した。第三は、ユダヤ系チェコ人の褐炭産業の掠奪である。一九三八年、フリックは、褐炭工業を営むチェコの企業家ユリウス・ペチェクの所有する工場を、ゲーリングのいとこのヘルベルト・ゲーリングを通じて、市場価格の半額以下で手に入れる。この一部をIG—ファルベン社、ザルツデトフルト社などに売却し、利益を得た。さらには、同じ褐炭産業のイグナツ・ペチェクの工場を奪い取る場合は、まず自社の顧問弁護士を使って条例を作らせ、工場を一度国の所有に移し、後に国からもらい受けている。

②第二次世界大戦中

第二次世界大戦がヨーロッパ側で始まると、六週間後に、フリック社は自己のコンツェルンの傘下にあるマックスヒュッテ社、アンハルト石炭鉱業株式会社にポーランドから戦時捕虜を連行してきた。対ソ戦開始から一九四二年の初めにかけて、ソ連人戦時捕虜が連れてこられた。また、フリック社は国の機関へのコネと影響力を行使し、労働省、職安を通じて、民間人労働力をも調達した。

占領地での企業の乗っ取りは、戦前同様に続く。第二章のソ連における「強制労働の実態」の項でふれたように、対ソ開戦直後の一九四一年後半には、リガのヴァイロクの車両工場を七五〇〇人の労働者ともども手に入れた。また、一九四二年一一月、フリック社は、ヘルマン・ゲーリング社と提携し、ソ連の六社を関連企業を含めて獲得する。競合関係にあり、触手を伸ばしていたドイツの他の大企業に抜きんでて、大きな成果を得た。加えて、社は、ソ連占領地にドニエプル鉄鋼有限会社を設立するが、目標の二八〇万トンの粗鋼生産を達成できなかった。一九四三年、ソ連赤軍が既にこの地に到達していたことが大きな理由である。

一九四四年のフリック社の強制労働者数を、クラオス・ドロービッシュの研究から見てみよう。ドロービッシュはまず、今までの通説を紹介している。全従業員は一二万人以上、このうち、戦時捕虜と外国人民間労働力をあわせて六万人、この四〇パーセントがソ連からの連行者であった。この他に、強制収容所からの収容者が一〇〇〇人。この「一二万人」説に対して、ドロービッシュは、実態はもっと多かったという。その根拠は、苛酷な条件下での寝泊まり、衛生設備と医療環境の欠如、人体実験等で、労働不能として排除された人々、死んだ人々が含まれていないからだという[35]。まさにハーグ規則やジュネーヴ「俘虜（捕虜）の待遇に関する条約」を全く遵守しない企業の支配下で、明日の労働が不能に陥る人々や労働力の再生産が不可能に追い込まれ、いわばベルトコンベヤーから〈不良品〉扱いされ、排除された人々が、統計資料の背後に無数にいるのだ。こうして終戦まで、褐炭と瀝青炭の産出量で、それぞれドイツ第一位、第二位を占め、戦車生産では第二位、車両生産でも支配的な地位を占めてきたフリック社では、さしあたり「一二万人以上」と表記できるだけで、労働実態を正確に表す数字がいまもって不明のままである。

ドイツの敗北が明らかになるにつれ、フリック社は、その損害の最小限化をめざし、略奪や没収した設備、財産などを、企業を再編することで隠蔽した。また、近づいてくるソ連軍による接収を恐れ、本社をベルリンからデュッセルドルフに移転した。

③フリック裁判

一二あった継続裁判の中で、フリードリヒ・フリックを含む六名を被告とする「フリック裁判」は、産業界を裁いた最初の裁判であり、「事件番号五」で呼ばれている。裁判の冒頭で、検事長テルフォード・テイラーは、「三位一体の災い」論を展開した。すなわち、ナチス、軍国主義それに経済界の三者が一体となり、戦争犯罪を犯したというわけである。数多くの外国人を社に徴発し、生産に投入したこと、フランス、ソ連の企業を略奪したこと、既に戦前に経済のアーリア化、すなわちドイツ人資本家であるフリックらによるユダヤ系ドイツ人からの略奪で、人道に対する罪に該当することが列挙された。ナチス親衛隊との関わりについては、経営陣が親衛隊を支援し、優遇した点、また、中には「犯罪組織」である親衛隊員であった経営陣もいたことが挙げられた。注目すべきは、検事側が「平和に対する共謀」を訴因から欠落させた点である。フリック社の膨大な資料が検事側の手にあったにもかかわらず。

弁護側は、主としてニュルンベルク国際裁判での主張と同様の論理を展開した。第一に、被告たちは責任ある地位にはいなかったとする「地位論」である。被告たちは、公的地位になく、私人であり、ビジネスマンにすぎなかった、という。また、責任ある地位にいたのはゲーリングやヒムラーであったとして、彼らに責任の転嫁を図った。第二は、国家の側から強制されたのであり、命令に従わざるを得なかったとする「強制命令」論である。第三の主張は「無知あるいは忘却」論である。強制労働の計画は知らなかったし、従って関わりを持っていない、また大量殺戮も知らなかったとし、中には、もう忘れてしまい、記憶喪失に陥った被告もいるのだという。第四は、連合国側も同様の犯罪を犯したとし、犯罪の相対化を浮き立たせようとした。最後は、米の裁判には権限がなく、連合国共同管理理事会法第一〇条の適用は不可能であるとする論である。

弁護士ズィーメンスは、この裁判は「フリック博士と経営陣に対する攻撃ではなく、資本主義と産業界に対する攻撃である[36]」と主張し、裁判が過去の戦争犯罪を裁いているにもかかわらず、関心を、未来の体制の危機へと誘導する戦術をとった。また、命じたのはナチス高官たちであり、被告たちは命令に従っただけであるという「強制命令」論は、フリック社が、命令により脅された〈被害者〉である、という主張に直結する。〈被害者〉観を如実に示す例は、フリックが、一九四四年七月二〇日のヒトラー暗殺未遂事件をとりあげた時である。ここでフリックは、この事件に関わっていた反ヒトラー派の一将軍と接触があったことを根拠に、自分もナチ政府に脅されていたと主張した。すなわち、一二年間の全ナチス時代を通して、反対派に属していたのであり、恐怖を常に抱いていた〈被害者〉なのである、というわけだ。

検事側は、被告たちは、「ドイツ経済界で、最も影響力のある、優遇されたポストについていた[37]」点を論証し、責任ある地位についていなかったとする「地位論」も、〈被害者〉観も否定した。検事側は、最終論告で、被告たちは「狼の群と一緒に吠えていたのではなく、その群と共に狩りをしていたのである」と主張し、主犯説を展開した。また「一二年間にわたり、恐怖におののきながら、ひそかにオロオロしていたし、自分たちが望まなかったことをせざるを得なかった[38]」という被告たちの説明を、笑止千万であると断じた。

判決は、一九四七年一二月二二日に下された。政府の強制労働計画への参加で、有罪とされた被告は、フリックと、フリックの甥で社の包括代理人を務めていたベルンハルト・ヴァイスのみで、他の四人はこの件に関しては無罪であった。フランスとソ連の企業の横領と略奪を問われたのは、フリックだけで、しかも「極めて小規模」である、とされ、あるのは道徳上の罪だけであり、ハーグ陸戦規則には違反していない、と結論づけられた。経済のアーリア化では、フリックも含めた三人がその罪を問われなかった。ナチ党との関わり（ナチ党員、親衛隊員、突撃隊員など）では、ニュルンベルク国際軍事裁判の定義に従って、犯罪者集団である親衛隊への加盟を有罪とされたのは、フリックの秘書から後に社の包括代理人に昇進したオットー・シュタインブリンクのみであった。フリック（ナチ党員）も、社の包括代理人のオディロ・ブルクハルト（突撃隊員）も、フリックの従兄弟で、同様に社の包括代理人であったコンラート・カレチュ、さらには経営陣トップのヘルマン・テルベルガーも、この件では、罪は問われなかった。こうしてフリックが七年、シュタインブリンクが五年、ヴァイスが二年半の刑に処せられ、他の三人には無罪が言い渡された。「強制収容所と直接東欧地域から狩り出した四万八〇〇〇人のユダヤ人奴隷労働者を使役[39]」し、「そのうち八〇パーセントの労働者が死亡[40]」しているにもかかわらず、極めて軽い判決が下された。

一九五〇年八月二五日、フリックは、釈放される。刑期満了前であった。ＩＧ―ファルベン社、クルップ社の被告たちも同様であった。フリックは、釈放後、自動車、化学産業界という従来とは異なる分野へ精力的に進出する。一九七二年に死ぬまで、彼は一貫として戦争責任を認めようとはせず、極めて軽い刑しか受けなかったが、その刑の鴻毛の〈重み〉すら引き受けようとはせず、死を免れた元強制労働者たちの補償請求を終生拒み続けた。ただし、一九六四年、彼は、請求の一部を認めはしたが、その五〇〇万マルクというささやかな補償金の支払いはかたくなに拒否し続けたまま、死を迎えた。一方、一九五〇～六〇年代に、ＩＧ―ファルベン社やクルップ社、ＡＥＧ社、ズィーメンス社、ラインメタル社等が、事実を認め、謝罪を伴う補償ではなく、生き残った人々の「苦痛を和らげるため」という恩恵的な姿勢で、しかし実態は、企業への批判をかわし、製品の販売を高める目的で、極めて少額の金銭的支払いに応じた。だが、フリックはこれにすら加わらなかった。

それればかりではない。先に引用したように、フリックは八〇パーセントもの強制労働者を死亡させる労働環境で、東欧民間人やナチス親衛隊が管轄する強制収容所から収容者借り受け、酷使したが、「戦後、フリックはこの労働者使用のため、ＳＳの収容所にすでに多額の金を支払っているという理由で、まんまと賠償請求をまぬかれた」[41]のであった。

〈5〉クルップ社

今日、クルップ社はルール工業地帯の中心地エッセン市を拠点に生産財の生産を手がける巨大コンツェルンである。一八一一年に設立された鉄鋼会社は、アルフレート・クルップの時代に世界最大の鉄鋼企業へと成長する。彼の死後、クルップ企業は息子のフリートリヒ・アルフレートに引き継がれる。フリートリヒは、他の企業や造船所を引き取り、また近代的な精錬所をドゥイスブルク–ラインハウゼンの地に新設することで企業規模を拡大した。企業を引き継いだのは、彼の長女ベルタであり、彼女は、一九〇六年、グスタフ・フォン・ボーレン・ウント・ハルバハ（「フォン」は、もともとの貴族や、或いは貴族に推挙されたことを意味する言葉）と結婚し、企業は夫のグスタフが引き継いだ。マックス・ヴェーバーによれば、こうした巨大企業と貴族の結婚は、ドイツ第二帝政時代（一八七一年～一九一八年）以来、ドイツ史の「宿命的性質」だという[42]。

グスタフは、当初のヒトラーへの批判的姿勢を修正し、後に熱烈なヒトラー主義者に転じていく。その息子アルフリート・クルップ・フォン・ボーレン・ウント・ハルバハは一九四三年一一月に父の後を継いでクルップ社の社長に就任する。クルップ社は、この親子二代にわたり、「ドイツの占領地帯に新工場を移転し、徴用した労働者や奴隷労働者あるいは強制収容所などの労働力を使役した」[43]。とりわけ、息子アルフリートは、ビスマルク以来続いてきたドイツ軍国主義と産業資本主義の密接な連携と同盟の典型的な人物の一人である。

①ニュルンベルク継続裁判

(a)ドイツ企業の「擁護」論と「被害者」論

産業界総体や個別企業は、ニュルンベルクの両裁判以来、とりわけユダヤ人と強制収容所収容者の場合、確かに労働はさせたが、しかしそれでこの人たちを最悪の事態から守り、擁護したのである、という論を主張してきた。オスカー・シンドラーのように「守った」例がなかったわけではない。だが、これは例外中の例外であった。既に見てきたように、国際・国内法に反した環境下で働かされた人々は、〈労働中〉に、また、〈労働外〉の貧困な食事、非衛生きわまる寝泊まり施設などにより、いつ命を奪われても不思議ではなかった。強制労働では、「最悪の事態」がナチスにより物理的に、暴力的に押しつけられるか、強制労働により病、飢餓、疲弊を通してもたらされるか、これの違いでしかない。ただし、後者は企業に利益をもたらす「金の卵」でもあったために、膨大な数の人々が労働を強いられた。

〈労働後〉の運命はどうなったか。戦局がドイツの敗北に向かって突き進んでいた一九四五年三月七、八日、アルベルト・シュペーア戦時生産相は、ノルトライン・ヴェストファーレン地区で、製鉄・鉄鋼業界の要人と会談したことは先にふれた。ここで再度確認しておこう。要人たちは、戦局悪化で、生産が不能に陥ったので、戦時捕虜や外国人を「移送」して欲しいと、当局に要請し、「移送」された戦時捕虜たちは、職安や現地警察に「戻された」。「戻された」人々には、「最悪の事態」、すなわち処刑、間引きが待ちかまえていた。企業は、もてあました強制労働者を自らは手を下さず、当局に処分させることで、自身を身軽にし、後始末をする煩わしさから身を「守った」にすぎない。

労働者を「守った」という立論に続く、企業側の虚偽の第二は、強制労働者の雇用は「強いられた」とする、言わば被害者論である。しかし、今日、雇用強制の証拠は全く存在しない。ナチス親衛隊経済管理本部長オズヴァルト・ポールは、継続裁判の「ポール裁判」（事件番号四）で裁かれた人間だが、彼は、とりわけ強制収容所収容者を強制労働に駆り立てた中心人物として名を残している。裁判の証言台で次のように発言した。「ほぼ全ての軍需産業が、労働力を強制収容所から獲得するために私の部局へやって来た。すでに収容者を使っていた企業は、大多数が投入人数をもっと増やして欲しいと常に望んだ」[44]。「強いられた」のではなく、各企業は自らが積極的に強制労働者を募集し、ナチス側に直談判もしている。クルップ社は、一九四一年末に企業独自の労働力の補充事務所を東側占領地に開設し、以降、ここを経由して多くの市民をエッセン市の本社に連行した。

(b)日本企業の場合

ここで本論を外れ、日本の企業の責任について触れておきたい。

一九三七年以降、日中戦争の拡大に伴い、ドイツと同様に日本も石炭、鉄鉱石などの軍需物資への需要が急増し、同時に労働力の不足に直面する。労働力は、初めのうち植民地の朝鮮半島に求めていたが、予定通りに集まらなかった。そこで日本政府は、それまで「満州国」に連行していた中国人を日本本土に連れてくる政策に転換する。この方針転換は、産業界、とりわけ大手の土木建設会社や財閥系鉱山の強い要請が一因である。一九四一年八月、鹿島建設(東京)、鉄道建設興業(東京)、間組(東京)、飛島組(東京)、大成建設(東京)、西松組(東京)、三菱鉱業(埼玉・与野)、三井鉱山(東京)を始めとする産業界は、政府に対して、中国に労働力を求めるよう意見書を提出している[45]。こうして一九四二年一一月二七日、「華人労務者内地移入ニ関スル件」が閣議決定される。これに基づいて、翌四三年四月から三八企業の一三五事業所へ強制連行・労働が開始された。三万八九三五人が中国から連行され、六八三〇人(約一八パーセント)が死亡している(【地図4】参照)。

国策であったため、当時の日本の各省が連行から帰還までを分担した。まず企業の一三五の各事業所が厚生省に中国人労働者の斡旋をするよう申請する。これを受けて厚生省は軍需省、運輸省と協議し、各事業所への割り当て人数を決定する。中国人の連行、供出は中国現地の日本軍、日本大使館、それに労務統制機関である華北労工協会が担当した。連行されてきた人々の取り締まりは、内務省が引き受けた(【図表8】参照)。

ドイツ企業同様、日本企業も労働力を求めてイニシャティヴを発揮し、積極的に厚生省や現地機関と接触した。企業側からのこうした行動を、二〇〇四年三月二六日、新潟地裁は中国人強制連行新潟訴訟判決で次のよ

〔地図４〕中国人労務者配置要図

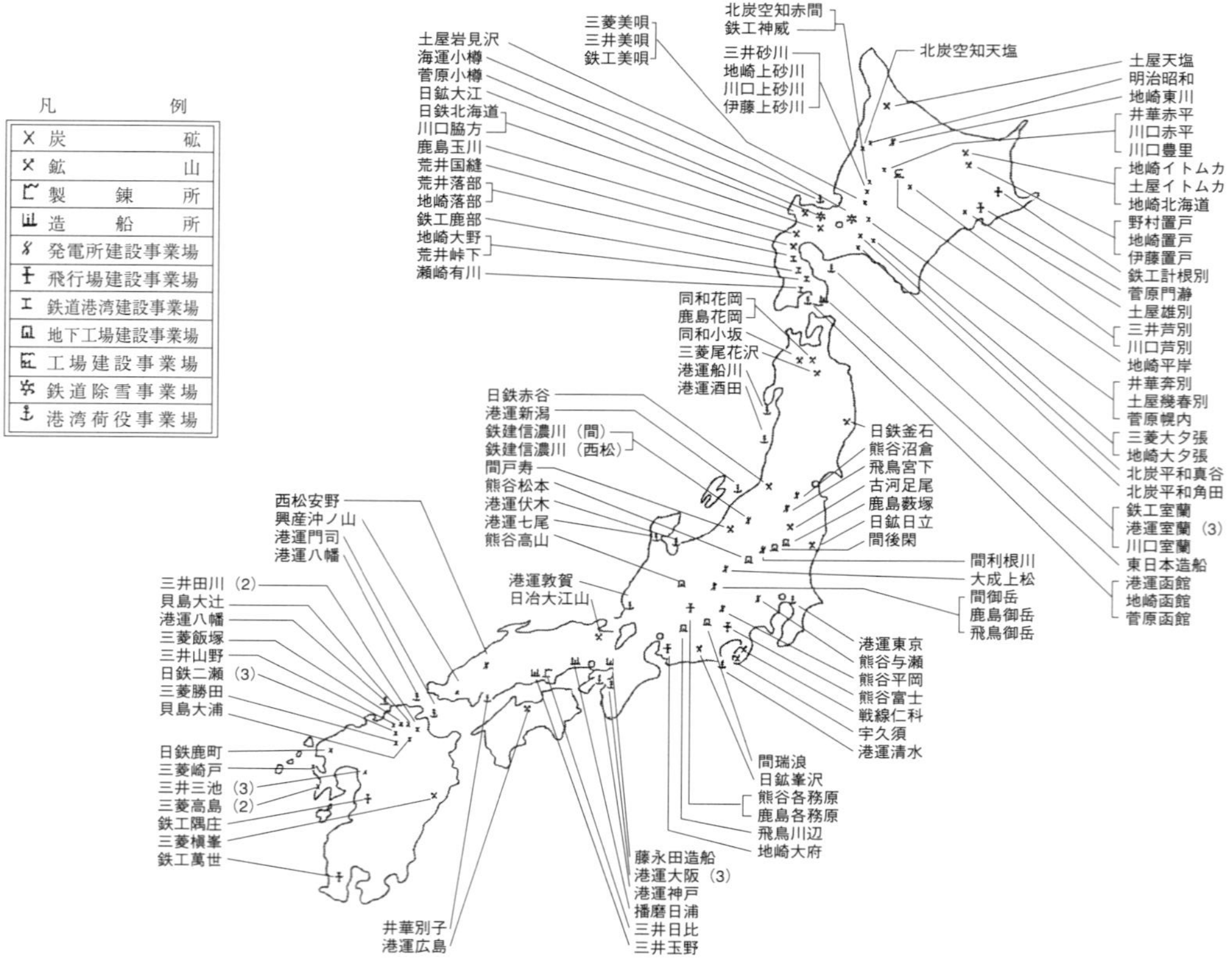

出典：NHK 取材班『幻の外務省報告書――中国人強制連行の記録』，日本放送出版協会，1994年，76‒77頁より作図。

〔図表8〕軍，政府，企業が一体となった強制連行

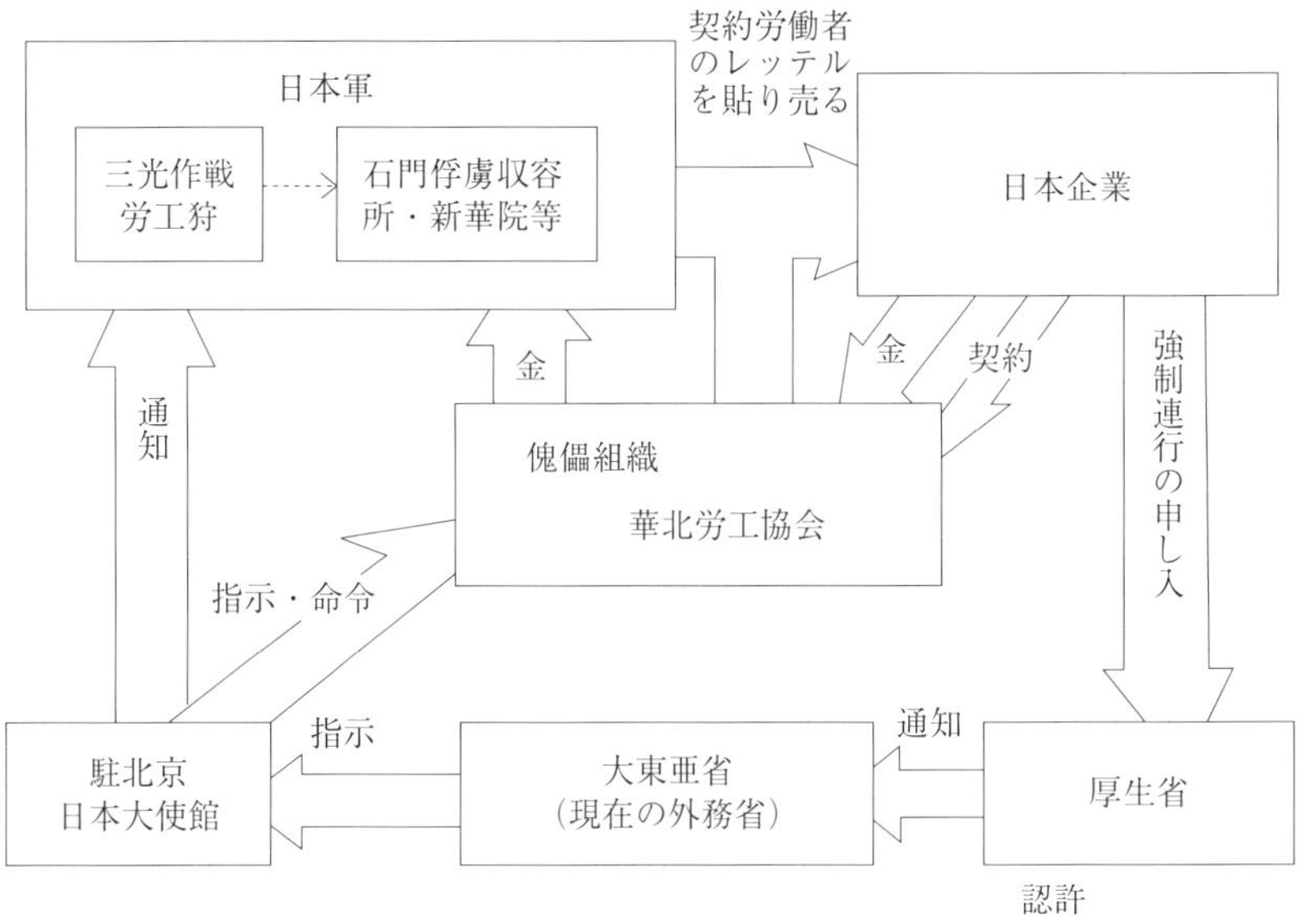

出典：戦争犠牲者を心に刻む南京集会編『中国人強制連行』，東方出版，1995年，40頁

うに認定している。「日中戦争及び太平洋戦争の拡大、激化により、労働力不足が顕著となったため、日本企業から、中国人労働者の移入を求める動きが現れた(46)」。また、田中宏氏は、日本光学工業労務課長の乗富丈夫氏の『徴用労務管理』（一九四二年）から「使用者としての事業主の責任」の節を引用し、連行―労働における企業側の動機と責任を説明している。すなわち、徴用の発動は、「政府に代わって行いつつある事業主の『徴用申請を動機』とし（略）、従って、徴用実施並に運営に関する事業主の責任は、直接的かつ全面的である(47)」。

今日、強制連行・強制労働に関する企業責任を自らが認める企業、事業所は極めて少数であり、連行―労働の事実すら否定する。例えば、新潟港運株式会社（現リンコーコーポレーション）は、「裁判においてこれら中国人の強制労働の事実について『一切知らない』などと答弁(48)」している。これは後に、企業のみならず国の賠償責任をも認定した先の新潟地裁判決で覆された(49)。また、ドイツ企業と同様に「国が割り当てた」中国人を使ったに過ぎない、「国策に従っ

たまで[50]」と主張していた西松組（現西松建設）は、裁判の過程で、日本政府が認めた三〇〇人の強制労働者以外に、企業が独自に、積極的に、国が認めていない六三人もの中国人を連行し、働かせた事実が明らかになった。「割り当て」数以上を、勝手に、ヤミで連行するほど、労働力不足は深刻であった。同時に、ムチと棍棒の下でただ働きをさせることができるので、「濡れ手で粟」同然に資本の蓄積を可能にした。

(c) クルップ裁判

一九四七年八月一六日に息子アルフリートを含む一二人が継続裁判所に起訴され、一二月八日に裁判が開始、翌年七月三一日に判決が下された。元来、父グスタフこそがニュルンベルク国際軍事裁判の被告席に座らせられるはずであった。検察側は、膨大な証拠を提出したが、グスタフの弁護側が病気を根拠として出廷ができないとする訴えを国際軍事法廷は認めた。国際軍事裁判では検事を、続く継続裁判で主席検事を勤めたテルフォード・テイラーは、後に裁判への思い出を記すが、ここで「この被告に対する裁判は、弁論能力が回復するまで一時中止にする[51]」という判断があったことを述べている。テイラーによれば、米英仏ソの四大国医師委員会の専門家鑑定書も、「肉体的にも精神的にも国際軍事裁判所に出ることはできない[52]」という判断に至った。これに対して、国際軍事法廷の主席検察官ロバート・H・ジャクソンは、被告の不在のまま裁判を続けるか、息子のアルフリートを父の代わりに被告席に座らせるか、その選択の前に立たされた。前者には例があり、ナチ党官房長マルティン・ボルマンは、逮捕を免れ、欠席裁判で死刑判決を宣告された。後者の意図は、父の裁判を延期するならば、せめてクルップ社の利害を代表する誰かが裁きを受けるべきであるという点にある。結局、ジャクソンの見解は受け入れられず、弁護側の延期申請が受理され、後の継続裁判で息子を裁くという判断で合意が成立した。提出された父グスタフへの告発に対しては、「後の審理のために当法廷の資料として残しておく。もし、被告の肉体的・精神的状態が審理に差し支えない日が来る[53]」まで、と延期措置がとられ、ついにその日は訪れないまま、ニュルンベルク国際軍事法廷は終わった。彼はその膨大な戦争犯罪を公には問われないまま、一九五〇年にこの世を去った。

継続裁判では、テイラーがワイマール共和国と第三帝国には多くの共通点があり、その一つは、クルップ企業であると指摘したあたりで検察側の陳述は最高潮に達したという。[54]起訴状では、「平和に対する罪」、「略奪と搾取」、「欧州占領下での国際法違反の略奪行為」、「連行、奴隷労働の搾取、虐待」が問われ、クルップ・コンツェルン指導部一二名の個人責任が追求された。

約一年後の判決では、第一に、「略奪と搾取」では、「被告たちは国から委託を受けた」だけであり、積極的に国際法を犯したのではない、とする弁護側の論理を退け、起訴状の生存者の証言を取り入れて、「彼らは獲物に群がる禿鷹にも等しい」と断罪し、一二名中六名を「略奪と搾取」で有罪とした。第二に「連行、奴隷労働の搾取、虐待」では、とりわけソ連人戦時捕虜の扱いを巡り、国防軍最高司令部長官ヴィルヘルム・カイテルのメモが引用され、被告たちの個人責任が強調された。「カイテル・メモ」は、ソ連人捕虜に対して、国際法を無視した残虐な取り扱いをすることに懸念を示している国防軍諜報部長ヴィルヘルム・F・カナリス提督に宛てて書かれた。後にカイテルは、国際軍事裁判で死刑の判決を受け、一方、カナリスは「ヒトラーに対する抵抗運動を広めるために命がけの危険を数多く冒し[55]」、一九四四年のヒトラー暗殺事件に関与したとされ、四五年四月絞首刑に処せられた。その「カイテル・メモ」には、「(今回の戦争では)騎士道に基づく戦争という(従来の)戦争観には疑いがある。[56]この戦争では、通常の戦争観そのものの殺戮をしなければならない。この行為を私は肯定するし、擁護する」。要するに、「騎士道」や国際法にとらわれるな、という指示である。判決では、クルップ経営陣がナチス指導部と蜜月関係を維持し、こうしたメモに忠実に従った点が指摘され、「略奪と搾取」の件と同様に、委託を受けたり、命令された(「強制命令」)との弁護側主張を退け、経営者の個人責任が指摘された。

下された判決は、カルル・プフィルシュ副社長を無罪とする以外は、他の企業家裁判と比べて比較的重い量刑が課された。アルフリートは禁固一二年と全財産の没収、他の一〇人はそれぞれの個人責任を問われ、有期刑が下された。

②その後の経営陣

問題はここからである。判決後三年も経過しない一九五一年一月三一日、在独アメリカ高等弁務官J・H・マクロイは、判決を修正し、アルフリートの釈放と財産没収を取り消した。のみならず、有期刑を受けた人々は、個々のケースを考慮に入れられながら、全員に恩赦が与えられた。後に述べるように、五〇年代初めはナチス犯罪者の復権が大規模に行われた。その理由は、アメリカの世界戦略の変更である。冷戦の開始とすでに勃発していた〈熱戦〉の朝鮮戦争を契機に、米国は、日本のみならず西ドイツを「民主化」するよりも、西側陣営に組み込む戦略をとった。継続裁判の判決を判決通りに実施し、ナチス犯罪を問い、補償を論ずるよりも、ナチス体制の体現者や協力者を復権させ、西側陣営に協力させる方針に転換した。こうしてクルップ社の戦争責任もアイマイにされ、財産と会社そのものがアルフリートに返却された。他方、この企業に命まで搾り取られた人々や、戦後、辛うじて命をつなぐことのできた強制労働者たちには、命の補償も賃金の返還もなされなかった。

〈6〉継続裁判をめぐって

①意義

継続裁判の意義は、第一に、国際軍事裁判と同様に、戦争犯罪を明らかにし、後の世代に向けて学び、繰り返さないための素材を提供した点にある。そして第二に、戦前、戦中にかかわらず、すべての民間人に対する犯罪を裁いた点にあろう。とりわけナチス政体による、戦前（平時）の、ドイツ国内のドイツ人に対する、また連合国や占領地の民間人に対する犯罪を裁いた。ニュルンベルク国際軍事裁判では、これらは管轄外として裁かれなかった。この点での典型例は事件番号一の医師裁判である。人体実験や病院内殺人、優生思想に基づく殺人、不妊手術、断種などが対象となった。

ナチ党は権力を掌握すると半年も経ないうちに「断種法」として知られる「遺伝子病子孫予防法」を公布し

た。「医学的経験から判断して、その子孫が肉体的、精神的欠陥を受け継ぐ可能性が非常に高い場合には、遺伝病者は外科的手術（断種）が与えられることができる」[57]。以降、三三年七月一四日から、欧州側での第二次世界大戦の開始（一九三九年九月一日）までに、三七・五万人が[58]、ありがたくも、恩恵的に「与えられる」断種の犠牲になった。何が遺伝病なのか――その定義はアイマイで、したがって、認定する側の裁量にも限度がない。『障害者「安楽死」計画』の著者ヒュー・G・ギャラファーによれば、「アルコール中毒患者や『倒錯者』、中には事故の被害者すらも断種の対象になった」[59]という。ここで犯された、主として戦前の、すなわち戦争とは関係のないドイツ人によるドイツ人に対する犯罪が、医師裁判の対象となった。一方、戦争開始後の、ドイツ人や、連合国および占領地の民間人に対する医師犯罪では、暗号名「T4作戦」[60]が裁かれた。開戦のその日にヒトラーが署名した、医学の装いを凝らしたこの「作戦」は、死刑に相当する「犯罪者」の殺戮と「回復不能な患者に特別な慈悲で与え」（傍点――田村）[61]られる安楽死を目的とした。この恩恵としての安楽死も、その対象者は「回復不能」な人々にとどまらず、特定の「人種」の一員であるとナチスにより判断された人々、すなわちユダヤ系ドイツ市民などにそのまま連続し、大量殺戮へと規模が拡大した。

②問題点

次に継続裁判の問題点に触れておきたい。継続裁判では、戦争犯罪の訴因は四つあり、それは平和に対する罪、狭義の戦争犯罪、人道に対する罪、犯罪組織への所属であった。まず始めに、侵略戦争の準備、計画、遂行が問われた「平和に対する罪」では、事件番号一一（四か年計画の担当部局や外務省等官庁のトップグループが裁かれる）を除いて、すべての裁判で無罪が言い渡された。すなわち、IG―ファルベン社、クルップ社、フリック社の巨大三企業がナチス政体と一体化した戦争遂行も、無罪とされた。

次に、事件番号一二で裁かれた国防軍最高司令部の将軍たちを見てみよう。起訴された一四名の被告のうち、一一人が狭義の戦争犯罪と人道に対する罪が問われ、この二つの訴因で有罪の判決が下された。しかし、犯罪組織への所属という訴因では、無罪とされた。犯罪組織とは、ニュルンベルク国際軍事裁判で、①共通の、共有された目的を持ち、②その構成員が自由意思に基づいていて、③始めから犯罪的な目標を持って行動している団体であると定義されていた。一一人の将軍たちは、国防軍最高司令部に所属していたが、この最高司令部が犯罪組織ではないと判断された。戦後になり、西ドイツはナチス時代の国防軍 Wehrmacht をベースに、新たに連邦国防軍 Bundeswehr を創設する。継続裁判で、ナチス時代の国防軍最高司令部が「犯罪組織ではない」と判断され、その罪状が問われなかったことは、新連邦国防軍の誕生にとり好都合となった。

企業家はニュルンベルク国際軍事裁判では裁かれなかった。続いて行われた継続裁判では、企業家は、確かに裁かれはしたが、クルップ社を除いて、IG―ファルベン社もフリック社も下された判決は軽かった。モノヴィッツ（アウシュヴィッツⅣ）に送り込まれた万単位の人々を〈消耗品〉扱いしたIG―ファルベン社も、四・八万人の奴隷労働者の八割をも〈殺した〉フリック社も、下された量刑の軽さに加えて、全員が刑期満了前に釈放され、しかも、中には没収財産が返却されたり、後継企業で再び重い地位に復職する者も現れた。アウシュヴィッツは、判断を誤った「投資先」でしかないとすれば、膨大な数にのぼる死者、辛うじて地獄から生還できた少数の収容者、強制労働者とは一体何であったのだろう。そこで、以下にドイツ企業がなおざりにし、ほとんど取り組んで来なかった強制連行―労働の補償問題に論点を移そう。

（1）（2） Gerd Hankel/ Gerhard Stuby (Hg.): Strafgerichte gegen Menschlichkeitsverbrechen, Hamburger Edition, 1995, S.518

（3） Vgl. Gerd Hankel/ Gerhard Stuby (Hg.): a. a. O., S.24

（4）（5） アーノルド・C・ブラックマン、日暮吉延訳『東京裁判――もう一つのニュルンベルク』時事通信社、一九九四年、五四一頁。

（6） 継続裁判では、一二の裁判が行われ、それぞれに番号をつけて区別している。

（7）（8） ジェームズ・テーラー、ウォーレン・ショー、吉田八岑監訳『ナチス第三帝国事典』三交社、一九九三年、一五二頁。

（9） 裁判官は、米英ソ仏各国から一名と裁判官代理（予備裁判官）一名の八名で構成された。

（10）（11） Klaus-Konstantin Sondermann: Hitlers Helfer vor dem Kadi, taz, 95.11.22

(12) 秦郁彦「政治家の歴史理解――『奥野発言』に欠けているもの」『毎日新聞』一九八八年五月二三日。
(13) 小林正文『ヒトラー暗殺計画』中央公論社、一九八四年、一六八頁。
(14) ドイツ、ポーランド両国が、どのようにこの問題を教科書に記述をするかをめぐる論争は、近藤孝弘『ドイツ現代史と国際教科書改善』名古屋大学出版会、一九九三年を参照。
(15) 常石敬一『化学兵器犯罪』講談社現代新書、二〇〇三年、六六～七五頁、九八～一〇七頁参照。
(16) Bernd Boll: Fall 6: Der IG-Farben-Prozess, In: Gerd R. Überschär: Der Nationalsozialismus vor Gericht, Fischer, 2000, S.136
(17)(18) ダレル・マッコンキィ、柴田徳衛訳『独占資本の内幕』岩波新書、一九七二年、二一九頁。
(19) ジェームス・テーラー、ウォーレン・ショー、前掲書二三四頁。
(20) ルドルフ・ヘス自身による手記が出版されている。片岡啓治訳『アウシュヴィッツ収容所』講談社学術文庫。
(21)(22) Vgl. Bernd Boll: a. a. O., S.137
(23)(24) Angela Martin: Eine "Geschäftsbedingung" im NS-Staat, ak, No.413, 1998.4.9
(25) Vgl. Bernd Boll: a. a. O., S.133
(26)(27) Vgl. Bernd Boll: a. a. O., S.139
(28) Vgl. Bernd Boll: a. a. O., S.140
(29)(30) Vgl. Bernd Boll: a. a. O., S.142
(31)(32) ジェームズ・テーラー、ウォーレン・ショー、前掲書一一頁。
(33)『北陸中日新聞』二〇〇二年四月二五日。
(34) Vgl. Klaus Drobisch: a. a. O., S.125–127
(35) Vgl. Klaus Drobisch: a. a. O., S.123
(36)―(38) Vgl. Klaus Drobisch: a. a. O., S.128
(39)―(41) ジェームズ・テーラー、ウォーレン・ショー、前掲書二四五頁。
(42) Friedhelm Kröll: Fall 10: Der Krupp-Prozess, In: Hrg. Gerd R. Überschär: Der Nationalsozialismus vor Gericht, Fischer Verlag, 2000, S.176
(43) ジェームズ・テーラー、ウォーレン・ショー、前掲書六七頁。
(44) Vgl. Dietrich Eichholz: a. a. O., S.36

(45) NHKテレビ番組『幻の外務省報告書――中国人強制連行の記録』一九九三年八月一四日放送。
(46)「新潟港中国人強制連行・強制労働事件　新潟訴訟の経過」前掲書『新潟地裁判決・特集』一四頁(傍点――田村)。
(47) 田中宏「中国人強制連行と国・企業――労働力『行政供出』のメカニズム」古庄正、田中宏、佐藤健生、前掲書一五一頁。
(48) 中村洋二郎、前掲書二一三頁。
(49)(50) 川原洋子「歴史的事実を隠して責任逃れ――中国人強制連行に積極的に関与した西松建設」古庄正、田中宏、佐藤健生、前掲書一六九頁。
(51)―(53) Vgl. Friedhelm Kroell: a. a. O., S.179
(54) Vgl. Friedhelm Kroell: a. a. O., S.176
(55) ジェームズ・テーラー、ウォーレン・ショー、前掲書四七頁。
(56) Vgl. Friedhelm Kroell: a. a. O., S.183
(57)(58) ヒュー・G・ギャラファー、長瀬治訳『障害者「安楽死」計画』、現代書館、一九九六年、四三頁。
(59) 同書、四四頁。
(60) ナチス親衛隊の指示で、医師たちが行った計画的殺人がなされた建物の所在地が、ベルリン「ティアーガルテン通り四(番地)Tiergarten 4」であったために、「T4計画」と呼ばれている。
(61) 野村二郎、前掲書五七頁。

第四章――「記憶・責任・未来」基金

この章では、戦後補償の問題を取りあげよう。終戦から約五五年を経た二〇〇〇年七月六日、連邦議会（下院）は、主として東欧出身の強制労働者への補償基金の創設案を可決した。設立された基金は「記憶・責任・未来」[1]と称され、二〇〇一年六月一五日から、元強制労働者への支払い給付が開始された。本章では、強制労働に焦点を合わせながら、戦後からこの基金による支払いに至るまでの戦後補償の歩みを五期に分けて跡付けてみたい。

（1）この時可決された法案は、〈Gesetz zur Errichtung einer Stiftung "Erinnerung, Verantwortung und Zukunft"〉といい、〈Stiftung「記憶・責任・未来」創設法〉となる。Stiftung は、一定の公の目的（慈善目的や、寄付として拠出など）で集められた〈基金〉やこの基金に基づいて維持運営される〈財団〉を意味する。本書では、維持運営と同時に、拠出方法（政府と企業により、どのように集められたか）により重点をおいているので、〈財団〉を常に念頭に置きながらも、〈基金〉の方を訳語とする。

1――ドイツの戦後補償史

1 第一期：補償問題は州が先行

一九四五年五月八日と九日、ドイツ軍は西部戦線と東部戦線でそれぞれ無条件降伏文書に署名をした。六月五日、連合国の米、英、ソ、仏四か国は、全土にそれぞれの占領地区を設定し、ベルリンだけは共同管理区域に定めた。一九四七年一一月、米占領地域の諸州（バイエルン、ヴュルテンベルク―バーデン、ヘッセン、ブレーメン）で、ナチスの不法により生じた被害を補償するための法律が施行された。敗戦国が戦勝国に支払う国家賠償とは異なり、被害を受けた個人を対象とした国家による補償（「個人補償」）という視点に基づく。

一九四九年五月二三日、米英仏三国占領地域にドイツ連邦共和国（西独）が成立する。

西独の成立とともに政策は国の管轄に移行していくが、申請手続きから支払いまでを含む補償に関する政策は、各州の管轄に任されたままであった。各州の側は、連邦レベルの統一法の成立に期待を寄せなかった。その理由は、もし統一法が成立すれば、今以上の財政上の負担が州に押しつけられる事態が想定され、これを避けたかったからである。

他方、連邦政府の側も、英米仏それぞれの占領地域で施行された補償法、とりわけ先例となった米占領地域の補償法に倣い、単一の補償法を策定しようとはしなかった。アデナウアー政権の関心は、外国人の強制連行・強制労働者やユダヤ系ドイツ人、安楽死や強制断種にあった人々やその遺族、脱走兵たちの過酷な運命にはなく、まずはドイツ国内の身近な人々の現状に向けられた。一九四九年九月二一日、アデナウアーは政府声明を出し、非ナチ化に反対の姿勢を表明し、生活にとり重要な産業施設の解体に異議を唱え、ナチスとの関わりで排除された官吏と軍人の名誉回復を主張している。そして、戦傷者、傷痍軍人、遺族に対して、ドイツ国内のみに該当する援護法の制定を訴えている。ユダヤ人虐殺についてはほんのわずかに言及しただけであった。社会民主党のクルト・シューマッハーは、翌日議会にてアデナウアー声明を取りあげ、「ユダヤ人の恐るべき悲劇」が過小評価されている点を追求し、次のように発言した。

「世界の社会主義者たちだけでなく、ドイツのすべての愛国主義者たちの義務は、ドイツとヨーロッパのユダヤ人の運命を真正面に見据えることであり、必要な援助をさしのべることである。ヒトラーの野蛮は、六〇〇万のユダヤ人を根絶やしにすることでドイツ民族を凌辱した。我われは凌辱がもたらすものにいつまで耐えていればいいのか予想がつかない(1)」。

2　第二期：初期の国際条約と国内向けの単一補償法

(1) 加害への沈黙

先行していた各州の補償法から、全国単一の補償法の制定に向けた機運を創り出したのは、第一に国の内外のユダヤ人組織の運動と力であり、第二に社会民主党からの、第三にアメリカ側からの圧力である。一九五〇年一〇月一〇日、設立間もないドイツユダヤ人中央評議会は、犠牲者の存在が忘れられかけている現状を憂いて、次のような呼びかけを行った。「解放後五年、私たちはそのままに残された墓の傍らに立ち、記憶を呼びさましながら、人間の灰がまかれた見渡す限り果てしのない原野の前に立ちます。灰は、風に吹かれ、アウシュヴィッツやトレブリンカの大地の肥料となりました。今日、五年がたちました。私たちはこのドイツで、自己省察をし、謙虚に私たちの共同体の犠牲者のために、何はともあれ真っ先に罪を引き受けなければなりません。（しかし）犠牲者の認知は、以前にも増してなされなくなっています」[2]。また、米高等弁務官マクロイは補償するかしないかは、ドイツの新しい民主主義の試金石である、と述べている。一九五〇年夏、フランクフルトで開催されたユダヤ人世界大会で、連邦レベルの単一補償立法の必要性が主張され、これこそがドイツの国際社会への復帰の条件であるとの見解が多数を占めた。以降、西独の戦後補償は、第一に、この国際社会への復帰、すなわち、被害を受けた周辺諸国、とりわけまず西側諸国に対して、加害国家としてのドイツが反省し、謝罪することで、信頼を得る姿勢が基本となる。第二の根幹は、個人補償である。

一九五一年五月、建国後三年目のイスラエル共和国は、連合国に宛てて、外交文書を提出し、ここで包括的な補償額を一五億ドルと算定し、一〇億ドルを西ドイツに、五億ドルを東ドイツに要求する意志を初めて表明した。用途は生存者の心身のリハビリであり、ユダヤ人難民をイスラエルに統合するための諸費用であるという。一方、西独政府は、先のアデナウアー声明がシューマッハーを始めとして国の内外から批判を受けた点を考慮に入れて、一九四九年段階で、ユダヤ人犠牲者への補償を、公言した。しかし、アデナウアー政権の姿勢は別のところにこそ現れていた。すなわち、一九五一年九月二七日、アデナウアー首相は、連邦議会にてナチス時代について言及した。ここで彼は、国家社会主義時代のナチスによる「筆舌に尽くしがたい犯罪」[3]について語り、自己の生命を犠牲にし、「ドイツ人の名前で犯される凌辱を恥と感じ、ユダヤ人市民に援助をしていた」[4]少数の人々を取りあげた。しかし、本質的な問題は、語られなかった点にこそあった。それは、ドイツ人自身のナチスへの加担と共犯性である。命をかけて無名の隣人に援助の手を差し伸べていた人々を抑圧し、弾圧することに加担したのも、無名の、無数のドイツ人であった。政治の指導者は、一般の市民が、ユダヤ系ドイツ人や社会民主主義者、少数のキリスト者、また勇気を持って最も果敢にナチスに抵抗した共産主義者たちへ、加害者として振る舞った側面については沈黙を続けた。このことも一因となり、多くのドイツ人は、ホロコーストには加わらなかったと自分を肯定し、罪の意識を感じないまま戦後を過ごした。こうした姿勢の根幹が揺らぐのは、第一章で述べたように、テレビ史上「最も重要な日」[5]となった『ホロコースト』の放映後である。

ドイツ人市民の多数がナチス犯罪には加担しなかった、とする姿勢は、世論調査の結果にも反映している。一九四九年に実施されたアレンスバッハ世論調査研究所の調査によると、半数以上の市民が被害者への補償をこれ以上具体化しないように、と回答している[6]。ナチスにより略奪された財産の返還についても、明らかに不法に獲得されたユダヤ人商店の返還の是非を尋ねた設問に、返還要求は「正しい」と回答した市民は四〇パーセントのみで、半数以上は「否定」あるいは「わからない」と答えている[7]。

(2) アデナウアー、一歩踏み出す

〈1〉イスラエル議会での交渉可決

一九五一年一二月、アデナウアーは対独物的補償請求ユダヤ人会議の広報担当者ネイアム・ゴールドマンに会う。ここで物品の供与と、イスラエル側の要求額(一〇億ドル)の提供を約束する。ゴールドマンは、アデナウアーと初めて西ドイツの戦後補償について交渉した人として両国史にその名が刻まれている人物である。

ここで対独物的補償請求ユダヤ人会議について説明しておこう。創設者はゴールドマン自身であり、創設期は一九五〇年代の初めにさかのぼる。設立の趣旨は、ドイツに対して、イスラエル以外の全ユダヤ人の要求を代表することであった。現在は二二のユダヤ人組織が結集し、業務としては、被害を受け、補償金を申請するユダヤ人の受給資格者を審査したり、審査後の補償金受け取りの窓口役、その管理などを引き受けている。アデナウアーとの交渉に見られるように、時にイスラエル国家の代理として補償問題を担当することもあった。西ドイツとイスラエルの国交はずっと後の一九六五年にならないと樹立されない。ホロコーストの被害者が国の内外の至る所でそのままに放置されていた一九五〇年代の初期にあって、イスラエルが、議会や国民からの

事前の承諾もなく、加害国家・西ドイツと直接接触をすれば、「殺人国家とのいかなる対話にも反対[8]」という強硬な世論にたちふさがれる。対独物的補償請求ユダヤ人会議はこうしてイスラエル国家の〈代役〉を果たすことで、その後になって実現する両国家の直接交渉の先鞭をつけた。

イスラエル政府は、対独物的補償請求ユダヤ人会議の努力と一〇億ドルの受け取りにより、ついに西独政府との直接交渉の条件が整ったと判断した。一九五二年一月、イスラエル国会は西独との交渉を受け入れるか否かで大荒れとなった。議会の初日、国会の外では、受け入れに反対する激しいデモ隊が押し寄せ、議会内では投石、乱闘で数百人がケガをした。翌日以降、議場には警察の重包囲が続き、議会はついに「西独との交渉」をすれすれの多数で可決した。首相ベングリオンは、「交渉はドイツとの和解でもなければ、(ドイツの)犯罪を忘れ去ることでもない[9]」と述べ、可決に向けた世論作りに奔走した。対独物的補償請求ユダヤ人会議は、交渉への合意に賛意を表明した。

〈2〉ドイツ・イスラエル会合

西ドイツ・イスラエル間の公式の会合は、一九五二年三月二一日、オランダのハーグ近郊にて開催された。イスラエル側代表はフェリクス・シナール、ギオラ・ヨゼフタールであり、西ドイツ側代表は、フランツ・ベーム、オットー・キュスター。イスラエル側の要求は、第一に、現存する西ドイツの補償法の改善であり、ドイツ系ユダヤ人犠牲者の補償対象枠の拡大であった。第二に、約五〇万人のユダヤ人難民をイスラエルに移住させ、受け入れさせるための諸費用を包括的補償として獲得することであった。西ドイツ側代表団の方は、後者の額については会合の前から総額四五億マルクと想定し、うち三〇億マルクを引き受け、残りの一五億マルクを東独に割り振る予定であった。イスラエル側代表団はこれを歓迎した。

しかし、イスラエル国内には、依然として「血塗られた金銭[10]」の受け取りを拒絶する強固な大衆運動が存在し、一方、支払う方の西ドイツ国内にも、大蔵大臣フリッツ・シェファーらを中心に、支払いよりも第二次世界大戦以前から負っている外国債務を決算することが先決である、と主張する人々がいた。支払いに反対する西ドイツ側のもう一方の旗頭は、ほぼ同時期にロンドンで開催されていた債務会議の西ドイツ側代表団長で銀行家（ドイツ銀行）のヘルマン・ヨーゼフ・アブスであった。アデナウアーの信任の厚い彼の主唱により、「四五億マルク」案に代わって、非公式に毎年、一億マルクを物品でイスラエルに供与する、という案が示された。イスラエル側はこれを直ちに拒否し、西ドイツ側代表団は交渉決裂の責任をとり、辞職をした。手詰まり状態に陥ったアデナウアー政府は、当初の計画「三〇億マルク」案を手に再び交渉に臨み、合意の結果、ついにイスラエルと対独物的補償請求ユダヤ人会議への「補償」を定めた初の国際条約「ルクセンブルク協定」を成立させた。

〈3〉ルクセンブルク協定

①離散ユダヤ人のイスラエルへの統合

アデナウアー政権が、戦後補償問題に関して、最初の国際条約を締結した動機は、冷戦構造の中で西側諸国の一員として迎え入れられること、そして補償問題に取り組むことでナチス時代の〈負の遺産〉から解放され、名声を得ることであった。そうであればこそ先にふれたドイツ国内の反対やアラブ諸国の批判にもかかわらず、条約の締結に取り組んだわけである。

一九五二年九月一〇日、ルクセンブルク協定は、アデナウアー、イスラエルから外相モシェ・シャレット、対独物的補償請求ユダヤ人会議からゴールドマンが参加して調印された。テロを恐れたために外国の地が選ばれた。

この協定には、まずイスラエルとの協定が含まれ、西独はサービスと商品供与からなる総額三〇億マルクを、一九六五年までの間に一四年の分割で支払う義務が明記された。用途は、ホロコーストの生存者約五〇万人がイスラエル社会に統合されるためとされた。協定のもう一方は、ハーグ議定書と呼ばれる対独物的補償請求ユダヤ人会議との約束である。ここでは、第一に、ドイツの補償法の改正が定められ、第二にイスラエル以外に住むユダヤ人に四・五億マルクの包括的補償を規定した。

②ルクセンブルク協定の意味

ルクセンブルク協定の意味と影響について述べよう。初めに、この協定は国家と国家の間の賠償ではなく、その後のドイツの個人補償への道を開いた点で画期的であった。すなわち、この協定により、西独は、一九四八年に建国されたイスラエルに三〇億マルク分を提供することになったが、そもそもナチスの不正、ナチス犯罪が行われた時には、イスラエルは存在していなかった。したがってこの支払いは、広渡清吾氏によれば、「いわゆる『国家賠償』ではない。（略）この支払いは、ユダヤ人個人への補償をユダヤ人の集団＝『ユダヤ民族の国家』への補償によって補充するものとして位置づけられた」[11]。さらに、対独物的補償請求ユダヤ人会議への約束についても、仲正昌樹氏の指摘によれば、この団体は「そもそも国家ではないわけであるから、『ルクセンブルク補償協定』に基づく『償い』は、国家間の戦争から帰結する『国家間賠償』とは法的に性格が異なるものである」[12]。したがってこの「協定による『償い』は、個人に対する『補償』に通じるものであると言うことができよう」[13]。

従来の講和条約の締結による賠償支払いでは、敗戦国が戦勝国に支払う、というように〈勝ち負け〉と〈国家〉が欠かせない要件であった。ナチス国家は、連合諸国と戦争し、ユダヤ人を民族集団ととらえてその絶滅を狙ったが、「ユダヤ国家」と戦争したわけではない。国家と国家の戦争ならば、戦況のいきつくところ、勝つか負けるかが問われる。しかし、相手は欧州全域に住む〈国家を持たない民族〉である。問われるのは、国家でも、勝ち負けでもなく、何を行ったのか、どのような国内・国際法に違反したのか、すなわち戦争の質であり、形態であり、内実である。不正があれば、また、人道に反したり、戦争の法規慣例に違反すれば、違反した組織がその被害者に謝罪を込めて個人補償する。この協定は、西独の、その後の個人に対する補償問題で、枠組と方向性を決した点で特筆される条約となった。

次にこの協定のもう一つの意味は、国際社会から得る信望、名声である。これは分裂国家の一方である東独の補償問題への対応と比較すれば鮮明である。イスラエルは、これまで東独に対しては、連合国四か国を通して、また直接に、何度も賠償請求をしてきた。しかし、東独はいずれの場合も、一九四八年建国のイスラエルはドイツに賠償請求権は持たない、と拒否し続けた。こうして支払いの額よりも、個人補償を行う意志を示した点で西独にとっても得るところのある協定であった。他国と比べ、とりわけユダヤ人社会、ユダヤ人人口の多いアメリカの政界での名声は、西独をも利し、西側社会への復帰の自己アピールとなった。

しかし、この協定の補償の対象は、イスラエルとそのイスラエルに帰還が予定されるユダヤ人被害者だけである。ナチスが侵略した西側諸国、東側諸国の膨大な数のナチスの不正、不法による被害者への補償は除外されたままだ。後になり、この東西両陣営へ補償がなされていくが、まず初めになされた補償は西側社会への補償である。それは、一九五九年から一九六四年の間に、西側一一か国との「包括協定」で定められた。一方、東欧諸国の被害者への補償、とりわけその中心を占める強制連行、強制労働者への補償の支払いは、ずっと後に、補償基金（「記憶・責任・未来」基金）の設立を経て、二〇〇一年六月にならないと開始されない。終戦からなんと五六年後のことである。

（3）ロンドン債務協定

〈1〉「賠償問題の最終規定」

第二次世界大戦前からの負債と債務を負っている西ドイツは、債権国との間で一九五三年二月二七日、ロンドン債務協定に調印した。とりわけ米国から受けた援助については、七三億マルクを一二年間の分割で返却することになった。年間の国家予算が約二〇〇億マルクの時代である。もうひとつ、この協定には、本書の主要テーマに関してきわめて重大な規定が含まれていた。すなわち、強制連行―強制労働の問題は、「ナチスによる不正」とは見なさず、「戦争による処置」であり、国家賠償に属する問題であるとした点である。強制連行―強制労働をも含めて、「第二次大戦が原因で（略）ドイツと交戦状態にあった国々とこれらの国民によって提出される要求の検討は、賠償問題の最終規定まで延期される」（ロンドン債務協定第二編第五条）とされた。

この一九五三年段階になると、外国人の被害者からの補償請求が西独に寄せられ、とりわけ元強制労働者から不払い賃金の支払い要求が数多く出されてきた。これに対して、西独は二つの条約、「移行条約」と「パリ債務協定」を結び、こうした要求を拒否していく。両条約とも、賠償請求は認めるが、その行使は延期する、という内容で一致している。すなわち、「ドイツと交戦状態にあったか」あるいは「ドイツにより占領されていた国々ならびにこれらの諸国の国民の補償要求は、賠償請求として認められる」。しかし、それはドイツとの講和（平和）条約が成立するまで延期する、とされた。ロンドン債務協定は、この方式をそのまま是認し、条約に書き入れた。

一般に戦争に起因する国家賠償は、戦後になって、戦争当事国の間で講和条約が締結され、その条約の中で規定される。ロンドン債務協定に戻れば、強制連行―強制労働の問題が、もし「ナチスによる不正」の問題ならば、すでになされてきたように個人への補償問題として扱われるが、国家賠償に属する、と定められれば、次に問われるのは、「賠償問題の最終規定」、すなわち、講和条約の締結がいつなされるのかである。賠償支払いはさらにその後のことである。連合国側の諸国にとり、対独講和条約は、統一されたドイツとの締結を意味する。西独、東独に分裂したまま、東西冷戦のなかでようやくそれぞれが西側陣営、東側陣営の一員としての歩みを始めた一九五三年段階では、統一ドイツの成立は〈夢物語〉であった。この段階のみならず、その後も東西ドイツの統一は、永遠に訪れない、想像上の“never-never land”（おとぎの国）であった。こうして、西独の国家と企業などによる強制連行―強制労働の責任と補償は問われないまま、他方、かつて労働を〈強制〉させられた人々は、いつ生じるとも知れない「おとぎの国」の出現まで、解決も、今再び〈強制的〉に待たされることになった。

〈2〉アウシュヴィッツに融資したドイツ銀行

①ヘルマン・アブス

ここで、この強制労働の問題を、先行する二つの条約に合わせて国家賠償の問題に含めさせ、それにより、強制労働者たちの具体的な補償、苦悩、その後の生活苦などをロンドン債務会議の会議日程から外す画策を講じ、これに成功した人物について触れておきたい。

その人物とは、ロンドン債務協定締結のドイツ側代表であり、ドイツ最大の民間銀行のドイツ銀行頭取、ヘルマン・アブスである。一九九九年、日本の新聞各紙は、この銀行とナチス時代の関係を次のような見出しで報じた。「アウシュビッツ収容所、ドイツ銀の融資判明」(『日経』二月六日)、「アウシュビッツ収容所建設、ドイツ銀関与認める、内部調査、中間報告」(『朝日』二月九日)。『朝日』の記事によれば、「ドイツ銀行はこれまで、収容所建設への関与は不明とする一方、学者らに委託して内部に歴史研究所をつくり」、「調査を進めてきた。研究所の中間報告によると、アウシュビッツ収容所を建てた十社以上の建設会社や、犠牲者の遺体を焼いた焼却炉の設置業者に対し、当時の複数の同行支店が事情を知りつつ融資をしていた事実がわかった」(ボン八日＝桜井元特派員)。『日経』は「収容所が大量虐殺のための施設であることを『当時のドイツ銀は当然知っていた』と(歴史)研究所は断定」としている(フランクフルト五日＝鈴木康浩特派員)。

後に述べるように、企業自身に自らの企業史を書かせ、自らの歴史に向き合わせることで、企業自身に戦後反省を促す方法は、西ドイツの戦後補償を求める多くの市民や労働運動、政党や被害者たちが取り入れてきた手法である。より正確に言えば、企業は、ナチスとの関わりを示す証拠を突きつけられ、やむなく自らがいわば「自分史」を編纂せざるを得ない状況に追い込まれた。そこで、自社に所蔵する膨大な資料に対面した結果、右のような新聞記事で表される事実が判明したわけである。頭取ヘルマン・アブスは、戦後、米軍事政権の捜査に対して、「ナチ党とは正式に距離をおいていた」[14]と虚偽の答えをしている。

②ナチスとの蜜月関係

ヒトラーが首相に就任した一九三三年一月以降、各企業はユダヤ系ドイツ人の理事を解雇したり、事務手続き上、あたかも自主的に退職願いが出されたかのようにして退職を迫っていた。ドイツ銀行も、一九三三年五月、テーオドール・フランクとヤーコプ・ヴァッサーマンという理事二人の「退職『願い』」を受理した。代わりに経営陣はナチス系理事が占める。以降、ヒトラーや親衛隊最高指導者ヒムラーとの関係を強めていく。「ドイツ経済界アドルフ・ヒトラー基金」に毎年九〇万マルクを拠出し、「ハインリヒ・ヒムラー友の会」には七五〇〇万マルクを毎年寄付する。経営陣は、この「基金」や「友の会」を通じてナチス将校たちとの出会いを重ね、協力関係を強化していった。一九三八年、このときまでドイツ最大の民間銀行「メンデル商会」を併合する。アブスの証言とは全く逆に、「ナチ党とは正式に蜜月関係を維持していた」からこそ、併合も円滑に進み、さらにドイツがポーランドを侵略すると、直ちにビエリッツ、ポーゼン、クラカウ、ロズ、カトヴィッツなどに支店を開設することができたのだ。

③西側諸国も歓迎

ヘルマン・アブスを頭取とするドイツ銀行は、収容所が殺戮施設であることを知りながら、その建設に資金を貸し出した。戦後、アブスはこれを反省するどころか、政界に再度、影響力を行使し、今度はロンドン債務協定の交渉時に、アデナウアー側の代表者として登場した。自分の銀行が資金を貸し出すことで造られた複合収容所アウシュヴィッツの生存者たち、また元強制労働者や遺族が、①不払い賃金を請求し、②強制労働の結果、苦悩し被害を受けたことを認知し、③謝罪と補償をするように声をあげてきたことに対して、彼は、これらを国家間の賠償問題と見なし、その扱いをいつ成立するか予測不明の講和（平和）条約締結時まで凍結してしまった。元強制労働者たちが、企業に直接求めてきた「未払い賃金の請求」は、これで合法的に拒否されることになった。西独の連邦通常裁判所は、民事・刑事両事件に関する最高裁判所に該当するが、連邦通常裁判所もこれを強く支持した。ロンドン債務協定は、アブスの手腕により、確かにドイツ企業と国家を、被害者たちの払い戻し要求から守る役割を果たした。ただし、この協定を歓迎したのはドイツ国家、企業だけではなかった。

この協定は、締結をした西側二〇か国(後に、さらに一二か国が締結する)にとっても望ましいものであった。というのも締結時の一九五三年の頃は、西独の高度経済成長期の開始以前であり、戦後の混乱期をようやく抜け出したものの、経済発展の展望はまだ明確ではなかったからである。したがって、西側二〇か国の判断によれば、膨大な数・量の補償請求を実現し、西独にきわめて多額の補償をさせることになれば、西独経済に過度の負担となる可能性がある。支払い能力を超え、危機に陥れば、元も子もなくなる。そこで西側諸国の被害者たちの要求は、賠償請求として認められるが、それは今ではなく、凍結するという措置に同意したわけである。

西側諸国は歴史の教訓に学んだ。第一次世界大戦の敗戦国ドイツは、一九一九年ヴェルサイユ条約に調印した。よく知られているように、「この条約の条項は、最も現実的なドイツの政治家たちの予想をも超える過酷なものであった[15]」。すなわち、ドイツとオーストリアの合併禁止、また全海外植民地などの没収、陸海軍と軍艦の制限とならんで一九二一年には、賠償額は、天文学的な数字一三二〇億金マルクと決められた。ワイマール共和国の政治家たちが締結したこの条約への国民の不満を吸い上げ、この条約を破棄する主張を政策の一つに掲げて登場したのがナチ党であり、ヒトラーであったことは歴史の教えるところである。西側諸国にとっても、西独ボン政府や企業の賠償支払い能力を温存しておくことは賢明な策であった。ボンをワイマールにすることは得策ではなかったのである。

（4）連邦補償法

〈1〉ナチスの不法

こうして米占領地域の諸州に先行して施行された補償法を除けば、五〇年代に入り、西独はイスラエルと対独物的補償請求ユダヤ人会議の双方に補償し、他方で、強制連行―強制労働は「ナチスの不法」として補償されるのではなく、国家賠償の問題として凍結をした。いつ春が訪れ、〈解凍〉されるのか、すなわち、東西ドイツの統一がいつ到来するのか、誰も予想がつかないまま、とりわけ東側強制労働者は、二〇〇〇年の前後の段階で、毎年一万人が故人となっていた。

ここで西独では、強制労働が「ナチスの不法」には分類されない、とするならば、では「何がナチスの不法」なのか、そしてその補償をどうするのかが問われた。一九五六年六月二九日、連邦議会で「ナチスによる迫害の被害者に対する補償に関する連邦法」、略称「連邦補償法」が成立した。この「連邦補償法」は前文で、何が「ナチスの不法」なのか、そして、どんな歴史認識に基づいてこの法を議決したのかが謳われている。

「国家社会主義の暴力支配の下において国家社会主義に対する政治的反対を理由に又は人種、信仰若しくは世界観を理由に迫害された者が不当な扱いを受けた事実、信条から又は信仰若しくは良心のために国家社会主義の暴力支配に対して行われた抵抗がドイツ民族及び国家の福祉に貢献するものであった事実、並びに民主的、宗教的及び経済的団体も、国家社会主義の暴力的措置により違法に損害を被った事実を認識して、連邦議会は、連邦参議院の同意を得て次の法律を議決した」[16]（傍点――田村）。

この前文から、「ナチスの不法」とは、政治的立場、人種、信仰そして世界観を理由に「迫害」し、「不当な扱い」を行ったことと定義されている。続く第一条では、こうした「不法」の下で、どのような「迫害」と「不当な扱い」を受けた人がいるのかが述べられている。それは、「生命、身体、健康、自由、財物、財産上の利益、職業活動又は経済活動」[17]で「損害を被った者（被迫害者）」[18]である。ここには補償対象者を制限したり、除外しな扱いが列挙されている。にもかかわらず、この「連邦補償法」は、以下で補償対象者を制限したり、除外している。

〈2〉制限、除外された人々

まず補償対象者は、西ドイツに住所を持つ者に限定された。どの国籍を持っていようとも、今住んでいる国の法を適用する原理を属地主義というが、この属地主義により、若干の例外（例えば、ドイツに関係の深い地域の居住者）がありつつも、対象者は限定された。

次に、排除された人々にふれよう。まず第一に、属地主義から漏れた人々、すなわち、西独以外の西側居住者は、政治的理由であろうと宗教的理由であろうと、損害を被ったとしても、例えばフランスに居住していれば、補償の対象者から除外された。また、東側諸国の被害者も同様である。東欧に住む強制連行—強制労働者は、既にロンドン債務協定で「おとぎの国」の到来まで我慢せよと〈強制〉され、今また強制労働は「ナチスの不法」には該当しないという大枠をかぶせられ、属地主義で再び考慮外とされた。ただし、西側被害者には、この後、二国間協定の締結で補償がなされていく。

「連邦補償法」が排除した第二の人々は、共産主義者である。第六条では排除される対象者を、「一九四九年五月二四日以降に基本法にいう自由な民主主義の基本秩序を倒そうとした者」[19]と規定している。かつて「ナチスの不法」に対し、「政治的」信念に基づいて抵抗し、弾圧を受けた人でも、戦後、基本法（憲法）に定められた「自由と民主主義の基本秩序を倒そうとした者」、すなわち、共産主義者であったり、ドイツ共産党員である場合には、補償から排除された。こうした「共産主義者排除条項」[20]で、共産主義に関わりをもつ人々を除外することにより、戦前の彼ら、彼女たちの命をかけた抵抗、不服従に正当な評価を与えない事態と歴史観を助長した。このことは、ロンドン債務協定や属地主義でとりわけ東欧に住む強制労働者を排除したことと共に、ナチス政体のもつ暴力犯罪の総体と全体性、不正の複合性を解明する作業にマイナスの要素をもたらした。排除された第三の人々は、ユダヤ人と同様、民族として集団的に迫害されたロマ・スィンティの人々である。この人たちは、ナチス時代を通して、「ジプシー」として民族差別を受け、強制収容され、約五〇万人が殺害された。[21]

（5）二国間協定による西側諸国への補償

〈1〉連邦補償法の国外適用

イスラエルと対独物的補償請求ユダヤ人会議のみへの補償、東西の強制労働者への補償の凍結、主として西ドイツに居住する被害者のみへの補償――こうした西独の方針に対しては、これらに該当しない被害者や遺族を中心に抗議が続き、また西側の諸政府からも批判がでていた。ルクセンブルク協定の批准後、早くも一九五三年の終わり頃に、連合国三か国の高等弁務官の合議体である高等弁務官会議は、西側のナチス被迫害者が補償の有資格者に入れられていない点を問題にした。一例として、フランス人強制労働者、すなわちフランス人で強制収容所に収容された人々の補償がなされていない、と指摘した。また、西側八か国の政府も、西側被迫害者への補償の欠如を取りあげた。西独政府は、浴びせられる批判は和らげたい、しかし、イスラエルに準じる額の補償を西側にもすれば、東側諸国からの補償にも応じなければならない。政府は、これを一億マルクの支払いでかたづけようとした。これには西側諸国は反発をし、額の少なさを「貧者への施し」[22]とみなし、加えられた被害、犠牲、奪われた人間の尊厳に比べて、侮辱であると拒否した。交渉を何度も重ねた末に、合計一一か国との二国間交渉で総額約一〇億マルクの補償に応じることで合意に達した。

二国間協定による西側諸国への支払いは、一国ごとに一括して支給し、それをどのように被害者に配分するかは一括してその国の政府に任された。そのために「包括協定」と呼ばれる。二国間の「包括協定」の特徴を整理しよう。第一に、この支払いは、ロンドン債務協定で凍結された国家賠償ではなく、ナチスの不法に対する補償であり、「特別の不法への早急な補償の必要性を考慮して、連邦補償法の基準を国外の犠牲者にも援用するという趣旨」[23]で取り組まれた。第二に、補償対象者は、「すべての」ナチスの不法による被害者ではなく、対象資格者の枠が狭められ、「典型的な」ナチスの不法による被害者に限定された。西独側の財政事情と給付能力を勘案しての対象者の絞り込みであった。この結果、西側諸国に住む約二〇万人が該当者になった。第三に、この「包括協定」は東側諸国とは締結されなかったので、強制労働者を始めとする東側の被害者への補償は、全く展望がないままであった。第四に、この協定により、西側被害者たちが直接ドイツ企業に訴え、補償を求める運動は封じられた。新しい事実が解明され、新資料が発見され、被害の程度がより深刻であったり、新たな被害者が出てきても、企業は、既に一括補償はなされているとして、訴えを退けることができるようになった。

西独の補償法の基本となっていく連邦補償法が成立し、また対ルクセンブルクとの包括協定が締結される一九五九年から最後の対スウェーデンとの締結年（一九六四年）の頃には、当時の政治家の予測によれば、補償のための支出は、総額五〇〜一〇〇億マルクになると算出された。しかし、実際の支払額は、一九九〇年代の終わりまでで、総額一〇〇〇億マルクに達している。[24]極端な簡略化を敢えて行えば、二一世紀に入る前まで、西独は、日本円にして約七兆円を支払ったことになる。内訳は、個人に対してかどうかに着目すれば、八〇パーセントが連邦補償法による個人補償である。また、「民族」に注目すれば、ユダヤ人ホロコーストの生存者に、八〇パーセントが支出され、うち半分はイスラエル在住者である。

〈2〉西側諸国への補償の意味

第一次世界大戦は、それ以前の馬と大砲と歩兵による戦闘に代わり、陸、海、空すべてを戦場とし、大量の、無差別の殺戮を生み出し、史上最大の死傷者を生み出した。やがて戦略爆撃の思想に基づいて、一九三七年、ナチスによるゲルニカ空爆や、日本軍の無防備都市（上海、南京、重慶）への国際法違反の爆撃が行われ、多くの一般市民を死傷させ、家を焼いた。

戦争の後始末をつける際に、伝統的には、講和条約を締結し、戦勝国は敗戦国から労働や財貨、金銭で賠償を請求してきた。賠償を得ることが戦争目的の一つでもあった。しかし、無数の一般市民が被害を受ける大量殺戮の時代には、こうした国家間の賠償の他に、一般市民の生命、財産の被害、損害をいかに償うかが問われ始めた。

一九〇七年に署名されたハーグ条約（「陸戦の法規慣例に関する条約」）は、来るべき大量殺戮の時代を予見し、この条約の締約国が、「文明国の間に存立する慣習、人道の法則及公共良心の要求より生ずる国際法の原則[25]」に守られることを謳った。この条項は、第二次世界大戦後に定式化される「人道に対する罪」の原型をなした。次いで一九一九年に調印されたヴェルサイユ講和条約では、加害国家が、被害国民に初めてその損害を補償する仕組みを作った。日本も、戦勝国側の一員として「日本国及び被害者個人の損害を計算し、ドイツに対して請求した[26]」。ヴェルサイユ条約は、「個人補償のシステムを作り、実行した最初の国際条約[27]」となった。こうして国家が国家に支払う（戦後）賠償とは別に、加害国家（や企業）が被害者個人に対して償いをする（戦後）補償の考えが国際的な原則となった。

第二次世界大戦後、このような国際法上の枠組みの変化と共に、被害者個人への補償を促す契機となったのは、ナチス犯罪の重大性であった。ナチスの犯罪は、一九三九年の第二次世界大戦の開戦以前にさかのぼる。共産主義者や社会主義者を政治的信条の違いで、またユダヤ人やロマを宗教的、民族的違いで抑圧し、弾圧したのは、戦後のみならず戦前も含めたナチス時代全般であった。国家間で戦争が行われていない時の犯罪、すなわち戦前の犯罪には、当然ながら、国家間の賠償は該当しない。しかし、苦悩する被害者は確実に存在する。こうして、とりわけナチス犯罪の償いをどうするか、ここから被害者個人への補償の大切さが認識されるようになってきた。

ここで西側諸国への支払いの問題に立ち返ろう。西独は、ロンドン債務協定で強制労働者への補償は、国家間の賠償問題とすることに成功し、賠償支払いは講和条約の締結以降に引き延ばしたことは先にふれた。しかし、とりわけ西側諸国の被害者、犠牲者、遺族たちの補償請求は、ロンドン債務協定後も続き、裁判への訴えもやむことはなかった。こうして西独は、国家賠償を凍結し、先送りするというパラダイム（枠組み）を守りつつ、被害者たちの声に答えるために、西側一一か国に「個人補償」を行っていく。

3　第三期：東側諸国との補償問題に進展

冷戦構造が維持されるなかで、一九七〇年は、分裂国家両ドイツの間にそれまでとは異なる関係が生じた。六九年、西独に誕生したブラント連立政権は、次々と新しい東方政策を展開した。七〇年三月、東西両ドイツ首脳会談、続いて一二月、オーデル＝ナイセ線を国境と定めたポーランドとの国交正常化条約（ワルシャワ条約）が成立。和解と正常化がめざされた。七二年五月、西独連邦議会は、東方条約（対ソ連、ポーランド）を批准。一二月、東西ドイツは、相互に主権国家として承認しあう基本条約に調印。こうした歩み寄りに基づいて、七三年九月、両国は、国連に同時加盟する。ナチス時代の一九三八年、ミュンヒェン協定でチェコスロヴァキアのズデーテン地方はドイツに割譲されたが、一九七三年、西独はこの協定を無効とする条約を、チェコスロヴァキアとの間で締結。こうした一連の緊張緩和と関係改善を柱とするブラント外交を背景に、第三期は、東側諸国との補償問題に進展が見られた時期である。

包括協定は、既に述べたように、東側諸国を除外した。ナチス時代の犠牲者は東側にこそ多い。そこで、ロンドン債務協定の賠償の「延期」はそのまま遵守する一方、この枠外で「過去の不法を償う西ドイツ側の態度を示すために、（略）医学実験に名を借りたナチスの不法の被害者に対する補償」[28]という名目で、一九七二年までに、ユーゴ、ハンガリー、チェコ、ポーランドに補償金が支払われた。これらは歴史的に西側諸国と関係の深い国々である。

この後、西独は再度、ポーランドとの交渉を通して合意に達し、二つの方法での支払いに応じている。先の補償では、ポーランドには一億マルクが支払われた。しかし、ドイツ居住者を対象とした連邦補償法の基準に照らすと、補償対象は一〇〇〇万人、総額一八〇〇億マルクに算定された。一九七五年夏、シュミット連立政権（社民党―自民党）がポーランド政府と合意した二つの支払い方法とは、一つは、現行年金に上乗せする方法であり、一三億マルクが充てられた。もう一つは、一〇億マルクの借款の提供であり、低利子になっている。しかしこうした「経済協力」は、本来の補償とは言い難い。そこでこの額を外すと、西独は、先の一億マルクと合わせ、合計一四億マルクで、すなわち算定額一八〇〇億マルクの約〇・八パーセントで決着をつけようとした。シュミット政権は、これ以上の個人補償の権利は、ロンドン債務協定を根拠に拒否した。以降、続く保守政権もこの拒否姿勢を踏襲していく。

4　第四期：緑の党の努力と忘れられた犠牲者

(1)　補償は「誇り」

一九八〇年代半ばになると、補償という概念に変化が生じ、終戦以来四〇年間、闇の中に放置されてきた被害者や犠牲者そして強制労働―強制連行の問題に光が当てられるようになってきた。東方外交により、東側の被害者、犠牲者、遺族の声が西独に届くようになってきたこと、第一章で述べたように、一九七九年に放映された『ホロコースト』の衝撃が追い風になった。

始めに、八〇年代半ばに、数巻本の補償史が、連邦大蔵相の協力でヴァルター・シュヴァルツにより出版された。ここには、補償することがドイツ人にとり、マイナスではなく、むしろ「誇りにする」ことができるのである、という今までにはない視点が表されていた。[29]むしろ積極的に取り組むべきであるという。この本でこうした視点の変化をもたらした要因は、第一にナチス時代への反省と戦後補償に取り組む社会的な運動体や市民運動が各地につくられ始め、活発化し、同時に成立期にあった緑の党がこれらの人々や被害者団体と共同で積極的に活動を始めたことである。第二に、政府側も、今後予想される「忘れられた犠牲者」、すなわち、安楽死や強制断種の犠牲者、共産主義者、逃亡（脱走）兵や同性愛者、ロマ・スィンティへの補償、そして膨大な数にのぼると思われる東側強制労働者への補償を一切無視し続けるわけにはいかず、補償への心構えを世論に喚起せざるを得ない状況にあったと思われる。第五期に取りあげる強制労働補償基金は、基金の拠出を渋る企業に、この第四期で生まれた「ドイツが誇れるのだ」というメッセージを送り、そのことで企業イメージをよくする下地を企業自身に準備させる中で誕生した。

(2) 緑の党

「忘れられた犠牲者」や強制労働者への補償問題は緑の党が中心的な担い手になった。

ここで簡単に緑の党についてふれておこう。一九七五年、スイスとの国境近くの町ヴュールで原子力発電所建設予定地に、フランス、ドイツ、スイスから原発に反対する人々が集まり、予定地の占拠を続けた。この運動は、従来、個々別々に展開されていた市民運動を全国規模のエコロジー運動に結集させた。一九七六年一一月、ハンブルク近くのブロクドルフ原発反対運動は、世界の注目を浴び、翌一二月、行政裁判所は、「建設の一時停止」判決を下す。この月、緑の理念と運動に共鳴する人々は、ハーメルン、ヒルデスハイム両市に、

「緑のリスト・環境保護」という団体名で市議選に立候補する。七七年二月、シュレースヴィヒ・ホルシュタイン州の郡議会選挙で「緑のリスト」が初議席を獲得する。以降、議会外運動と議会活動を連携させながらこの人々は次々と地方議会に進出する。七八年二月、同じ州の郡議会選挙で、六・七パーセント、三議席を得る。六月、ハンブルク市（州と同格）、ニーダーザクセン州で州議会選挙に初参加。七九年一月、シュミット政権は、米英仏独四か国首脳会談で、NATOの米新型核ミサイルの配備を要請し、これを契機に、反核、平和、エコロジーの運動は全国規模に拡大する。この運動体には、ペートラ・ケリー、ローラント・フォークトら五〇〇人が集まり、三月一七日～一八日、「その他の政治結社―緑の人々」が結成される。この直後、米ペンシルベニア州スリーマイル島原発で、空前の事故が発生、三月三一日、西独最大の反原子力集会が開かれ、ゴアーレーベンとハノーファー間を一〇万人のデモ隊が行進する。六月、ブレーメン市議選（州と同格）で「ブレーメン・緑のリスト」が五・六パーセントを得、州レベルの選挙では初めて議員を州議会に送った。一一月、既成の政党とは異なった組織原理をめざして、「党」を名前につけず、「緑の人々」という名称で、全国組織の結成準備会を開催する。

一二月一二日、NATOの理事会は、西独に核ミサイルのパーシングⅡ、巡航ミサイルをそれぞれ一〇八基、九六基配置する計画を決議する。八〇年、「緑の人々」は全国政党の結成大会を開催。三月にザールブリュッケン市で開かれた連邦代表者会議で、綱領前文に、四原則を据えた。すなわち徹底した民主主義をめざす「底辺民主主義」、搾取と収奪の経済、自然の破壊をやめる「エコロジー」、人権を守り、社会的少数者への差別をなくしていく「社会性」そして「非暴力」が掲げられた。また、賃金を同一のまま、三五時間労働制で合意する。[30] 一〇月、「緑の人々」は連邦議会選挙に初参加、一・六パーセントの得票率。八一年三月、統一地方選挙で、核燃料再処理工場建設予定地のフォルクスマルゼン（ヘッセン州）にて、四一・六パーセントを記録する。八三年一月、連邦代表者会議を開き、経済政策で議論し、資本主義も現存する東欧社会主義も共に破綻している、との見解で合意し、自主管理型企業形態をめざす方向が多数を占めた。国政レベルで議席を獲得したのは八三年三月の連邦議会選挙であり、五・六パーセントの得票率で、二七名（一〇名が女性）を議会に送り込んだ。

日本では、「緑の党」の初期に関する記事で、しばしば「環境保護」政党という形容がつけられる。しかし、この環境が自然環境だけを意味するならば、誤りであろう。確かに、この党は、その源流の一つに、地球を自然破壊から守ろうとする人々がいた。原子力発電も、運動のごく初期には自然環境への負荷ととらえられることもあったが、まもなく市民自治、分権とは真っ向から対立する原子力帝国を作り上げるシステムである、と考えられた。

原発事故が起こるたびに、技術、構造上の問題点のみならず、常に人為ミスが指摘される。事故防止のために、人為ミスをなくせ、と。「原子炉のみならず、ウラン採鉱・精錬、核燃料の運搬、廃棄物処理・再処理工場でのプルトニウム回収作業……これらすべてから人為的要素を取り除こうとする。原発作業員、労働者への監視とコントロールは、ミスを犯さない人間づくりの必須要件になる。核ジャック等の外部からの侵入に備えなければならない。監視体制は外に向けても強化され、見えないカベがはりめぐらされる。原子力施設が単に警備の対象になるだけでなく、周辺地域が警備網に入り、周辺住民のデータ作りが進められる。『原発の壁』が幾重にも広がり、監視体制が構築される。これらは、国家、警察の力をますます巨大にし、原子力帝国を作り上げる[31]」。こうして、緑の党は、原発は自然環境の破壊のみならず、市民自治、分権を阻害するという観点からも、「即時停止」を訴えた。

クルマ社会の見直しと近距離交通網の拡大、男女同数化のあらゆる領域での徹底化、性差による役割分担の撤廃、老人、障害者、外国人、同性愛者への差別と抑圧のない社会の創設、西独と発展途上国のエリート同士の陰謀を隠蔽するだけの「援助」の中止。週三五時間労働と共に、何が（生産物）、いかに（方法）、どこで（場）、何のために（目的）生産され、誰がこれを決定するのか――集中を排除した自主管理と自己決定に基づく社会の創出。既成社会に対するユートピアにすら思えるこうした対案は、単なる自然の「環境保護」政党を意味しない。自然と労働の両環境、文明論に基づく社会政策が掲げられた。

国政レベルで議席を獲得する頃の新聞の見出しからこの党が日本でどのように受容されていたかを列挙して

みよう。「底辺民主主義を徹底」（『北陸中日新聞』八三年一月六日）、「環境保護と失業救済、独自の経済プログラム」（『毎日新聞』、同一九日）、「新鮮な感覚の『緑の党』、根底に全員参加の発想」（『読売新聞』同二月二六日）、「緑の挑戦、揺らぐ3党構図」（『毎日新聞』同三月三日）、「反核訴え、緑の旋風」（『朝日新聞』同八日）、「ミサイル配備で『阻止へ全力誓う緑の党』」（同九日）、「反核、若さ体当たり」（『読売新聞』同）、「西独緑の党連邦議員団、女性が全役員占める」（『朝日新聞』八四年四月五日）、「腐敗あばかれる西独政治、緑の党が次々摘発、不正献金、首相まで喚問」（『毎日新聞』同一〇月二八日）。

その後一九九〇年一〇月に、東独が西独に併合される形で東西ドイツが統一されると、〈もう一つの統一〉、すなわち、西独緑の党と東独の「同盟90」の統一がなされた[32]。「同盟90」は、旧東独の「臣民の蜂起」に始まる民主化運動を担った四組織から構成されていた。「新フォーラム」、「民主主義を今」、「平和と人権イニシャティヴ」、「独立女性同盟」である。〈もう一つの統一〉により誕生した政党が「同盟90／緑の党」である。八〇年代から九〇年代の戦後補償を、政党レベルで担うのは、この誕生間もない若い政党、緑の党であり、統一後は、東側の民主化運動を含めてさまざまな市民運動を内包した「同盟90／緑の党」（「90年連合／緑の党」という訳語もある）であった。

（3）「忘れられた犠牲者」

「忘れられた犠牲者」への補償を求めて、連邦議会では緑の党や社民党の発議で、公聴会が数回開催された。一九八六年、欧州議会では、緑の党の提案で、議会史上初めて強制労働者への補償問題が討議された。ロンドン債務協定で後回しにされ、その後全く「忘れられ」てしまった補償問題が、ドイツ一国のレベルを超えて欧州議会の議事日程に上ったことは大きな意味を持つ。議会は、ドイツ産業界に対して、強制労働者への補償基金の創設を要請する決議をあげた。この背景には、強制労働への見方の変化があった。従来、強制労働は戦時経済の中で労働力不足を補う、という言わばやむを得ない措置と見なされてきた。しかし、こうした「労働力不足」論に代わり、緑の党が訴えたのは、歴史認識に裏打ちされた「強制労働＝不正」論であった。また、数十年にわたり属地主義で補償対象者を限定し、ドイツに在住していても、「反社会的」と断定された人々、安楽死や強制断種の犠牲者、ホモセクシャルズ、ナチスと最も激しく戦いその犠牲も最も多かった共産主義者、逃亡（脱走）兵、国防軍の戦闘能力を妨害したとされる「防衛力毀損者」、ロマ・スィンティへの補償が、「忘れられ」ている現実の「不正」を再認識させた。

このような人々を救済するためには、連邦補償法で定められている補償対象者の枠を拡大しなければならない。こうして一九八八年、被害者の過酷な実情を考慮して「過酷緩和基金」が制定され、ホモセクシャルズ、安楽死の犠牲者、「反社会的」とされた人々に補償の対象が拡大した。一九三七年七月一四日の「遺伝的疾患児予防法」(33)に基づいて強制断種を実施された被害者に対しては、連邦議会は一九八八年六月に断種措置を弾劾し、「被害者に対する補償を拡充するための一つの大きなバネ」(34)となる決議を採択した。

(4) ノイエンガメ強制収容所

ドイツの北の港街ハンブルクを南下すると、郊外にベルゲンドルフという町がある。ここからバスに乗り、さらに三〇弱の停留所を過ぎると、煉瓦ではなく、茅葺きの農家が時おり見えてくる。道ばたの小川の水はほとんど流れていない。時が止まったようだ。このあたりになると商店などは一軒もなく、広がる緑地の向こうに地平線が限りなく続く。この果てしのない地平線の一角に突然ノイエンガメ強制収容所が姿を現す。草原が続く。逃げようと思った人々を絶望に追い込むには十分の立地条件だ。身を隠す木々も人家もない。市の中心には歩けば四、五時間はかかるであろう。

収容所は現在、保存され、公園となり、記念館が併設されている（【写真1】参照）。記念公園の入り口に全

〔写真１〕ノイエンガメ強制収容所跡

体の概要を示す説明文が書かれている。公園設立の趣旨には「議会と自由ハンザ都市ハンブルク市民は、ノイェンガメ強制収容所祈念の場（公園）をつくった。ナチ政体の犯罪を明らかにし、このような不正を二度と繰り返さないために」と記されている。ハンブルクは現在も欧州有数の港湾都市であり、ナチス時代にはとりわけ軍需物資の荷役作業の中心的な港であった。この荷役作業を担った人々こそ収容者たちであった。

ヒトラーは権力掌握後、直ちにホモセクシャルズの協会を禁止処分にし、一九三五年、この人たちを処罰する刑法第一七五条の強化に乗り出す。三五年一〇月、ホモセクシャルズと妊娠中絶を「撲滅する」中央本部が設立され、密告者によりささやかな疑いを抱かれただけで逮捕された。ノイエンガメ強制収容所には、公園風の敷地内にパネルが設置され、来訪者は散歩をしながらホモセクシャルズの強制労働を知ることができる。この展示によれば、一九三三年から四五年の間に五万人の男性が刑法一七五条で有罪判決を受け、うち一万人が強制収容所に入れられた。収容所では、最下層の序列に組み込まれ、とりわけ厳しい労働に従事させられた。荷役作業となら ぶ重労働は、ぬかるみにつかりながらシャベルを手にした煉瓦作りの仕事であったという。多くが戦後まで生き残れなかった。辛うじて生存できた人々も、この法律が一九六九年まで有効であったため、社会的差別の現実に直面し続けた。のみならず、補償からも締め出されたままであった。ノイエンガメ強制収容所には、すべての犠牲者を追悼するために大きな碑が建てられている。その碑には次のような文章が刻まれている。「あなた方の苦悩、あなた方の戦いそしてあなた方の死を決して忘れてはならない」。「忘れ」られた人々に想いがはせられ、「あなた方の苦悩、戦い、死」が社会的に認知されたのは、こうして戦後四十数年を経てからであった。

一九八八年の「過酷緩和基金」の対象から外された人々に、兵役拒否、脱走、防衛力毀損で有罪判決を受けた人々がいる。この人たちを名誉回復し、補償金を支払う法案(一律七五〇〇マルク、日本円で約五二・五万円)がドイツ連邦議会で可決されたのは、東西ドイツの統一後の一九九七年五月、戦後五二年を経てのことであった。そしてこの時、依然として救済をされずにこの後も放置されて続けてきたのは、なかでも強制連行―強制労働の被害者たちであった。第五期ではこの人たちを取りあげよう。

5 独自の裁判と非ナチ化

第五期に移る前に、西ドイツの司法が独自に裁いたナチス犯罪について触れておきたい。

ナチス時代の戦後処理にふれるとき、終戦から一〇年までの期間の特徴をキーワード風に四つ述べれば、①「ニュルンベルク裁判(国際軍事裁判と一二の継続裁判)、ドイツ国内の英仏ソの占領地域、ドイツの元占領地域での裁判」、②「ルクセンブルク協定から連邦補償法」、③ドイツの既存の刑法による裁判、④「非ナチ化」

が挙げられよう。①②については既にふれたので、以下に③④の問題を取りあげたい。

国際軍事裁判は米英仏ソの連合国が、また各占領地域ではそれぞれの占領軍がニュルンベルク継続裁判に代表される戦犯裁判を行ったが、西ドイツ自身が独自にナチスを追求し、処罰した措置に、既存の刑法による裁判と「非ナチ化法」の制定とがある。前者は「暴力的実質犯[35]」を、後者は「知能的形式犯[36]」を対象とした。日本の戦争犯罪と比較すると、極東軍事裁判（東京裁判）とアジア各地で行われた日本軍を裁く戦犯裁判が①に該当すると言えよう。しかし、②以降の補償法の制定も、独自の裁判も日本では行われなかった。最後のキーワードでは、大赦の問題を含めてなぜ有罪を宣告された人々がその罪を免責され、釈放されていくのかを明らかにしたい。

（1）西ドイツの既存の刑法による裁判

ニュルンベルク国際軍事裁判と、各占領地域での戦犯裁判については既に述べてきた。ここで西ドイツ自身が、ドイツ人および無国籍者のナチス犯罪を処罰した裁判について触れておきたい。これはもともと一九四五年八月三〇日の連合国共同管理委員会の指示に基づいて行われた。だが、西独の司法は、連合国の軍事裁判が適用した諸規定を受け入れることはしなかった。とりわけ「人道に対する罪」という国際法上の犯罪要件は認めず、既存の刑法で裁く方針を採った。

〈1〉ナチス犯罪解明センター

捜査機関は二本立てで、一つは各州の検事局が一般刑事事件と共にナチス犯罪をも担当し、戦後まもなく活動を開始した。他の一つは新設の「ナチス犯罪解明州検事局中央センター」である。後者は、各州の検事から成る合同の捜査追跡機関であり、一九五八年一〇月に設立され、一二月一日から活動を開始した。各州検事局は、毎年、その捜査、追跡、逮捕、起訴などの結果をナチス犯罪解明センターに報告し、これに基づいてセンターはドイツ全体の統計資料を作成する。一九九三年一月一日段階の統計(37)によると、死刑が一二人、終身刑が一六三人、有期刑が六一九九人、罰金刑が一一四人、少年法で訓戒が一名、合計六四八九人が有罪の判決を受けた。一〇万五〇五九人が捜査対象となったので、有罪率は、約六・二パーセントである。この時点で捜査続行中と裁判中の人数は、八一四五人となっている。

二本立ての機関によるナチス犯罪の捜査、告発には波があり、高揚と停滞を何度かくり返している。連合軍による裁判が行われていた戦後初期には、住民からの告発も多く、犯罪追求の活動は活発であった。五〇年代に入り、戦争犯罪者が次々に釈放され、この人たちが社会の要職に復権を遂げていく頃になると、活動は停滞期を迎える。この最大の要因は、東側諸国の史料を閲覧する道が閉ざされ、捜査資料が入手できなくなった点である。

というのも西独は、かつての侵略・占領地である東側諸国との外交関係を自らが断ち切ったからである。一九五五年九月、アデナウアー首相の外交政策顧問を務めていた外務次官ヴァルター・ハルシュタインは、その後約一五年間の対外政策の基本方針となる「ハルシュタイン・ドクトリン」を発表した。これは、西独が全ドイツ民族を代表する民主主義的な唯一の政体である、という前提に立ち、現在、東独を承認している国々と、また今後、承認を予定する国々とは外交関係を断絶するという内容であった。冷戦下でのこの措置は、西側諸国やアジア・アフリカ諸国が東独と外交関係を樹立する動きを阻止し、同時に、西独は、既に東独と外交関係を結んでいる東側諸国の歴史的資料を閲覧する機会を失った。しかし、他国への、言わば「鎖国」を強制する方針は、東独承認国の増加とブラント政権の東方外交の幕開けと共に一九六九年一〇月には終焉をとげる。一九五八年に「ナチス犯罪解明州検事局中央センター」が設立され、ナチス犯罪の追求が今まで以上に進展するが、その背景にある「ハルシュタイン・ドクトリン」は、この追求活動に暗い影を及ぼし続けた。

〈2〉 時効の廃止

一方、西独は、時効に関して、初めに起算点の繰り下げ、次に時効期間の延長を経て一九七九年には、時効そのものを廃止した。ナチスによる殺人は、既にふれたように主として共謀的、計画的である。突発的で無意識的な殺人（故殺）と区別して、謀殺と称されている。この謀殺の時効は二〇年である。したがって敗戦から二〇年後の一九六五年には、時効が完成する。膨大なナチス犯罪者はドイツ国内のみならず、諸外国で生き延びたままである。そこで西独は刑法の改正を行い、時効の起算年を西独の成立年である一九四九年の翌年にあたる一九五〇年一月一日に繰り下げた。しかし、一九七〇年には時効が完成する。そこで今度は時効期間を延長し、三〇年とすることでナチス犯罪を逃さない姿勢を内外に示した。こうしてやって来た一九七九年七月、ついに謀殺罪について時効そのものを廃止した。廃止の世論形成に大きく貢献したものの一つが、テレビ映画『ホロコースト』であった。ナチス犯罪は永久に追求され、処罰されることになった。(38)

〈3〉「司法は戦後補償を行う」

時効廃止をバックに、一九八六年秋、国連戦争犯罪委員会（ＵＮＷＣＣ）は、約三万名の容疑者が掲載された資料をナチス犯罪解明センターに引き渡した。センターは、この資料に基づいて一九八八年までに二万二〇〇〇件を捜査し、五五〇〇件の予備捜査手続きを続行中であった。一九九〇年代に入ると、既に戦後四五年が経過し、容疑者の発見そのものがむずかしくなり、たとえ容疑者が新たに見つかっても証拠がもはや十分ではなかったり、証人が記憶を呼び覚ませなかったり、死亡したりで、ナチス暴力犯罪の刑事訴追は困難を極めている。戦後四一年を経た一九八六年から一九九二年までで確定判決を受けた被告はわずか一〇人に過ぎない。

それでも加害者の犯罪を証明する活動は、資金とスタッフ不足に悩まされながらも続けられ、最近では、「ナチス犯罪解明州検事局中央センター」の努力により、二〇〇一年、ラーヴェンスブルク地裁は、八三歳の元親衛隊将校ユリウス・フィールに一二年の刑の判決を下した。彼は、一九四五年、テレジエンシュタット・ゲットーで、ユダヤ人収容者七名を射殺。戦後はシュトゥットガルト市で編集者として働き、一九八三年には大統領カルル・カルステンから連邦十字勲章を授与されている。逮捕のきっかけは、サイモン・ヴィーゼンタール・センターにカナダから届いた一通の葉書であった。それは、フィール将校の元部下が投函した「告発状」であった。葉書はナチス犯罪解明センターに転送され、センター所長のクルト・シュリムらの骨折りで追求が開始され、その努力は実を結んだ。戦後六〇年も経た現在、センター所長は、自分自身と同僚の仕事の意味、意義を問われ、次のように答えている。「犠牲者に、司法は戦後補償を行うのだ、と示すことにある」[39]。

（2）非ナチ化と大赦

〈1〉「民主主義を徹底させる教育」

次に非ナチ化問題を取り上げたい。時効を廃止してまでドイツ自身が裁いた既存の刑法による裁判とは異なり、この非ナチ化の方は、徹底しないで終わった。連合軍は戦後すぐに、戦犯裁判とは別に、できる限り迅速にナチス組織の解体と、国家、経済界、文化・教育界等からナチス党員やシンパなどを排除する方針を採った。これは、すでに一九四五年のヤルタ、ポツダム会談で決定されていたことであった。方法としては、一八歳以上の国民全員に対して、所属政党歴、活動歴、ナチ党支持歴などを自己申告させ、これを審査した。最も大規模に行われた地域は、一九四五年から開始された米占領地域であった。これによると、ナチスとの関わりを五段階に分類し、回答させている。すなわち、①主要犯罪者、②活動家、③軽度犯罪者、④ナチ党シンパ、⑤無罪（反ナチを含む）が五つの等級である。翌年一〇月から英仏占領地域にもこうしたアメリカモデルが適用されていく。各占領地域で「非ナチ化法」が制定され、具体的な審査はドイツ人からなる非ナチ化委員会が担当した。

処罰には、禁固や懲役などの自由剥奪、財産没収、職業禁止、公務員の身分や年金資格、選挙権を失わせる、そして罰金などの方法がとられた。しかし、実態はもともと自己申告を基本としていたため、虚偽の申告が絶えず、この試みは形骸化し、四九年頃からはその意味を失ってしまった。佐藤健生氏は、非ナチ化の意図として公職追放と再教育を挙げ、後者について、次のように発言している。「Reeducation という言葉がありますが、『再教育』ですね。ナチスの、ナチズムの再来を防ぐために行われた、民主主義を徹底させる教育です[40]」。ナチスとの関わりを国民に意識させ、「民主主義を徹底させる教育」の試みも、一九五五年には廃止された。

〈2〉恩赦、大赦

非ナチ化政策が実施後四年を経ずして成功に至らなくなったのは、虚偽申告だけに理由があるのではない。冷戦の開始の中で、非ナチ化政策を骨抜きにし、これを葬ったのは、第一に、右派勢力の活動であり、アデナウアー政権がこれを支えたからである。第二に、既にふれてきたように、西ドイツを西側陣営に組み込む側と組み込まれる側双方が、処罰よりも再建を望んだ。第三に、とりわけアメリカは、自身の占領経費を削減するために、西独の早期〈自立〉を望み、非ナチ化政策で処罰された人々の復権を期待したからである。

①連邦大赦法

一九四九年秋、連邦議会で右派政党が攻勢をかけ、既存の刑法に基づきドイツ自身が裁いている裁判の中止と、非ナチ化による処罰をやめるよう、とりわけ軽度犯罪者とシンパへの処罰の廃止を主張した。先に引用した用語に従えば、「暴力的実質犯」、そして「知能的形式犯」のなかでも「軽い」刑の免除を訴えた。一方、自由民主党（ＦＤＰ）、ドイツ党（ＤＰ）などはさらに主要犯罪者までを含めるよう主張。一九四九年一二月三一日、第一回目の連邦大赦法案が連邦議会で議決された。

政策上の理由から、また東西ドイツの統一など政治的、歴史的大事件を契機に、既に確定した刑を変えるとき（例えば、刑の変更、軽減、あるいは執行停止など）、一般に二つの方法がとられる。一つは、一人一人の犯罪を検討して、個別に判断を下す恩赦（ベグナーディグンク Begnadigung）であり、他は一般的な措置で行われる大赦（アムネスティー Amnestie）である。決議された連邦大赦法は、大赦に該当する人の条件を、一九四九年九月一五日前に犯された犯罪であること、最長六か月の判決を受けた場合とした。さらに、非ナチ化委員会や警察の追求を逃れている人々も大赦に該当させた。これにより、一方で戦争犯罪やナチス犯罪の被害者が放置されたまま、また、歴史の解明も被害者への補償もなされない段階で、加害者側の八〇万人が放免され、そのナチス時代の犯罪、戦後のヤミ経済での暗躍などが、まるで忘れられたかのように不問に付された。「アムネスティー（大赦）とアムネズィー（Amnesie 健忘症）が同時に生じた」[41]という批判がなされたのは当然であろう。

一九五一年一〇月、シュタットオルデンドルフ町で、町議会議員や町の名士たちを集めたイヴェントが開催された。ここで非ナチ化問題で過去を問われた八〇〇〇人分のデータが掲載された六〇〇件の資料が焼却処分された。町長を始めとして町会議員が全員、この現代版「焚書」に臨席していた。ヒトラーは権力掌握後、直ちに主としてマルクス主義関係の本やユダヤ系の作者の書物を白昼公然と焼却させ、古くは中国で秦の始皇帝が学者たちを生き埋めにしたことが伝えられている。権力者側が「危険」であると判断した人々の著作が炎に包まれ、学者自身が大地の中に思想ともども消し去られた。精神と肉体が抹殺された。現代版「焚書」バージョンでは、ナチ党員証や前歴が掲載された資料が灰と化した。この町は、英国占領地域にあったが、英占領軍高官は焼却処分を黙認し、町の名士たちはこれを占領からの解放行為であると称えた。前歴が問われ、非ナチ化の対象者こそこの名士たち自身であったはずだ。彼らは、「占領からの解放」ではなく、「ナチス犯罪からの解放」に安堵したのだ。この後、「過去を忘れ、未来志向を」という標語がしばしば口に出される。権力者側が「未来志向」と言うとき、自らの「現在」の失政や犯罪から人々の目をそらし、あたかも「未来」に夢や希望があるかのごとく幻想を振りまく。指さす怪しげな未来のその下に、その足下に、被害者はうめき、悲痛の叫び声をあげ、抑圧のトラウマに苦悩している。

②第二の大赦法

第二の大赦法は一九五四年に制定された。対象となる犯罪者の犯行時期は、一九四四年一〇月一日から一九四五年七月三一日までとし、最長三年までの刑を受けた人々の刑が免除となった。この恩恵を受けた人は、約二五万人であった。第一回の大赦法と同様、地下に潜行し、追求を逃れている人々も大赦の対象に含まれている。偽名を使い、架空の人になりすましていた人々約八万人も該当した。第一回の「最長六か月」から今回の「最長三年」に見られるように、対象者はより重い刑罰を受けた人々に拡大した。

③元ナチス官吏の原職復帰

ナチス時代の官吏、すなわち公務員や職業軍人などは、非ナチ化措置に該当した場合、その地位を追われた。しかし、五〇年代にはこの官吏たちは原職復帰を果たし、また年金の受給資格も回復していく。ここでは大赦措置と同様に、被害者が放置されたまま、加害者の原職復帰が実現していく問題にふれる。

(a)民主国家への再生

この問題の重要性は以下の二点にある。第一は、新しいドイツの復興、再建は官吏(公務員)の資質にかかっている点である。ドイツがナチス時代を反省し、どのような民主国家に再生できるか、その鍵を握る人々の中に官吏がいた。

一九世紀後半から一九九〇年までのドイツ史を巨視的に見れば、第二帝政→第一次世界大戦→ドイツ革命→ワイマール共和国→第三帝国(ナチス時代)→第二次世界大戦→占領期→ドイツ連邦共和国(西独)とドイツ民主共和国(東独)と続き、第三帝国は二つの共和国に挟まれている。ドイツ革命を経て成立したワイマール共和国は、主権の在民を憲法に取り入れた(「国家権力は国民に由来する」ワイマール憲法第一条第二項)。だが、ヒトラーは、一九三三年三月二四日、「民族と帝国の危急を排除するための法律」(通称「授権法」、「全権委任法」)を、「危急の排除」ではなく、「反対派議員の排除」のもとで可決成立させた。一か月前の三三年三月一三日、すでにドイツ共産党は存在そのものを禁止され、国会議員八一名は議席を剥奪された。社会民主党は議会への登院前に逮捕、拘束をされた議員が一五名にも達した。「授権法」により立法権が議会から行政府に移され、以降、ワイマール憲法に抵触する法律が次々と発布され、「主権在民」の理念は葬り去られた。占領期を経て一九四九年に制定されたドイツ連邦共和国基本法(憲法)は、第二〇条で「すべての国家権力は、国民に由来する」(第一項)とワイマールの理念を再び定めた。

連合国側は、「死に体」の主権在民を蘇生させ、これに生命の息吹を吹き込む役割を官吏に期待した。そのためにドイツ連邦共和国基本法(憲法)が成立する以前に官吏法を制定しようとした。連合諸国の中でも米占領軍は、名声あるユダヤ系ドイツ人の憲法・政治学者カルル・レーヴェンシュタインを、官吏の全面的改革をめざす作業の顧問に迎えた。こうして女性差別をなくしたり、官吏の募集、職業教育などで改革を行う点を骨子とする案の検討がなされた。主として社会民主党(SPD)や労組がこれを支持した。社会民主党のクルト・シューマッハーは、ドイツ官吏の反民主主義的精神を厳しく批判し、労組指導者のハンス・ベックラーは、官吏の特徴を「上に忠実、下を踏みつけて」として、それぞれ改革案に賛成した。

一九四八年、米英占領軍は、それぞれの占領地域の行政当局や、州議会の諸政党から構成される経済評議会に対して、民主主義的な官吏法を制定するよう促した。しかし、これらの組織は、元来がナチス時代の一九三七年の官吏法に郷愁を抱いていたために、占領軍からの働きかけをなんとか回避し、自らの利権を守ろうとした。

ナチス時代の官吏自身からの「逆襲」も展開された。非ナチ化措置等で排除された元官吏は、①再雇用と②再雇用された場合、その解職期間の俸給支払いを求めて利益団体を結成し、「官吏保護連盟」、「官吏中央保護連盟」などに結集した。また、この人たちは、ナチス時代の終焉と共に、ナチスが占領支配していた東側諸国から追われたドイツ人から成る「故郷追放者同盟」と共闘しながら、独自の政党をも創設した。

(b) 四三万人以上の現職復帰

民主国家への再生に関する第二の重要点は、制定された基本法（憲法）第一三一条にある。

第一三一条は、戦後、元プロイセンや元ドイツ帝国の官吏で解雇された人々、また、元職業軍人とその事務局で働いていた人々、さらには非ナチ化措置で職を失った官吏などの法律関係を「あらためて連邦の法律で規整する」と定めていた(42)。この条項の要請により、立法者は、これらの人々の原職復帰を可能とする法の制定に着手した。西独政府はこれに該当する人々の概数を調査し、一九五〇年、報告書を作成した。それによると、総数は四三万人と見積もられ、その内訳は、元職業軍人が一五万人、排除された官吏が約二〇万人で、この官吏をさらに分類すると、非ナチ化措置の該当者が五・五万人、元東側占領地から追放されたドイツ人官吏が七・六万人などとなっている。ただし、実数はこの数字よりも多いと思われる。というのもこの調査は、調査された人の自己申告に基づいていて、しかも調査基準も統一されたものではないからである(43)。

こうした調査と経過をたどり、一九五一年五月一一日、かつての官吏を復職させる「一三一条法」が発効した。この法により、復職への請求権が否定された人々は、元国家秘密警察（ゲシュタポ）のメンバーと、ナチス親衛隊のなかの武装親衛隊員であることが定められた。ただし、例外が設けられ、これらの両組織に「職務上、配転させられた者」には復職の可能性が与えられた。なるべく多くの人々を官吏に復帰させようというわけである。「一三一条法」は、五三年八月の改正を経て、元ナチス官吏の大部分を原職に復帰させ、解職中の俸給の支払いをも実現させた。

官吏の復職問題を終わるに当たり、後に有名になった「フランツ・シュレーゲルベルガーの場合」に一言触れておきたい。シュレーゲルベルガーは、ニュルンベルクの継続裁判で終身刑を言い渡された元法務次官である。しかし「健康上の理由」で釈放され、また非ナチ化措置では嫌疑をかけられず、戦前の罪は不問に付されたまま、一九五九年まで年金を受給していた。なぜ、一九五九年か。それはこの年、社会民主党が彼の年金請求権の取り消し要求を出し、これが認められたからである。シュレーゲルベルガーは、これで引き下がった訳ではなかった。彼は、以降、失われた年金の代わりに、金銭による補償を獲得した。

こうして非ナチ化措置そのものが途中で挫折したばかりでなく、非ナチ化措置の該当者、すなわち、「加害者側」にいた一〇〇万人以上もの人々が一律に大赦を受け、放免された。同様に「加害者側」に属していた元ナチス官吏が次々と復職し、補償金を得る者も出現した。この一方で、被害者側、とりわけ東側出身の強制労働者には全く補償はなく、放置されたままであった。後に再度ふれるが、このなによりもまず加害者側を優遇し、手厚く保護し、本来、被害者側に支払われるべき補償金が加害者側に支給されていた事実が明らかになった点も、強制労働補償基金「記憶・責任・未来」を設立させた一要因である。

6　第五期：「記憶・責任・未来」基金設立

一九九〇年一〇月、西独が東独を併合する形で両ドイツが統一された。誰もが実現を想定しなかった「おとぎの国」never-never land が出現した。政府や裁判所は、従来、強制労働は、「典型的なナチスの不法」には入らず、「戦争による処置」であり、言い換えれば戦争につきものの現象、常に戦争に付随する事象であると見なし、したがって国家賠償に属する問題である、それ故、強制労働者たちの要求の検討は「賠償問題の最終規定まで延期される」（ロンドン債務協定第二編第五条）との見解をとり続けてきた。しかし今や両ドイツが統一され、「賠償問題の最終規定」、すなわち、統一ドイツと連合国との講和条約の締結が日程に上り、統一ドイツは賠償の支払いに応じざるを得なくなってきた。本章では、この「延期され」続けてきた国家と企業などによる強制労働者への補償を視野に入れ、具体的には「記憶・責任・未来」基金の創設を扱う。

（1）ドイツ・ポーランド和解基金

東西ドイツの統一と東欧の民主化は、とりわけ東側の被害者の補償請求の声に追い風となった。両ドイツは統一の際に、旧ドイツの占領国米英仏ソの四か国と「2＋4条約」を締結し、これが講和条約に相当すると見なされた。（ボン地方裁判所により、後に「講和条約」に該当すると判断される）。この時点で、本来、凍結され、延期されてきた賠償支払いに向けて一歩を踏み出さなければならなかった。ポーランドからは当然のことながら、被害者やその家族から支払い請求が、連日、強く出された。しかし、統一ドイツ政府は、こうした請求に直接には応えず、低額の基金を創設することで、補償問題を終結させる態度をとった。ポーランド政府は、この当時、ソ連圏から脱出し、西側組織の北大西洋条約機構（NATO）や欧州共同体（EC）への加盟を望んでいた。ポーランド政府は、この両組織の中心国である統一ドイツの支持を期待せざるを得なかった。ドイツへの強硬な賠償の要求が、加盟交渉に悪影響を与えてはならなかった。結局、一九九一年、両国政府は、ドイツ政府が五億マルクを拠出する「ドイツ・ポーランド和解基金」の設立で合意した。目的は「ナチス・ドイツに迫害されたユダヤ系を含むポーランド人で強制収容所の収容者、戦争捕虜たちなどの生存者に、金銭的償いをする」[44]ことであった。ただし、実質的な基金の対象は、これまで放置されてきた強制労働者であった。「迫害を受けたポーランド人は三〇〇万人にのぼると推定されているが、（略）一九九八年までの申請者は約七二万人で、そのうち五二万人余が補償を受けた」[45]。このことは、強制労働への補償を放置したままでは許されない段階に来ていることを示していた。しかし、強制労働補償基金「記憶・責任・未来」が創設されるには、この後さらに一〇年もの年月が費やされる。

(2) 強制労働補償基金「記憶・責任・未来」に先立つ企業の補償史

ここで「記憶・責任・未来」基金が成立する以前になされた政府と企業のそれぞれの補償についてまとめておこう。

連邦補償法	Bundesentschädigungsgesetz	783億マルク
（うち，年金支払い	1953.10.1～1997.12.31	637億マルク）
連邦返済法	Bundesrückerstattungsgesetz	39億マルク
補償年金法	Entschädigungsrentengesetz	9億マルク
イスラエル条約	Israelvertrag	34億マルク
包括協定	Globalverträge	25億マルク
連邦諸州の支払い	Leistungen der Bundesländer	25億マルク
苛酷規定	Härteregelungen	17億マルク
その他		88億マルク
	計	1020億マルク（約 8 兆1600億円）

（出典：Die Zeit 1998.8.27）

〈1〉ドイツ政府による補償

一九九八年八月二七日までの補償支払い額は上の表のようになっている。

〈2〉企業による補償

少数ではあるが、企業が支払った歴史を、略年表スタイルで掲げてみよう。

①一九九〇年代半ばまで

［一九五一年］

IG―ファルベン社で強制労働をさせられた元収容者が、同社を提訴し、一九五七年、和解が成立。IG―ファルベン社は、対独物的補償請求ユダヤ人会議に、和解金を支払う。社は、強制労働者を「割り当てられた」と主張。

［一九五七～六六年］

五社（クルップ社、AEG社、ジーメンス社、ラインメタル社等）が、総額五一九六万マルクを支払う。

［一九八六年後半］

フリードリヒ・フリック死（一九七二年）、フリック・コンツェルン解体（一九八六年）を経て、中核を引き継いだ新会社フェルト・ミューレ・ノーベル社が対独物的補償請求ユダヤ人会議（ニューヨーク）に五〇〇万マルク（約四億円）を支払う。人道的理由で支払い、法的責任を認めず、「第三帝国の奴隷労働計画に参加した、との非難は根拠がない」と主張。

［一九八八年］

ダイムラー・ベンツ社、二〇〇〇万マルクをユダヤ人団体へ支払う。

［一九九一年］

フォルクスワーゲン社、対独物的補償請求ユダヤ人会議などに一二〇〇万マルクの補償金を支払うことを決定。「同社の工場敷地内に強制労働をさせられた収容所の人々のために記念碑を建てた[46]」。ここには「VW工場で軍需と犯罪的な制度である戦争のために、むごい苦しみを受けた幾千の強制労働者に思いを寄せるために[47]」と書かれている。

［一九九四年］

ハンブルク電機産業、ポーランドの元強制労働者に「かなり高額[48]」を支払う。

ドイツの企業の戦後責任を扱ったベンジャミン・B・フェレンツ著『奴隷以下』は、一九七九年にドイツで発行された。この著作には、右の略年表の年代に当てはめると、「一九八六年後半」以降は含まれていない。にもかかわらず、その叙述は、これ以降から現在までも見通しているかのようである。というのもフェレンツによると「戦後これまでみずから進んで生存者に補償をしようと申し出た企業はなかった[49]」からである。

では、右の略年表にある企業は、なぜ、支払いに応じたのか。その動機をフェレンツは次のように説明している。補償金を支払った数少ない企業の場合でも、その理由は「元奴隷を救うことにあったのではなく、むしろ自社の利益になると考えられる状況になって初めて支払いに応じたのである[50]」。「みずから進んで」戦後処理をしようとしたわけではなかった。「海外における企業イメージと販売計画[51]」こそが狙いであり、そのための支払いであった。

②フォルクスワーゲン社の場合

一九九八年九月一一日、フォルクスワーゲン（ＶＷ）社は、ヴォルフスブルク市の本社で声明を出し、「元強制労働者への人道的な給付のための基金」の設立を発表した。これもフェレンツの言う「企業イメージと販売計画」の一環に位置づけられる基金であろう。

ＶＷ社は、もともとナチス政権の国民車政策に基づいて一九三七年に設立された。本社や移転をした疎開先の工場で、一九四一年から四五年の間に、合計約一・七万人の外国人強制労働者を働かせ、このうち戦後生存できた人は、わずか二〇〇〇人に過ぎなかった。一〇人の労働者のうち九人弱が死亡する労働現場であった。第三帝国時代、ドイツの企業は、戦時（戦争）捕虜、強制収容所の収容者、そして侵略・占領地で捕まえた民間人（市民）に強制労働を課した。このうち、民間人が収容された「民間労働者収容所」の実態の一例は、三四〜三五ページの【図表1】に掲げておいた。ある企業はダハウ、ノイエンガメ等の強制収容所を、またある企業は既設の工場を「民間労働者収容所」として使っていることが分かる。ＶＷ社の場合、数多くの収容先の一つがノイエンガメ強制収容所である。

ここで基金設立の声明文を、少々長いが全文を引用してみよう。

「元強制労働者への人道的な給付のための基金

フォルクスワーゲン（ＶＷ）株式会社は一九九八年七月七日の声明で、第二次世界大戦中、当時のＶＷ社のために強いられて労働をした人々に人道援助をすることを公にしました。

連邦政府の補償給付はこれまで広範囲に続けられてきましたが、これによりナチ独裁の非人間的な強制措置そのものをなかったことにすることはできませんでした。ＶＷ株式会社は、法的に義務はありませんが、道義上、今後も引き続き人道的な寄与をするように要請されていると考えます。

こうした前提にたって、ＶＷ社は今日まで、元強制労働者の祖国での人道に基づくプロジェクトや歴史学上の、また社会・文教政策上の企画に対して二五〇〇万マルク以上の額の資金を提供してきました。これだけにとどまりません。ＶＷ社は、イスラエルや最近ではサラエボに平和を創造するための資金を投入してきましたが、これは、当社が現在、未来にわたり責任ある行為をとるよう義務づけられていることを、歴史の体験から導き出していることを示していました。

私たちは第二次世界大戦中、かつてのＶＷ社で労働を強いられた元強制労働者に援助をすることを通して、すでに進んできた道をさらに歩み続け、またすでに高齢に達している人々の生活設計の形成に寄与したいと思います。我が社は、以下のように決定しました。直ちに成果があがるよう私的基金を創設し、この基金は、出身（国）や国籍に関係なく、強制労働に従事した人々に迅速かつ直接に必ず支援をすることになります、と。

ＶＷ社は、今後個人への支払額を決定する役目を担うことになる管理機関の創設をめざして、著名な人々との議論を始めます。今年中に基金から該当者に最初の支払いができるよう聞き取りを始めます。基金には、私たちの知識状況に合わせて資金が十分に拠出されます。一〇〇〇〇万マルク（約一六億円――田村）の予算が計上されるでしょう。

官僚的にはならず、かつ迅速な資金の授与がなされるように、フォルクスワーゲン社は経済の調査を受け持つ会社ドイツ信託会社（ＫＰＭ）に事務的な仕事と支払い業務の遂行を依頼しました。この運営機関は、まもなく発表されるでしょう。元強制労働者は、ここに問い合わせれば、人道支援を申請することができ、審査を受けた後にできる限り早く給付を受けることができるでしょう」(52)（傍点――田村）。

この基金の特徴は、第一に、法的な義務はない、と宣言している点である。先に略年表でごく少数の企業による支払いの歴史を掲げたが、これらの企業を含め今日までドイツの企業の中で法的責任を認めた企業は一社たりとも存在しない。ＶＷ社は、既に触れたように、〈一〇人中九人も殺す〉職場環境で、国際法にも国内法にも違反していた。この法的責任を認めない姿勢は、後の「記憶・責任・未来」基金にも貫かれている。第二に、支払いの根拠は、道義的な問題であり、したがって「人道援助」であるという。ドイツ語で二八行からなるこの声明文の中に、人道的 humanitär という言葉と、援助、支援（Hilfe, Unterstützung）という言葉がそれぞれ四回も出てくる。一般に、自己の行為を顧みて、良心に基づいて反省する時、それは謝罪という。謝罪に基づいて金銭的補償がなされる。しかし、この声明文の基調は、謝罪ではなく、援助である。自分がかつて何をしたのか、という事実は指摘しても、その反省はなく、困っているから援助をするというわけだ。自らの善意の強調である。「記憶・責任・未来」基金は、こうした謝罪の視点が欠落している点もこの基金と共通している。特徴の第三は、「『直ちに』成果があがるように」基金を作り、また「強制労働に従事した人々に『迅速に』援助する、という文言に現れているように、「直ちに」「迅速に」しなければならないとしていることである。しかし、そうであるならば、では今まで五三年間、何をしていたのかが問われることになろう。

基金の設立を決定的に促した最大の要因は、後に見るように、フォルクスワーゲン社のみならず、ドイツ企業が裁判で訴えられ、市場喪失への恐れが続発した事態である。被害者団体や市民、学者の真相解明の努力により、史料が次々と発掘され、「強制労働はナチス政府の責任であり、我々は強いられたに過ぎない」などという責任の転嫁が通用しなくなったからなのだ。利潤のためには進んで殺戮もする、という企業体質が明らかになってきた。ＶＷ社も、アメリカで集団訴訟を起こされ、ホロコーストへの積極的加担という汚名から逃れられなくなった。その意味で、この基金の特徴の第四は、企業側からの巻き返し、すなわちフェレンツの言う「企業イメージと販売計画」の戦略の一環に位置づけられよう。第五に、単独の民間企業が、基金の設立による補償方式を初めて取り入れた点で、先の略年表に掲げた少数の企業の補償とは異なっている。ＶＷ社に続いて、一九九八年九月にズィーメンス社も、同じ二〇〇〇万マルクの補償基金の設立を公表した。

ここまでを振り返ると、法的責任、謝罪を共に欠落させ、狙いが販売戦略にあり、基金方式を取り入れたこと、これらは「記憶・責任・未来」基金にすべて受け継がれた。この意味で、一企業のＶＷ社やズィーメンス社の基金は、国と企業六三〇〇社（二〇〇一年段階で基金に参加した企業数）の共同拠出による「記憶・責任・未来」基金の先駆となった。

（3）真相の解明

一九九〇年代の初めから二一世紀に入った今日までの期間と、それ以前との違いの一つを挙げるとすれば、歴史の真相の解明、真実の発見の努力が今まで以上になされている点にあると思う。この世紀をまたいだ十数年間に、多くの真相が解明されてきた。解明されてきただけではない。その成果はその分野の指導者層に受け止められ、反省や謝罪の発言を引き出している。日本で報道された記事を参照しながら幾つかの例を挙げてみよう。

〈1〉オーストリア：侵略戦争への加担

一九三八年三月一三日にナチスドイツに併合されたオーストリアは、従来、祖国を奪われた犠牲者である、という歴史認識が国是となっていた。しかし、ワルトハイム元大統領のナチスの残虐行為への参加疑惑が表面化して以来、市民運動、学会、ナチス被害者たちによる真相の解明に向けた取り組みはその歩みを早めた。一九九五年四月、ついにクレスティル大統領は、戦後五〇周年記念式典で、侵略された被害の側面だけでなく、ナチスドイツと共に戦争に加担した責任を認め、「加害の側面」に言及した。同年六月、オーストリア議会は、ナチスの犠牲者に「戦後補償のため、五億シリング（約四五億円）の基金を創設する法案を可決した」[53]。さらに二〇〇〇年二月、シュッセル新首相は、議会にて、ナチス政権下で関与した強制労働者への補償問題に「最優先で」取り組む、という所信表明を行った。

〈2〉フランス：ヴィシー政権、パポン裁判、カトリック

フランスは、一九四〇年六月にナチスドイツに降伏、国土は、北半分が独伊の占領地区に、南半分が親独政権が支配するペタン政府（ヴィシー政権）に分断された。戦後のフランス政権は、ナチスの傀儡政権であるヴィシー政権の犯した犯罪を、基本的には継承する必要はない、との立場をとってきた。しかし、一方で、ヴィシー政権の要人のみならず、一般の国民の対独協力の事実が徐々に明らかになってきた。一九九五年七月、シラク大統領は、「ナチス・ドイツのおぞましい犯罪が、フランス人、フランス国家の手助けで実行されたのは事実だ。フランス国民は集団で間違いを犯した。この汚点は決して消えることはない[54]」と述べ、戦後初めて大統領として国家責任を認めた。

この親独ヴィシー政権下のジロンド県で一九四二年から二年間、官房長を務めたモーリス・パポンの裁判が、九七年一〇月八日からボルドー重罪院（懲役・禁固一〇年以上相当の刑事事件を担当する裁判所）で始まった。彼は、戦後パリ警視庁の警視総監を経て、予算大臣にまで上りつめた経歴を持つ。争点は、パリ警視総監時代に、アルジェリア人の独立運動を弾圧し、二〇〇人の犠牲者を出したこと、またヴィシー政権下で、「ドイツ側は要求していなかったのに、子どもまで連行するよう命じ[55]」、約一七〇〇人のユダヤ人（うち、二〇〇人以上の子どもを含む）を強制収容所に移送する指示を出した点等であった。中日新聞社系列の臼田特派員はこの子どもの強制連行について、「主人の希望を先取りさせ、要求された以上のことを実行させる。それがナチの占領政策だった[56]」と識者の見解を紹介している。独裁体制とは、一般にこうした「主人の希望を先取り」し、主人以上の残虐さで主人に取り入り、忠誠を尽くそうとする無数の取り巻きにより支えられている。国家しかり、企業しかりである。そして後にその責任が問われると、一様に①「だまされた」、または②「知らなかった」、あるいは③「命じられたことをただ実行しただけ」「職務だった」と自分の個人責任を回避しようとする。

日本でも戦後、アジア太平洋戦争への加担、協力の責任が問われた。多くの人々が①から③の言動を繰り返し、戦争の責任を認めようとはしなかった。敗戦の翌年、伊丹万作は「戦争責任者の問題」と題して、「さて、

多くの人が、今度の戦争でだまされていたという。みながみな口を揃えてだまされていたという。私の知っている範囲ではおれがだましたのだといった人間はまだ一人もいない[57]」と「だまされた者の責任を」問題にした。「だますものだけでは戦争は起こら[58]」ず、「あんなに雑作もなくだまされるほど批判力を失い、信念を失い、家畜的な盲従に自己の一切をゆだねた[59]」姿勢を批判した。

県官房長パポンは、強制収容所の存在そのものを「知らな」かったし、ユダヤ人の強制収容所送りも「知らな」かった、と主張した。典型的な②「知らなかった」論である。しかし、一証言者によりこの主張はくつがえされる。幼少だった証言者は、アウシュヴィッツ行きの母親と姉から引き離され、後に修道院に入れられたため生き残った。彼女を母親の腕から取りあげるよう命じたのはパポンであることが判明した。この点を公判で尋ねられたパポンは「もぎ取った」事実を認め、「収容所送りから救うためだった[60]」と、善意を強調した。だが、同時に「知っていた」ことを吐露してしまった。前述の臼田特派員は次のように書いている。「フランスでも半世紀たって、ようやく大戦中の対独協力やユダヤ人迫害の問題が本格的に論じられるようになった[61]」。

ドイツのカトリック教会がナチス・ドイツに協力したように、フランスのカトリック教会も「宗教教育の復活、家庭の価値を説いたヴィシー政権を歓迎したとされる[62]」。ユダヤ人をアウシュヴィッツ等の強制収容所に送るためにドランシーには一時収容所が存在した。パリ北部に位置するこの歴史的な町で、一九九七年九月、ユダヤ人犠牲者追悼集会が開催された。言わば「死の前の一時休憩所」ドランシーで、仏カトリック教会は、連行される人々を目の当たりにしていたことを恥じて、「『沈黙は過ちであった』との『悔悟の声明』を発表した[63]」。かつて宗教者個人の悔悟や謝罪は行われたが、教会単位で、また組織としてはなされてこなかった。宗教者ならば、一般の人々よりも透徹した目と真実を見抜く力が要請される。一般人と同じではあり得ないであろう。教会は、伊丹万作の言葉を借りれば、「信念を失い、家畜的な盲従に自己の一切をゆだね」ていた姿勢を自己批判した。橋本特派員(『毎日新聞』)は、先のシラク発言やパポン裁判をも含めて、次のように報告している。「過去の過ちを直視し、遅い戦後を迎えようとする空気が、フランスで息づきはじめたことの反映だ[64]」。

さらに、第二次世界大戦中にヴィシー政権がユダヤ人から接収した資産が、現在の価値で総計八八億フランにのぼることが二〇〇〇年四月に明らかになった。これは「シラク大統領のもとで進む歴史の見直し政策の一環として、弁護士や歴史家などで構成する特別委員会が三年がかりで調査した[65]」結果である。これに対して、フランスユダヤ人代表者会議のアンリ・アジュデンベルグ議長がコメントを次のように寄せている。「仏政府による略奪と返還について初めての総括がなされたという意味で、画期的な報告書だ[66]」。

〈3〉スイス：半世紀後の逆転無罪

反ユダヤ主義は、併合地域のオーストリアでも残忍さを増す。ユダヤ人市民は、亡命を余儀なくされる。しかし、近隣のチェコ、ハンガリー、スイス、イタリアはすべて国境を閉ざした。こうした中にあってスイス政府の追放政策に抗して、第二次世界大戦の直前に「書類を細工するなどしてユダヤ人を入国させ、約三〇〇〇人の命を救った[67]」人がいた。彼は職を追われ、一九三九年、有罪判決を受けた。スイスのザンクトガレン州裁判所は、この「命のビザ」を発行した元州警察局長、パウル・グリューニンガーの再審を行い、一九九五年一一月三〇日、半世紀以上を経て、逆転無罪を言い渡した。本人の死後、二三年を経ていた。スイス政府は、裁判に先立つ九四年六月、当時の政策の誤りを公に認め、既に彼の名誉回復を果たしていた。九五年五月、フィリガー大統領は、国境を閉ざした当時の政策について、謝罪表明を行った。さらに、同じ月の対独戦勝記念日を前に、「コッティ外相は『スイスは筆舌に尽くしがたい野蛮な行為にかかわった』と初めて認めた[68]」。

〈4〉スウェーデン：「中立政策」の見直し

スウェーデンでは、二〇〇〇年一月、ペーション首相が議会にあてて声明を発し、この国が第二次世界大戦中にドイツに協力していたことを公に認めた。スウェーデンが一九世紀初め以来堅持してきた「一貫した中立政策」という国是に見直しが迫られていた中での声明であった。真相の解明は、スウェーデン現代史の書き換えにつながる。

〈5〉日本：「従軍（軍隊）慰安婦」

一九九三年八月四日、宮沢内閣は「従軍慰安婦」問題に関して、旧日本軍の関与と募集、移送、管理において強制を認めた「慰安婦関係調査報告書」（以下「報告書」とする）と河野「官房長官談話」（以下で「談話」）を発表した。「報告書」は、『読売新聞』の要旨[69]によれば、①慰安所の経営・管理については、旧日本軍が「直接経営したケースもあり」、民間業者が経営していた場合でも「旧日本軍がその開設に許可を与えたり、施設を整備した」。また旧日本軍は、利用時間、料金、注意事項を定めた規定を作成し、「慰安所の設置や管理に直接関与した」。「慰安婦たちは戦地においては常時、軍の管理下で軍とともに行動させられており、自由もない、痛ましい生活を強いられた」。また②募集に関しては、「業者らが甘言を弄し、畏怖させる等の形で本人たちの意向に反して集めるケースが多く、官憲等が直接加担する等のケースもみられた」。③移送については、「旧日本軍は特別に軍属に準じた扱いにし」た。②の「意向に反し」た募集、すなわち強制募集の実態は、「談話」でも次のように述べられている。「甘言、強圧による等、本人たちの意思に反して集められた事例が数多くあり、更に、官憲等が直接これに加担したこともあった」。「軍の関与の下に多数の女性の名誉と尊厳を深く傷つけた」と説明し、「総じて本人たちの意思に反し」た事実、すなわち強制連行の事実を初めて公式に認めた。

しかし、「従軍慰安婦」の全体像が示されていないこと、僅か二日間の調査予定であったこと（延長されたが、それでも五日間）、責任の所在は明確にせず、最も肝心な補償問題については「検討」課題としたこと、補償をしない場合の「救済措置」の展望を示さなかったこと、朝鮮民主主義人民共和国で同じ境遇に苦しむ女性たちへの関心がない、等、問題点は多い。この「報告書」、「談話」は本質的な問題を欠落させているが、それでも政府に調査させ、強制連行を公式に認めさせた力の多くは、真相の解明を求める日本内外での抗議行動、名乗り出た「従軍慰安婦」たちの人間の尊厳を求める闘い、裁判での訴え、弁護士たちの努力、支援する人々の運動である。元来、日本政府は、一年前の七月六日に最初の調査結果を公表し、「強制連行」は否定しつつも、「政府と軍の関与」を認めた。この時点で、歴史の解明よりも「早速、金銭補償に問題を移そうとし[70]」たが、韓国側の抗議で、再調査をせざるを得なくなった。その時の抗議を榊記者（『毎日新聞』）は以下のように記している。「求めるのはカネではなく、歴史の真実の究明だ[71]」。その他、ユーゴ、ルワンダでの人道に対する罪などをめぐる国際法廷の開催、韓国政府が、日本の植民地時代の徴用者の被害実態調査を始め、「強制動員被害真相糾明委員会」の設立（二〇〇四年一一月）等、一九九〇年代以降の真相の解明を求める世界の動きは枚挙にいとまがない。

(4) 基金成立の要因

強制労働の個人補償をめざす「記憶・責任・未来」基金は、政府と企業の共同出資により成立した。その背景には、半世紀を経た一九九〇年代以降の真相の解明に向けて努力する世界各地の運動、思想があった。また、この基金は、少数ながら強制労働の補償基金の設立に踏み切った企業の先例に倣う形で成立した。ドイツ政府による被害者団体との交渉の開始から一二の大企業による財団設立の合意（九九年二月一七日）を経て、ドイツの上院での基金法案の可決（二〇〇〇年七月一四日）、そして最初の支払いの開始（二〇〇一年六月一五日）まで約三年を要した。

真相の解明を求め、その成果がその分野の指導部の発言に反映する世界的な傾向を背景に、ここでこの基金の成立を促した要因について八点にわたり触れておきたい。

〈1〉企業史の執筆

ドイツの大企業も、自社の歴史の節目を記念して企業史や記念刊行物を出版してきた。一九九〇年代以前の各社の記念誌には、ナチス体制への加担や強制労働などの叙述は全くない。企業は、研究者たちにも資料室への立ち入りを拒んできた。だが、真相解明に向けた人々の努力と運動は「開かずの扉」を徐々に開かせ、企業自身をその扉の中の史料に対面させてきた。企業は、自社の過去に広がる膨大な犯罪と被害者の呻き、苦悩、死の叫びから逃れられなくなってきた。

ここでは典型例としてダイムラー・ベンツ社とズィーメンス社を取りあげたい。この二社は、「記憶・責任・未来」基金の創設を提唱した一二社に含まれる。ダイムラー・ベンツ社は、一九八三年、やがて訪れる創立一〇〇周年記念事業の一環に、社史の執筆をケルンの企業史協会に依頼した。完成した刊行物は、自画自賛の書であり、とりわけ一九三三年から四五年の項では強制労働や虐待に関する記述はないに等しい扱いであった。強制労働の生存者やその支援者たちは、この企業への批判を繰り返した。ダイムラー・ベンツ社は、ドイツ産業・銀行史の専門家のカルル・ハインツ・ロートに企業史の執筆を委託せざるをえなくなった。一九八七年、彼は、ハンブルクの二〇世紀社会史財団の協力を得て、研究成果を発表した。こうして、この企業とナチスとの関係が明るみにで、今までの〈清潔な過去〉は疑問視されるようになった。だが重大なハンディがこの研究者たちには存在した。それは、この企業自身の持つ史料の閲覧が許されなかったことである。再び批判と抗議に直面した社は、「開かずの扉」を開かざるを得なくなってきた。開かずの資料室の開示と共に、再度、社史の執筆をロートに依頼した。こうして一九九四年、『ダイムラー・ベンツにおける強制労働』が書き上げられた。自身も史料の閲覧を何度も拒絶されてきた歴史家ウルリヒ・ヘルベルトは、この研究成果について次のように述べている。「ドイツ企業における強制労働の投入が極めて広範囲に、精確に叙述されている。今だかつてこのように書かれたことはなかった[72]」。

「開かずの扉」が開かれたからといって、企業史を自由に書けるわけではなかった例をズィーメンス社のケースは示している。一九九〇年、カローラ・ザクセは『ズィーメンス、ナチスと近代家族』を著した。確かに社の史料は閲覧できた。しかし、彼女を待ち受けていたのは、社の検閲であった。原稿は事前に見せ、承認を得なければなかった。著作の「前書き」で彼女は次のように述べている。「私は、数か所で、許可されない文章を削除する方を選んだ。私の考えとは相容れない文章に書きかえるよりは(73)」。

批判にさらされたズィーメンス社は、その後、経済史家でズィーメンス資料館長のヴィルフレート・フェルデンキルヒェンに、再度、社史の叙述を依頼した。ナチス時代の社史から汚点をすべて拭い去ったり、人を「奴隷以下」に扱った歴史を欠落させた記述は、歴史家や市民、被害者の鋭い目にさらされた。真相の解明を求めて、何度でも書き換えを迫る運動が広がった。こうして、一九九六年、一〇〇〇頁を超える大部のハンス・モムゼンとマンフレート・グリーガー著『第三帝国におけるフォルクスワーゲン社とその労働者(74)』が出版された。その後もこうした傾向は続き、ノーマン・G・フィンケルステインの『ホロコースト産業(75)』が、英語版原本で二〇〇〇年に、またドイツ語翻訳版が翌二〇〇一年に著された。ズィーメンスと共に一二社を構成するドイツ銀行についてもハロルド・ジェイムズ著『第三帝国におけるドイツ銀行(76)』が二〇〇三年に出版されている。九〇年代中頃から顕著になってきた社史の出版により、企業は戦後五〇年を経てやっと自社がナチスと共犯にあった事実に対面せざるをえなくなり、その沈黙と美化が批判されればされるほど、戦後反省の証として基金の創設が促された。

〈2〉別人の人生

一九九五年四月、オランダのテレビチームは、戦後五〇周年を記念して衝撃的な事実を放映した。リベラル派で著名な、ドイツのアーヘン大学学長、ハンス・シュヴェーアテの本名は、元ナチス親衛隊幹部のハンス・エルンスト・シュナイダーである、と。「ある大学学長の欺瞞の人生」という副題がついたクラウス・レゲヴィー著『ナチスからの回心(77)』によれば、シュナイダーは一九一〇年、ケーニヒスベルクに生まれ、ハインリヒ・ヒムラーの「私設幕僚本部」の親衛隊大尉を経て、占領後のオランダで「ゲルマン科学大作戦」に従事。戦後は、「ベルリン親衛隊幹部・シュナイダー」を封印し、エアランゲン大学の私講師、ドイツ文学者「ハンス・シュヴェーアテ」として生き抜いてきた。一九七〇年代には、ドイツと「オランダとの和解の立役者[78]」を演じた。シュヴェーアテが他のナチス犯罪者と違うところは、親衛隊員であったことと、殺害や人体実験には関わったことはないが、犯した犯罪に共同責任があることを進んで告白し、証言した点であるという[79]。ドイツ社会は、過去をすっぽり覆い隠し、戦後五〇年を〈別の人間〉として生きてきた男を通して、社会の表面を覆っている皮を一枚めくれば、ナチス時代がたちどころに姿を現す現実を知った。こうして統一ドイツの「最初の大スキャンダル[80]」は、五〇年前の過去に目を見開かせ、現在の被害者や遺族たちの苦悩に向き合う時代思潮を創る一端を担った。

〈3〉スイスの戦争責任

一九九七年一月、C・メイリというスイスのUBS銀行の警備員のとった行動により、スイスの戦争責任が広く世間の注目を集めるようになった。この銀行は、第三帝国時代の銀行業界とナチスとの密接な関係を示す書類を処分した。経理文書の廃棄は「スイス法上違法とされている[81]」。メイリは、そのうちの一部を保管し、アメリカに持ち出した。アメリカでは、銀行に対して取引の禁止を迫る「制裁を予告する[82]」自治体が現れてきた。また、こうした制裁が実行されれば、「格付け機関のムーディーズが（略）UBS銀行がAAAの格付けを失うとまで言明[83]」した。そうなれば、取引の減少という直接の経済的損失のみならず、企業イメージの失墜につながる。銀行はその犯罪と責任からもはや逃れることができなくなった。

ドイツのユダヤ系市民のなかには、ヒトラーが政権を掌握する以前から、将来への不安に備えて各種保険と銀行への預金に依存する人々が増加していた[84]。スイスの銀行法は、預金者の身元を明かさないので、とりわけ一九三〇年代には、この国の銀行に口座を持つユダヤ系市民の数が増えた。しかし、後にナチスはユダヤ人が銀行口座を持つことを禁止した。さらには、戦後、殺戮された口座の持ち主に代わって遺族が口座からの引き出しを求めたが、スイスの銀行は「死亡証明書」を出さなければ、預金は引き出せない、という姿勢をとり続けた。ナチスが収容所の収容者に「死亡証明書」など発行していないことは誰もが知っている事実であった。収容される直前に、あるいは殺される寸前に、自分は死んでも、娘が、息子がせめて生き残った時に引き出せるよう、口頭であるいはメモ書きで口座番号を伝えた人々もいた。戦後、父母や親類の形見の口座番号を銀行に告げても、「死亡証明書」をだせ、といわれる。銀行は、口座番号を手がかりに調べればいいだけの話だ。そのためにも手数料をとっているのではないか。こうして相続人が預金を引き出せないままの口座、「休眠口座」が各銀行に生じた。預金が自ら積極的に眠っているわけではない。預金を取り戻させないよう、銀行経営者が「死亡証明書」を口実に、歴史をストップさせ、膨大な被害者の苦悩に背を向け続けたまま、居眠りを決め込んでいるに過ぎない。返還を請求する遺族や相続人がいなくなれば、銀行のものになり、口座は「休眠」から「死亡」になり、儲かるのは生き残っている銀行だけとなる。「休眠」とは、惰眠をむさぼることで、預金を隠匿し、略奪することである。より正しくは「隠匿口座」というべきであろう。

スイスの銀行が問われたのは、「休眠口座」問題だけではない。略奪金塊も問われた責任の一つである。この略奪金塊の出所は二つある。その一つは、主として強制収容所である。ナチス親衛隊は、収容者の所持している財産や貴金属を供出させただけでなく、収容者の金歯を麻酔もなしに引き抜いた。出所のもう一方は、主として一九四〇年以降に、欧州占領地住民や各国中央銀行から略奪した金塊である。ベルギーやオランダ等の各国から奪った金塊はベルリンで溶かし、金の延べ棒に鋳造し直した。そしてあたかも第二次世界大戦以前に取得したかのように偽装し、「一九三七年」と刻印した[85]。

ドイツ側の略奪目的は、第一に、金の延べ棒を原資にした石油、鉄鉱石などの戦略物資の獲得である。連合国側は経済封鎖を敷いたので、これらの国々では金の延べ棒の換金は不可能であった。唯一、スイスの銀行に持ち込めば、換金が可能であった。不正な資金の出所を隠蔽し、洗浄する、いわゆるマネーロンダリング（資金洗浄）を経て、〈装い新た〉にスイスフランとしてベルリンに送られてきた。第二に、この金の延べ棒は、一九三〇年代にドイツの復興に融資をした国際決済銀行（ＢＩＳ）への返済に使われた。もともとこの銀行は、第一次大戦の敗戦国ドイツが支払う賠償金を処理する任務を負って、スイスのバーゼルに設置された。銀行自身の調査によれば、①一九三八年から四五年の間に国際決済銀行は金塊一三・五トンを獲得し、②国際決済銀行に加盟している日、米、英、仏などの中央銀行に、自身の金塊取引をその量と共に毎月定期的に報告していたという(86)。国際決済銀行のみならずこれら各国は、金塊の出所を知っていた。そこで、「大戦末期、連合国側は、『ナチスの略奪金塊を受け取らないように』と各国に警告。BIS側もこの事実を知っていたが、BIS歴史資料担当のクレモント氏は、『警告に関係なく、取引を続けていた』と証言している(87)」。

略奪金塊、休眠口座の真相解明を通して、スイスの第二次世界大戦中の実像が次々と明らかになり、世論に公表された。既に第二章で触れたように、ドイツは連合軍による爆撃が頻度を増してくると、外国人強制労働者を使って工場そのものを山中や坑内に移転させた。爆撃へのもう一つの対策は、「中立国」スイスで造られた兵器を購入する方法であった。スイスの銀行はこの軍需品の売却に関わり、利益を上げた。また、ナチスによる略奪美術品はスイスのベルンに集められ、ここで競売にかけられた。スイスのリゾート地では、ナチスの親衛隊員は自由に振る舞うことができた。略奪金塊、休眠口座を含めてこれらの背後に見えてくるスイスの実像は、「中立を守り、ヒトラーに抵抗したスイス」とはかけ離れている。第二次世界大戦の特徴の一つに、「スイスによる経済犯罪」との指摘がある(88)。この点を報じた『北陸中日新聞』は、ナチス政権下で経済相を勤め、ニュルンベルク国際軍事裁判の被告でもあったヒャルマー・シャハトの回想録に詳しい識者の発言を紹介している。シャハトによれば「一九三九年のドイツは破産寸前であった」という(89)。これを助けたのがスイスだというわけである。

スイスの戦争犯罪を巡る疑惑は、九七年にたまたまメイリ警備員の機転から一挙に浮上した。しかし、歴史の真実を見直す契機は、「戦後五〇年」を区切りにした一九九五年前後には既に存在していた。九六年秋頃には、アメリカの秘密文書の開示や英国外務省の報告書などをきっかけに金塊の問題が論じられるようになっていた。九六年九月、スイスの下院は、休眠口座、金塊を調査対象にした委員会の設置法案を可決した。一〇月、アメリカではアウシュヴィッツの生存者たちが、三大銀行(クレディ・スイスとユナイテッド・バンク・オブ・スイス)を相手に総額二〇〇〇億ドル(約二一・六兆円)の返還を求める集団訴訟を提起している。これに促されるように、九六年一二月、設置を可決されていた先の調査委員会が実際に発足。九七年に入り、疑惑が一挙に浮上したこともあり、二月、スイス三大銀行は一億スイスフラン（約八七億円）の救済基金を創ることを決定。米国での集団訴訟は、もし社会的に注目を集めればアメリカのスイス銀行支店のボイコットにつながる。スイス三大銀行は救済基金を創設することで顧客の喪失を食い止めようとした。他方、スイス政府側も、スイスがナチスとの商取引で利益の追求に邁進していた事実が次々と明らかにされてきた中で、九七年三月、コラー大統領は「連帯基金」を九八年に設立する、と発表した。ただし、基金の性格は、補償ではなく、人道的措置であるという。こうして、先に見たフォルクスワーゲン社の場合と同様、スイス自身が戦争責任に真正面から向き合い、反省し、謝罪したうえでの補償ではなく、犠牲者が困り、苦しんでいるので援助する、という恩恵的視点の基金をスイスにも誕生させる考えが示された。九八年八月一二日、スイスの銀行は、ユダヤ人団体との交渉を経て、「休眠口座」の相続人らに総額一二億五〇〇〇万ドル（約一八〇〇億円）の返還を約束した。スイスの銀行側が何よりも恐れたのは、アメリカの自治体が在米スイス銀行との取引を停止する措置にでることであった。「休眠口座」からあがる利益よりも、「隠匿口座」から生じる不利益の方が大きくなりそうだ。この返還措置は、国の内外の世論の圧力と押し寄せる真相解明の波をかぶりながら、銀行側がとった反撃である。

〈4〉ヒューゴー・プリンツと補償問題

①独米政府間協定

大企業が闇の中に浮上する自社の真相に対面せざるを得なくなり、一方で、アーヘン大学学長、シュヴェーアテの事件が報ぜられたちょうどそのころ、アメリカ政府のもとに出向いた一一人のホロコースト生存者がいた。その日は、ドイツの「終戦五〇年目」にあたる一九九五年五月八日であった。この日を象徴的に選んだ彼らは、米政府に解決の糸口を見いだすよう要請した。ナチスにより親類を殺害され、自身もドイツの四企業によって強制労働を強いられたヒューゴー・プリンツは、その日まで何度もドイツ政府に補償を請求してきた。これに対して、ドイツ政府は、三つの理由で請求を拒否してきた。その第一は、既にふれたように、「ロンドン債務協定」であり、これを根拠に、強制労働は国家間の賠償問題に属し、ドイツ統一後の講和条約の締結後の検討課題とし、したがって被害者への補償を先送りにする、という論理であった。ドイツ統一は、一九九〇年一〇月三日であったが、ドイツ政府の公式見解では、九五年段階でも講和条約は結ばれていないという。第二の理由は、一九五六年の連邦補償法の属地主義にあった。プリンツは米国在住者であり、この法律の適用地域のドイツ連邦共和国（西独）に居住してはいない。さらに、この法律が定める請求日を遙かに過ぎている点も理由に挙げられた。

プリンツは、これで引き下がらず、アメリカで訴訟の準備に入った。多くの元強制労働者が、ドイツ国内はもとより、アメリカでも続々と訴訟の態勢を組もうとしている事実を前に、ドイツ政府は、アメリカとの政府間協定を締結し、事態が拡大しないうちに沈静化を図ろうとした。一九九五年九月一五日、ボンにて独米政府間協定が結ばれた。その内容は、①補償金は、政府、企業の分担とすること、政府は二一〇万ドルを出すが、②企業は次の「二点が守られた場合」に支払いに応じる、という条件付きであった。条件とは、企業が支払う額は伏せられ、さらに企業名は公表しない、であった。要するに、黙っていれば払ってやるというわけだ。法律家であり、現代史家でもあるクラオス・ケルナーはこれを「口止め料」[90]と評している。③補償対象者は、「ナチスにより人種、世界観、政治的信念により迫害され、これによって自由、身体、健康への損害で苦悩した米市民のみ」[91]（第一条）である。④対象者にはさらに制限があり、強制収容所やゲットーに入れられた上で強制労働をさせられた「奴隷労働者」のみであり、これ以外の収容所で強制労働に従事させられた人々は除外されている。⑤補償金を受け取る人は、これ以上ドイツ政府に訴えをしない、という訴えの放棄を誓約する「放棄約款」に署名することが義務づけられた。⑥同時に、米政府が「ナチスの全被害者が補償される」という声明をだす。この場合の「全被害者」とは米国市民のみであったために、元強制労働者の訴えはさらに続く。要するに、「ロンドン債務協定」と「連邦補償法」の枠組みを固守した上で、例外的に補償に応じる、という方針であったために、この例外から漏れる人々が補償請求をするのは当然であった。

②基金への投影

約五年後にドイツ連邦議会で可決されることになる「記憶・責任・未来」基金には、この独米政府間協定に書き込まれた①「政府と企業の分担」の視点が引き継がれた。また⑤に現れている放棄の原理は基金にも投影され、後に述べるように、基金には、米国がドイツ企業に対する訴訟を受け付けないよう、また現在進行中の訴訟を却下するよう努力することが含まれている。④の「奴隷労働者」とそれ以外の強制労働者の区別は、基金では、支払額の量的な差として反映されている（原則的に、「奴隷労働者」には、最高一・五万マルク、それ以外には五〇〇〇マルク）。

ここまでを要約すれば、フォルクスワーゲン（ＶＷ）社の〈単独〉基金は、「人道援助」、「人道支援」が目的であり、「法的責任」、「謝罪」が欠落していた。スイスの大統領声明も連帯基金の性格は、人道援助であるという。これらがそのまま「記憶・責任・未来」基金に受け継がれた。一方、独米政府間協定からは、政府と企業の〈共同〉方式と訴訟の〈放棄〉視点が「記憶・責任・未来」基金に引き継がれた。この意味で、ＶＷ社の基金と政府間協定は、強制労働補償の「前史」として記録され、「記憶・責任・未来」基金の骨格を形成することになったと言えるであろう。

〈5〉ナチスと年金

一九九七年の春にテレビ番組の情報誌『パノラマ』は、一九五〇年の連邦援護法に基づく戦争犠牲者への年金支払いの実態を報じた。戦争犠牲者年金を受給している人は、連邦政府によると一一〇万人を数えている。雑誌『パノラマ』は、①この一一〇万人の中には元国防軍兵士や遺族のみならず、ニュルンベルク国際軍事裁判で「犯罪的な組織」と見なされたナチス武装親衛隊員もいること、②このうち五万人は、戦争犯罪人として判決を受けた人々であることを指摘した。例えば、元国防軍少尉ヴォルフガンク・レーニク・エムデンは、一九四三年、イタリアで二二人の市民を殺害した疑いがもたれていた。親衛隊員ハインツ・バルトは、一九四四年七月、フランスのオラドゥールで六四二人の市民を射殺し（うち、子どもが二〇二人）、ドイツの裁判で戦争犯罪が問われ、ブランデンブルクの刑務所で服役をした。戦犯が五万人も年金を受給しているとすれば、連邦政府は、一九九六年だけで「総額六億六七〇〇万マルク（約四八〇億円）を、虐殺者、首切り人に支給[92]」したことになる。一方、この時点では、一九八八年の「過酷緩和基金」の対象から外された兵役拒否、脱走、防衛力毀損で有罪判決を受けた人々の名誉回復がまだなされてはいない（この人たちの名誉を回復し、補償金を支払う法案がドイツ連邦議会で可決されたのは、後の五月のことであった。『パノラマ』の指摘も法案の可決の促進に貢献した）。さらに、相変わらず放置され続けてきているのは、東側出身の強制連行―労働の被害者たちであった。加害者が厚い年金で優遇され、被害者が心身の障害に苦悩し、何の謝罪も補償も受けられない――こうした人倫に反する事実は、強制連行―労働の補償制度の創設に向けて強い世論を形成する要素となった。厚い扉の向こうに垣間見えてきた社史を通した企業犯罪、さらにはこの「加害者―厚遇、被害者―冷遇」という事実は、政府や企業に補償に向けた制度作りを促した。とりわけナチス時代に大量に強制労働者を使い、利潤をあげた企業、なかでも著名な大企業は、補償基金創設から逃れるわけにはいかなくなってきた。

一九五〇年に制定された連邦援護法は、戦争犯罪人などを除外する場合の構成要件を定めていなかった。すなわち、戦犯にも〈寛大〉に適用されていた。ただし、この法に基づいて支給される戦争犠牲者年金の場合は、受給資格者をドイツ国内と国外の在住者に分け、前者には受給認可の際にその資格調査をせず、後者については「不名誉条項」を設けて一定の調査後に支給対象者を選別する決まりであった。しかし、実際は、「不名誉条項」は適用されず、多くの戦犯が年金を受給していた。たまたま戦犯であったことが判明すると、この条項に基づいて年金を取り消す例が、新聞の片隅で極めて過小に報道された。

一九九七年二月下旬、ブレーメン援護局は、アメリカ在住の元親衛隊隊員二人の年金資格を取り消した。うち一人は、リトアニア人で、一九六六年以来年金を受け取り、取り消される前の額は八七九マルク（約六・三万円）であった。彼は、白ロシアで数千人のユダヤ人の殺害に関与した事実がたまたま明るみに出たため、数少ない「不名誉条項」の該当者となった。

ドイツ政府側は、「不名誉」な人々にも年金を支給している事実が知られないように、支払い方法を、密かに赤十字や他の組織名を使い、カムフラージュして支給してきたことが『パノラマ』以来、明らかにされてきた。フォルカー・ベック90年連合／緑の党連邦議会議員は、九七年二月二七日、独自の調査により、「デンマーク在住の受給者一八三人の中だけでも、少なくとも戦争犯罪の判決を受けた人が一〇人いる」[93]と指摘した。

厚遇された加害者と冷遇された被害者が、互いにその過去を知らずに数十年を経て出会う場所がある。その一つは老人ホームである。しかし互いの生の足跡を知ったとき、被害者は壁一枚、ドア一枚を隔てて隣に住む元加害者の一挙手一投足におびえ、深刻なトラウマにさらに苦悩しながら生を終わる例が何度も報告されている。

〈6〉裁判とロンドン債務協定

①「夢のまた夢」の終焉

ここで再度確認をしておこう。元強制労働者、とりわけ東側出身の元強制労働者への個人補償を妨げていた要因は、主として西側交戦諸国との間で締結された一九五三年のロンドン債務協定であった。この条約によれば、まず国と国との間の賠償問題に関しては、敗戦国ドイツは、①戦前及び戦後の負債をまず初めに返済すべきであり、②戦中に由来し、ドイツと交戦状態にあったり、ドイツに占領された国々の賠償請求の審査は、「賠償問題の最終規定」、すなわち東西ドイツの統一後の「講和条約の締結」時まで後回しにされた。次に、個人に関しても、こうした国々の国籍を持つ者は、ドイツ政府や企業に対する請求権と同様の措置とされた。条約では、企業や企業主は「ドイツ帝国から委託を受けて活動した職場や個人」（傍点——田村）であると受動的に表現され、すでにみてきたように企業の積極的なナチスとの関わり、企業が進んで〈人間消耗品〉を獲得に出向いた事実には触れられてはいない。

さて、当時はドイツ統一は「夢のまた夢」であったため、国家賠償による強制労働者への個人補償は延期され、凍結された。ドイツ統一は、これを解凍し、元強制労働者にあまりにも遅すぎた春の息吹をもたらした。というのも、一九九〇年、統一ドイツは、米英仏ソ戦勝四か国と「ドイツ問題の最終解決に関する条約」、いわゆる「2＋4条約」を締結したからである。この条約を「講和条約」とみなす判決が現れ(一九九七年、ボン地裁)、さらに、その一年前に、ドイツの企業に対して、被害者が外国から直接に訴えることが可能となる画期的な判決が連邦憲法裁判所から出された。この直後、今まで補償などは永遠に訪れない「夢のまた夢」と諦めていた人々による訴訟が続いた。シュトゥットガルト労働裁判所だけで一挙に「三〇〇件の訴訟」[94]が提起され、ポルシェ、ボッシュ、ダイムラー・クライスラー(ドイツ企業ダイムラー・ベンツ社は、九八年一一月に米企業クライスラー社と合併)、食器類を生産するヴュルテンベルク・金属製作所(WMF)らが訴えられた。特に世界に市場をもつ大企業は、「夢のまた夢」の背後で惰眠をむさぼれなくなってきた。自社の社史を片手に、目をこらし、いよいよ強制労働者たちの苦悩、叫び、トラウマに対面せざるを得なくなってきた。

②却下され続ける強制労働訴訟

東側強制労働者は、戦後五〇年以上の長きにわたって、死の淵での重労働、賃金の未払い、受けた心身の苦痛と負傷、奪われた保険証書、銀行口座などの補償を拒否され続けてきた。民事裁判所、労働裁判所では、共に戦後一貫して犠牲者の補償請求は退けられ、政府と企業は擁護されてきた。強制労働は、既に触れたように、ニュルンベルク国際軍事・継続裁判で国際法違反、ハーグ陸戦規則違反、すなわち、狭義の戦争犯罪であると認定された。にもかかわらず、この認定は、ドイツ自身が行ってきたナチス犯罪の裁判では、ほとんど考慮されてこなかった。ここで考慮され、生かされたごく少数の例のうちの一つを第三章の「国内法」の箇所でとりあげた。

五三年二月二七日のロンドン債務協定締結を経て、一九六三年から七三年の一〇年間は、民事・刑事事件の最高裁判所に該当する連邦通常裁判所は、ロンドン債務協定に基づいて、強制労働は国家間の賠償問題である、として訴えを次々に却下しつづけた。例えば、アウシュヴィッツ―ブーナ工場（アウシュヴィッツⅢ）に投入されたポーランド人元強制労働者は、一九六三年二月二六日、連邦通常裁判所で訴えを退けられた。その根拠として、これが賠償問題であることと並んで、先ほど引用した「ドイツ帝国から委託を受けて活動した職場」にIG―ファルベン社が該当するからだという。国により委託されたので、やむを得ず、断り切れず労働させたのだ、というわけだ。したがって、強制労働者の投入、使用から監視体制も含めてすべて責任はナチス国家にあった、となる。一九六四年三月、同裁判所は、チェコスロヴァキア人の訴えを却下。彼女は、一九四四年、わずか一一歳で弾薬の薬きょう、砲弾を造らされた。同様に一九七三年六月一九日、同裁判所は、ドイツからオランダへ移民し、オランダからさまざまな強制収容所へ連行されたユダヤ人元強制労働者の訴えを、同じ根拠で却下した。

司法では、こうしてロンドン債務協定を根拠とする却下の姿勢は八〇年代も続くが、司法の場以外では若干の変化が生じた。欧州議会では一九八六年一月一六日、金銭的な補償をするよう決議がなされた。すなわち「強制労働を事後に金銭で補償するとすれば、それは極めて不十分にしかなされないが、金銭的な補償は元来、自明の理としなければならない(96)」。また、同盟90／緑の党も補償を求める動議を同年、連邦議会に提出した。

③連邦憲法裁判所判決

ところで、ロンドン債務協定の発効後、ポーランドとソ連は旧東独と二国間協定を締結し、強制労働に関する賠償の「放棄宣言」に署名した。対独物的補償請求ユダヤ人会議は、まず①ロンドン債務協定に規定されている賠償問題の「最終規定」すなわち講和条約は、九〇年九月一二日の「2＋4条約」であること、②したがって、講和条約が結ばれた以上、強制労働に関する賠償の「放棄宣言」は無効になり、東独を併合した統一ドイツが国家間賠償に踏み切ることで、強制労働の個人補償をするよう主張した。

強制労働の補償にとり、画期的な判決は九〇年代の半ばに出された。ハンガリーとポーランド出身のユダヤ人元強制労働者女性二一名、男性一名は、一九四三年九月から四五年一月まで、親衛隊の指示でヴァイクゼル・メタル・ウニオンという企業で強制労働を強いられた。企業は親衛隊に「賃金」を支払ったが、本人たちには何もわたらなかった。一九五六年の連邦補償法も属地主義を理由に、外国に住む彼女たちを排除した。母をアウシュヴィッツで殺害されたクラウス・フォン・ミュンヒハオゼンは、一九八五年以来、他の女性たちと不払い賃金の払い戻しを求めて、ナチス政体の法的後継者であるドイツ政府の責任を追求してきた。ドイツ統一後、この被害者たちは、ブレーメン、ボンの地方裁判所に提訴した。この両州裁判所は、東欧の地から国境を越えて直接ドイツ企業に補償請求をすることが可能かどうか、その判断を連邦憲法裁判所に求めた。

　連邦憲法裁判所は、九六年五月一三日、①強制労働に関する賠償の「放棄宣言」は、もともとポーランドやソ連の国家としての賠償請求権の放棄宣言であり、個人の請求権の放棄を意味しない[97]。②「国際法には、ドイツ政府に対して個人請求権を排除する一般的な規定は存在しない[98]」と判断した。そしてこうした枠組みの中で、国境を越えてドイツ企業への直接補償請求に関しては、それぞれのケースについて法廷が検証できる、という内容であった。この判決により、ポーランドやソ連国家がたとえ請求権を放棄しているとしても、この国々の市民自身が、自国政府を通さずにドイツに直接、補償請求をすることが可能になった。以降、下級審は個々のケースにどのように国際法を適用するか、その判断の自由裁量が与えられた。史上初めてドイツの法廷で強制労働の補償を得られる道が開かれた。

　これを受けて、ボン地裁は先の二二人の訴えに対し、一人の女性に補償の支払いを命じ、五五週間の強制労働に対して、利子付きで、一・五万マルク（約一〇五万円）の未払い賃金を支払うよう判断した。残りの人々には連邦補償法などで既に補償がなされている、として請求を退けた。ボン地裁の判決が画期的であったのは、「２＋４条約」が講和条約に該当する、と判断した点である。ドイツ銀行頭取ヘルマン・アブスが画策し、強制労働の賠償の「延期」、しかし実態は賠償から免れる口実となっていた「講和条約が結ばれないうちは賠償に応じない」という姿勢は、両独統一後の「２＋４条約」が講和条約に相当する、という判決で維持できなくなった。ドイツ経済界は、国境を越えて押し寄せる訴訟に直面し、強制連行─労働という企業犯罪の責任からいよいよ以前にも増して逃れられなくなった。

〈7〉国防軍の犯罪展

①国防軍の「清潔」神話

第二次世界大戦におけるドイツの戦争犯罪は、ニュルンベルクで裁かれたように、国防軍、ナチス親衛隊・警察、経済界、医師、法律家、官僚たちの複合的な犯罪であった。とりわけ強制連行―強制労働は、産・軍・ナチス親衛隊の三人四脚の連携でなされた。以下に強制労働基金「記憶・責任・未来」の創設を促した一つの要素として、全国巡回展示「殺戮戦争・ドイツ国防軍の犯罪、一九四一年から一九四四年まで」を取りあげたい。

西ドイツでは戦後、戦争犯罪はナチスが行ったものであり、戦前の旧ドイツ国防軍（Wehrmacht、ヴェーアマハト）は清潔な軍隊であった、という宣伝が保守―右翼陣営からしきりに流布された。その一因は、西側軍事同盟NATOへの加盟（一九五五年）とその中での地位の拡大であり、戦後の新連邦国防軍（Bundeswehr、ブンデスヴェーアー）の建設と兵役義務制の導入（一九五六年）、そしてその後の軍の強化である。新連邦国防軍が、旧ドイツ国防軍を受け継ぐには、旧ドイツ国防軍はナチスとは無関係である、と国の内外に示す必要がある。そのためにも旧ドイツ国防軍には、ナチス親衛隊とは異なり、清潔、潔癖さが必要とされた。六〇年代以降も、こうした「清潔」神話は語り継がれていた。とりわけナチス親衛隊の中でも、「最も恐るべき[99]」組織であり、ニュルンベルク国際軍事裁判で「犯罪組織」と判断された武装親衛隊と比べることで、旧国防軍の「清潔」さがことさらに強調された。木佐芳男氏は、ドイツの軍事史家ディーター・ハルトヴィヒ博士へのインタビューをし、軍関係の学校で「戦争犯罪が講義で取り上げられるようになったのは、一九八〇年代の半ば以降[100]」であり、陸軍の戦争犯罪は「一九九五年以降の『国防軍の犯罪』展まで、歴史家サークルの外に伝わることはなかった[101]」と記している。

②公共施設での国防軍の犯罪展

一九九〇年代に深化する、人々の真相の解明への努力は、ハンブルク社会研究所も例外ではなかった。研究所が主催した展示「殺戮戦争・ドイツ国防軍の犯罪、一九四一年から一九四四年まで」は、一九九五年からハンブルクを皮切りに全国巡回を開始した。展示は四部から成り立ち、第一部はセルビアで国防軍が対独抵抗運動を弾圧し、抵抗運動者を殺戮した「一九四一年のパルチザン戦争」を扱い、第二部では「一九四二年から四三年、スターリングラードに向かう途上の第六軍団」が、第一部と同様に、写真と解説で展示された。第三部は「白ロシア、一九四一年から四四年までの三年間の占領」にスポットが当てられた。ここまでは主としてセルビアと旧ソ連圏（ウクライナ、ベラルーシ）が取りあげられたが、この地域は強制連行―強制労働者の供給地でもあった。第四部では「痕跡の抹消と記憶の抹殺」がテーマであり、戦後は言うまでもなく、既に戦前においてすら、どのように「国防軍＝清潔な軍隊」像が造られ、歴史の偽造が始まっていたかが豊富な資料により跡づけられていた。兵士の日記、故郷への手紙、陣中日誌、司令部への報告書、業務命令書、写真などが国際法や国内法に違反した軍隊であることを雄弁に物語っていた。

ヘッセン州では、九七年三月二〇日、州議会が開催を決議した。州首相ハンス・アイヒェル（社民党）は、「社会の一部には、展示されている真実と向き合うことに我慢がならない人々がいる[102]」と、キリスト教民主同盟を批判した。また自由民主党（ＦＤＰ）州議会議員団長ルート・ヴァーグナーは、曾祖父、祖父、父がそれぞれ普仏戦争、第一次世界大戦、第二次世界大戦で死亡した体験を持ち、旧国防軍では「個々の兵士が犯罪を犯したこと――これを単に書き記すのではなく、公然と展示で示されなければならない[103]」と主張し、州政府の開催に賛成した。こうして九七年四月から、フランクフルト市のパウルス教会で展示は開始された。ここはドイツ史上初めての国民議会が開かれた場所である。私は、フランクフルトの直前の巡回展を訪れた。開催場所は、隣の州のミュンヒェン市庁舎内のギャラリーであった。ここでも公の機関で展示された。期間中、休館日なし、しかも夜九時まで開館し、連日窓口には長蛇の列が続いた。一般に月曜休館、夜六時まで、時に特別に八時まで——というドイツの普通のギャラリーに比べるとその盛況ぶりが分かる。

③戦争犯罪組織としての国防軍

その後、九九年一一月四日に一時休止になるまでドイツ各地のみならずオーストリアでの巡回をも含めて八〇万人以上が展示会場を訪れた。[104] ほぼすべての会場付近で、ネオナチが「旧国防軍は純粋なドイツ軍人」と叫んで巡回展反対のデモを繰り広げた。九九年三月には、ザールブリュッケン市で爆弾が炸裂。キリスト教民主同盟市議ゲールト・バウアーは「父親たちを犯罪人であるとか、殺人者であると中傷されたまま何も反論しないですますわけにはいかない[105]」と、あたかも爆弾が反論の一手段であるかのような発言をして世論のひんしゅくをかった。

ところで、会場に示された一四三三枚の写真のうち、一二枚の写真が旧国防軍の行為ではなく、ハンガリー兵やフィンランド兵による行動であったことなど、約二〇枚ほどが出典に不備があることがポーランドの歴史学者により指摘された。ハンブルク社会研究所は、この歴史学者を含めて一五人の学者からなる調査検討委員会を作り、展示を一時中止し、点検作業に入った。研究所は、写真資料だけでなく自らの今までの展示方法それ自身をも点検し、自己批判をし、展示責任者ハンネス・ヘールを責任者から外す措置（解雇）をとり、新たに巡回展を開始した。新巡回展では、今までの四部構成をやめ、戦時国際法に力点を置きながら、旧国防軍の犯罪を六タイプに分類した。すなわち①民族殺戮、②飢餓政策、③パルチザン戦争、④捕虜の取り扱い、⑤民間人への抑圧、⑥市民の強制連行・移送である。旧国防軍はこれらの行為に組織として関わり、無数の戦争犯罪に直接手を下したことが示された。国際慣習法では、この当時、正規軍ではないパルチザンを捕虜とした場合の扱いは議論の分かれるところであるが、それを悪用して、軍は本来の戦時捕虜や市民をも「対パルチザン戦争の結果の捕虜」である、として大量の捕虜殺戮を行った。なかでもスラブ民族やユダヤ系の人々は、標的にされ、ナチス親衛隊と同様の「人種、世界観戦争」の対象となった。とりわけチェコ、ポーランド、ソ連での隷属民化と強制労働—搾取の苛酷さはすでに第二章でふれたとおりである。このユダヤ人、ボルシェヴィキへの弾圧と殺戮、あるいは連行—労働は、国防軍の参加なしには不可能であった。展示では、ナチス指導部が国防軍に任せた行動として、①精神障害者の殺戮、②ユダヤ人のゲットー化、③ソ連共産党員の裁判なしの殺害等がパネルや、ヘッドホンから流れる証言者の音声入りで説明された。

④人を変える戦場の論理

(a)「目つき」で殺される

人は、自分の兄弟が、父親が、息子が戦場で国際法を無視した「戦争犯罪」を犯した人間であると認めるには時間がかかる。戦場に送り出したあのときの親思い、兄弟姉妹思いの〈真剣で純真な顔〉がいつまでも残像に残る。死んで帰らぬ人となれば、遺族の思いはなおさらである。だが「清潔な」軍隊で、「清潔な」活動で軍務を支えているに違いない、と単に信じているに過ぎない。実際の戦闘に立ち会ったわけでもなく、父や息子たちが、労働力として役立たなくなった収容者を「死の行進」として、収容所から外へ連れだし、間引くその場にいたわけでもなかった。太陽も見えず、外光にもあたらせない作業現場で、飢餓と空腹と酷寒に襲われながら労働を強いている現場に足を運んだわけでもない。戦時国際法で何が許されていないかを知らされてはいないだけでなく、そもそも、戦場では人は変わるという冷徹な事実を思い浮かべない。戦場では、相手を殺さなければ、自分が殺されるだけだ。自分の生存は、相手の死である。逆に自らの死は、敵の生存である。こうした殺伐とした、死に神が誰に微笑むかだけがすべてを決する世界では、人の意識は退廃し、倫理は麻痺する。

戦場は人を変え、鬼にする。これは洋の東西を問わず普遍的な事実だ。日中戦争で、旧日本軍の憲兵、土屋芳雄氏は、「抗日組織の弾圧やでっち上げ、拷問、裁判もなしでの処刑など、自ら手を下し体験したことを[106]」記し、時には『『顔つきが悪い』、『目つきがただ者ではない』という理由だけで逮捕[107]、『反満抗日分子、思想不良』として断罪したこともあり、直接、間接に関わった殺人は三〇〇余人にのぼる」という。「どの事件でもあったのが拷問だ。腹がふくれるまで水を飲ませ、吐き出させては、また飲ませる水責めや、木刀責め、焼き火ばし責め、つるし責め、ツメの間を刺す針責めなど、上官に教えられ、自らも実行した拷問は十種類近くにもなる[108]」。日中戦争にかりだされる前、土屋氏は、農民であり、「土からはい出した虫を除きながら畑仕事をしたほど殺生嫌い[109]」であったという。相手の目つき、顔つきが、自分の死につながるかも知れない。これが戦場の論理である。

ナチスが国防軍に任せた行動の一つとして、ユダヤ人のゲットー化を挙げたが、このゲットー化は、身ぐるみはぎ取ること、財産の略奪から始まり、ユダヤ人を一区画に閉じこめる。ここまでは占領国の市民の面前で行われた。しかし、略奪財産が何に使われ、どこに消えたのか、これは占領国の市民のみならず、兵士を送り出したドイツ人の親兄弟姉妹は知るよしもない。占領国の略奪財産は、直接ドイツ人に分け与えられた場合以外には、占領諸国における戦時インフレを縮小するために、また占領を維持するための出費を補填するために使われた。さらには、換金された後に国防軍の経理担当部局に集められ、国防軍兵士への給料にも姿を変えた[110]。戦地の息子から両親の元に送られてくる贈り物が、実は占領地の住民から財産を略奪し、その換金で購入したものである、などという想像力は働かない。清潔な国防軍の一員からの愛情のこもったプレゼントは、軍人自身の残虐な略奪とゲットー化が生み出した贈り物であった。

(b)「準」戦場の論理

人が変わる場は、戦場に「準ずる」、いや戦場よりももっと意識の退廃と倫理の麻痺が顕著な強制収容所であろう。アウシュヴィッツ収容所所長ルドルフ・ヘスは、「家庭ではよき父、良き夫であり、酒も遊びもさしてはたしなまず、(略)要するにどこにでもいるような一人の平凡人[111]」であった。「どこにでもいる一人の平凡な人間、律儀で、誠実で、それなりに善良で、生きることにもきまじめな、そういう一人の平凡人がこうした大量虐殺をもあえてなしうるということは、誰でもが、あなたであり、私であり、彼であるような、そういう人物が、それをなしうるということにほかならない[112]」。一九四二年一月二〇日、ベルリン近郊でヴァンゼー会議が招集され、ナチス用語でユダヤ人問題の「最終解決」、すなわち、民族の大量殺戮(ジェノサイド)が決定され、以降、実行に移された。数百万人のユダヤ人の殺戮に携わったアドルフ・アイヒマンは、ハンナ・アーレントにより「凡庸」な人間と評されたことはよく知られている。

(c) 捕虜虐待

翻って今日、かつての馬と兵士同士の戦闘に代わり、主な戦闘が戦略爆撃の思想に基づく航空機からの無差別大量殺戮の時が到来している。しかし主戦はそうであっても、兵士同士の戦闘が完全に消滅したわけではない。その割合、その比重が格段に低下しただけだ。したがって戦略爆撃の時代においてすら、地上の局地戦で展開される〈倫理なき戦闘〉の重圧は、人を変え、「清潔な」面影のひとかけらもない人間に追いやる。その好例が、二〇〇四年五月に明らかとなったイラク戦争での米英軍兵士によるイラク人収容者への虐待であろう。バグダッド西方のアブグレイブ刑務所での虐待を、各紙は次の見出しで伝えた。「『笑う米兵』世界に波紋」(『朝日新聞』二〇〇四年五月五日)、「男性にひも、飼い犬扱い、米紙が報道」(『北陸中日新聞』同七日)、「尋問のたび、裸にし殴打、見守る米兵、競って写真――イラク人虐待　収容された記者証言」(同八日)、「ジュネーヴ条約、他国には順守迫るのに……米の身勝手露呈」(同九日)、「裸の収容者を軍用犬で虐待」(『朝日新聞』同一一日)、「『捕虜虐待は戦争犯罪』仏弁護士が英国を訴追へ」(『毎日新聞』同一五日)、「市民『サダム時代と変わらぬ』、虐待、各地の収容所で、ひつぎの中夜通し起立『死んだら葬られる』」(同一七日)、「尋問強化『眠らすな』」(『読売新聞』同一九日)、「組織的疑い消えず、証拠写真、世界に衝撃」(同)。

捕虜を人権を持った人間として扱おうとする国際社会の努力は、一九〇七年の「ハーグ陸戦規則」、一九二九年のジュネーヴ条約「捕虜の待遇に関する国際条約」、一九四九年の「ジュネーヴ四条約」、さらに一九七七年の「ジュネーヴ諸条約に対する第一、第二追加議定書」などに結晶化している。米英軍の捕虜虐待は、一〇〇年間にわたり築き上げてきた国際社会の〈捕虜の待遇の人道化〉に向けた営為を全く無にする暴挙である。戦場は人を変え、「善良市民でも虐待に走」(『読売新聞』二〇〇四年五月一九日)らせることも一因となり、戦争や武力行使は「国際紛争を解決する手段としては、永久にこれを放棄する」(日本国憲法第九条)理念が生まれたはずである。

(d) 少数の例外者

ここで極めてごく少数であるが、戦場の論理に惑わされず、本来「敵」とすべき人々に命の危険を冒して救出の手を差し伸べた国防軍兵士もいたことを記しておきたい。殺戮されるまでの三段階、すなわち①連行され、②強制収容所に収容され、③労働に従事し、やがて殺戮されるユダヤ人を救うために、最初の連行されてきた段階①で、実はその人々は「ユダヤ人ではない」と認定の「誤り」を指摘し、帳簿上で「ドイツ人」と書きかえることで解放をした国防軍兵士もいた。

ハンブルク社会研究所が発行した『国防軍の犯罪』という七五〇頁弱の大部の書物[113]は、アントン・シュミットAnton Schmidという国防軍兵士の救出活動を伝えている。彼は帳簿操作とは別の方法を選んだ。

一九四〇年八月にソ連邦に加盟したリトアニアは、エストニア、ラトビアと共にドイツの占領地域となる。リトアニアの首都ヴィリニュスは、当時、二〇万人の人口を数え、約六万人のユダヤ人が伝統的なユダヤ人教区、居住区を形成していた。一九四一年八月の終わりに、ナチス親衛隊第三特別部隊と現地のリトアニア警察は、教区、居住区の掃討を開始した。親衛隊第三特別部隊は、九月二日だけで、ユダヤ人の男性を八六四人、女性を二〇一九人、子どもを八一七人殺害、と報告している。アントン・シュミットは、リトアニアでドイツ国防軍兵士として戦闘に参加、自らの隊は対独レジスタンスに敗北した。彼は、離散した部隊を立て直すために新たに編成された「再編準備部隊」を指揮していた。この時、親衛隊と警察の弾圧と迫害から逃れてきたユダヤ人少女ルイーザ・エメティセートが彼に助命を求めてきた。彼はその願いを聞き入れ、彼女を「再編準備部隊」に泊まらせ、数日後にオストラ・ブラーマ修道院に送り届けた。彼女は死を免れた。また、連日、ユダヤ人ゲットーからは、多くの人々が連れ出され、強制労働に従事させられていたが、「再編準備部隊」も、この労働力に目をつけ、軍の荷役作業などに酷使した。シュミットは、このゲットーに、秘密裏に食料品を運び込み、強制労働者の命を永らえさせた。

さらに、ゲットー内ユダヤ人抵抗運動が彼と接触し、支援を求めてきたとき、彼はこれを受け入れ、ユダヤ人を首都から南西のビアリストクの工場に「労働力」として送りだすことで、ゲットーでの殺戮から解放している。ユダヤ人抵抗運動のメンバーが、彼に救出の依頼をしたとき、彼は次のように答えている。

「ビアリストクでは繊維産業がユダヤ人を必要としています。一方、ヴィリニュスではユダヤ人が根絶やしにされています。あなた方がこの人たちをビアリストクに連れていきたいというのは、とてもうまいやり方です。しかし、あなた方はよりによってなぜこの自分に計画をうち明けに来たのですか」。

抵抗運動メンバーの返答は、以下のようであった。

「あなたは私たちを助けて下さるでしょう、とグドヴスキ神父から聞きました。それは何と言ってもあなたがかつて人を助けることができたからです。（略）あのときは、ユダヤ人少女でしたね。あなたは彼女を連れてオストラ・ブラーマのグドヴスキ神父をお訪ねになりました」。

メンバーは、かつてシュミットが少女を修道院に送り届けたことを忘れなかった。彼は数百人単位の人々を運ぶには、幌付きの貨物自動車の手配と軍用の移送命令書の発行などが必要であると考え、これらは可能である、と伝えている。しかし、彼は四二年一月に逮捕される。二月二五日、ヴィリニュスの戦時法廷で受けた判決は「死刑」。四月九日、妻と娘宛に遺書を書いている。「今日は、私を突如襲ってきた運命について、君に何もかも書きます。でも、一つだけ君に頼みたいことがあります。くじけないで欲しい、ということです。君がこれからこの手紙を読み進めていくなかで、残念ながら、私がヴィリニュスの戦時法廷で死刑判決を受けたことを知っても、どうか気持ちを強く持って欲しい（略）」。

四日後、彼は処刑された。【地図5】

〔地図５〕リトアニア西部

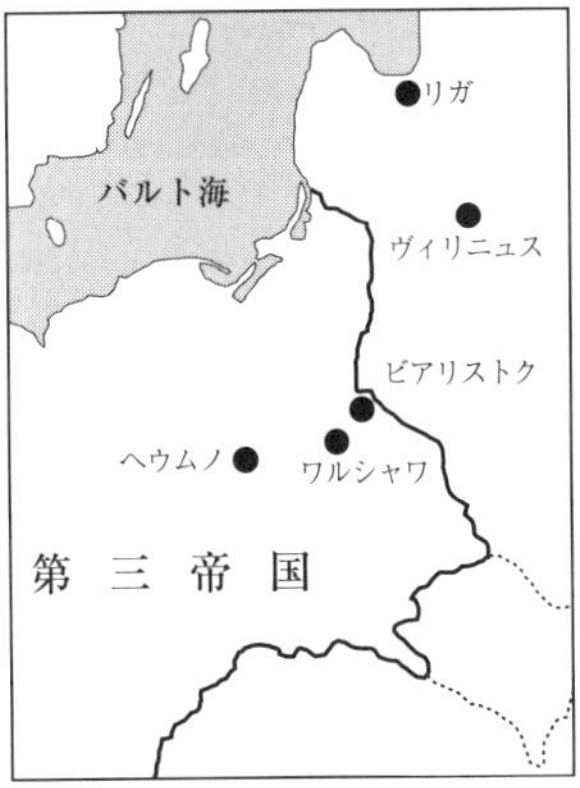

(e) 警察官の見学義務

こうしたごく少数の例外を除いて、国防軍の犯罪展は、一九九五年以来、ナチス親衛隊だけではなく、一般の兵士の戦争犯罪を、すなわちたった今、家族と別れて出兵したばかりの〈普通の兵士〉の加害性を、今現在も克明に世に訴え続けている。〈普通の兵士〉が虐待に走るとすれば、同様に市民に対して権力を振るえる立場にあ

〔写真2〕「国防軍の犯罪展」（ドルトムント市）の見学に訪れる勤務中の警察官

る警察官といえども例外ではない。ドルトムント市議会は、広範な市民運動の要請を受けて、二〇〇二年春、市が開催を決議した。主催はハンブルク社会研究所であり、これを市、市立「芸術と文化史博物館」、一二七の市民団体が結集する「ドルトムント国防軍展示」という名の組織が支えた。開催期間は二〇〇三年九月一九日から一一月二日まで、時間は一〇時から二〇時まで、場所は市立「芸術と文化史博物館」であった。月曜は休館であったが、生徒用の学習には「月曜も開館」とあった。私は、開催初日にここを訪れた。この時、ドルトムント市警察は、管内警察官に勤務時間内での見学と学習を義務として課した（【写真2】参照）。

一般兵士の加害が浮き彫りになればなるほど、その対極にある忘れ去られた犠牲者の問題も浮上してきた。既に述べたように、年金を受給している元戦争犯罪人と、逆に何の年金（補償）も得られず、困窮とトラウマに苦しむ被害者が対比されて問題となったように、犯罪展の広がりと共に強制連行—強制労働者への不当な扱いとその補償を求める運動、世論は大きくなってきた。

〈8〉基金創設の最大の要因：市民運動と市場の喪失

ここまで基金を生み出した社会的諸要因を列挙してきた。だが最大の、決定的要因はドイツ内外の市民の側の運動とその広がりを恐れる企業の防衛意識、すなわち市場の喪失への対抗意識であろう。

すでにふれたように、ドイツ最大の民間銀行であるドイツ銀行は大量殺戮のための施設であることを知りながらアウシュヴィッツに融資していた。またその頭取ヘルマン・アブスは、強制労働者たちの苦悩、その後の生活苦などへの配慮、補償問題などをロンドン債務会議の議事日程から外し、これにより強制労働者への国家賠償を講和条約締結まで延期させた。同時に、ヘルマン・アブスの「ナチ党とは正式に距離をおいていた」という戦後の弁明は、全くその逆であり、蜜月関係を維持していたことも判明した。

一九九〇年代に広がり深化する真相の解明への市民や被害者の熱意は、企業自身に企業史を書かせ、自社の暗い歴史のページに向き合う姿勢を促した。企業は自社の資料室の扉を社会に向けて開かざるを得なくなってきた。ドイツ銀行は殺戮収容所への融資が徐々に知られるようになり、銀行自身が依頼した歴史研究所が「融資」の事実を公表したその直後、『ファイナンシャル・タイムズ』は一九九九年二月五日、隣国オーストリアに目を向けて次のように報じた。「先日、オーストリアの二つの銀行が、ユダヤ人の訴え[115]に直面し、自身の資料室の無条件公開を発表」、と[114]。さらに、ドイツ銀行に「アウシュヴィッツ・ビジネス」にいかに関わったかをきちんと知らせるよう求めた。ドイツのみならず、オーストリアでも資料の開示は迫られていた。

①資料の開示と、②それによる隠蔽された真実の、歴史の暗闇からの浮上、真相の解明、③そして被害者、遺族たちの苦悩の社会的認知とその補償――これら九〇年代以降の一連の補償史には、既に述べてきた〈1〉～〈7〉の要因が存在した。ここでは、ドイツ銀行を一例にとりあげて、さらに最大の要因に迫りたい。私は、関連する複数の要因を考えているため、さしあたり「要因群」としておきたい。各群に共通する要素は、人々

の運動と企業の防衛意識である。

①資料館の開示

要因群の第一は、ポッツダムの資料館の自由公開である。ベルリンの壁の崩壊は、国境をなくし、人、モノ、情報の交流を自由にした。だがもう一つ、ポッツダム資料館の〈扉の通行をも自由〉にした。これが企業に戦後補償問題を〈避けて通る自由〉を許さなくした。

戦後、ドイツ銀行に限らずすべての企業は、第三帝国時代のナチ政体との関わりを隠し通そうとした。真相の解明のうねりは、これに風穴を開けた。その風の一つは、市民や被害者の運動であり、資料の開示を拒み続ける巨大コンツェルンを相手にするよりも、その子会社に開示を約束させた。親会社は逃れられなくなった。加えて他の一陣の新風は、右に述べたポッツダム資料館の自由公開である。ドイツ銀行の場合、ここに一万二〇〇〇の整理用ファイルが保存されていた。企業史の叙述を依頼された歴史家、研究者たちは、社外の、このファイルを暗闇から引き出した。こうして一九九五年、創立一二五周年の年にドイツ銀行の企業史は編纂された。ドイツ銀行の暗躍とダーティな部分が明るみにでれば、自ずから取引のあった他の企業のナチスとの関わりは芋づる式にたぐり寄せられる。こうして一九三八年以降、ドイツ最大の銀行と取引のあった他の企業の中には、いつ、何時、何かが発覚するのではないか、との恐れが広がった。自社の暗部が露見する前に先手を打ち、企業史を編纂し、それ以上の暴露を押さえようとする行動に出る企業が現れたとしても不思議ではない。ここから、補償基金への参加の選択肢は、目と鼻の先にある。なぜならば、後に述べるように、「記憶・責任・未来」基金が設立されれば、以降、被害者や遺族は、企業、政府に補償請求をする道が閉ざされるからである。今後、企業の、またポツダムの資料館からどのような資料が明るみに出されようとも、である。したがって、企業は、まず企業史編纂で、次に基金設立で再度、先手を打つ行動に出る。

②市場喪失への恐れ

要因群の第二は、企業側の市場喪失への恐れである。これについては二点を挙げよう。

その一つは、一九九八年の終わり頃にドイツ銀行が抱えていたアメリカの金融機関バンカーズ・トラスト社との合併問題である。ドイツ銀行は元来、その創立期には幹部クラスにカトリック教徒とユダヤ系ドイツ人がいて、銀行をリードしていた。ヒトラーが権力を掌握するとすぐに、一九三三年五月、二人のユダヤ系理事は退職せざるを得なくなり、代わりに、経営陣にはナチス系理事が入り込む。この時点では、こうした非アーリア系行員への退職の強要には異議を唱える幹部もいた。例えば、彼らに替わって理事職の一員になったゲオルク・ゾルムッセンは、用意周到に彼らを追い出す方策に疑問を呈し、ユダヤ系の人々が、現在は「経済的、道徳的に殺戮[116]」されているが、今後、その存在が「完全に殺戮される方向に目的意識的に[117]」突き進んでいる現実を指摘し、彼らと共に「スクラムを組んできた日々があったのに、今は連帯感が欠如してしまった[118]」と嘆いている。以降、銀行はナチ党とは蜜月関係を強め、ヒトラーやヒムラーを支える基金や友の会に大金を寄付していくことは既に述べた。また、最大の民間銀行メンデル商会を引き取り、ポーランド侵略後は、次々と支店を侵略・占領地に開設した。

アウシュヴィッツ強制収容所（アウシュヴィッツⅠ）がポーランド人政治犯を収容する施設として建設され始めたのは一九四〇年五月である。やがてソ連兵を収容、殺戮するビルケナウ（アウシュヴィッツⅡ）が増設される。四一年、大幅な拡張工事が開始される。一九四二年一月の「ユダヤ人問題の最終解決」を決めた「ヴァンゼー会議」を経て、今までのトラックや戦車の排ガスによる殺戮から、青酸ガス・チクロンBによる〈大量かつ効率〉のよい殺害方法に変わる。トレブリンカ強制収容所で、排ガスに含まれる一酸化炭素を使用したガス室よりも、アウシュヴィッツのガス室の方が一〇倍も多くの人々を詰め込むことができた。ガス室ができれば、その死体を処理する焼却炉が必要だ。両設備はセットである。ドイツ銀行が、この両方の建設に関わっていたことは、一人の職人の報告書から発覚した。建設会社のリーデル・ウント・ゼーネ社は、アウシュヴィッツの第四号焼却炉の建設を頼まれた。この会社は、一九四二年八月三一日、現地のドイツ銀行支店に融資を依頼した。資金を融通してもらった建設会社は、職業紹介所を通して建設のための職人を募集した。この職人が、完成後に職業紹介所に提出した仕事の内容を示す文書には、一九四三年三月二日の日付で、以下のように書かれてあった。「ガス室の床にコンクリートを張る」。

ドイツ銀行は、エアフルトの建設会社トプフ・ウント・ゼーネ社が請け負った焼却炉の炉の部分の建設にも融資した。融資額が支店に許されている最大額を超えれば、何に融資をするのかを含めて、本店のサインと許可がいる。担当支店のみならずベルリンの本店も人間の〈大量かつ効率〉的殺戮機構の一翼を担った。こうして頭取ヘルマン・アブス自身の「自分は、一九四三年以降は殺戮収容所を知っていた[119]」という発言とあいまって、ポツダム資料館のドイツ銀行関係資料一万二〇〇〇点の重みは、ドイツ銀行を追いつめ、市民や被害者はこれを契機に、各支店の資料を発見し、真相の解明に向けた努力を続けた。

一九九九年二月一七日、ドイツ銀行は九八年決算の速報値を発表した。それによると、税引き前利益は七九億マルク（約五八〇〇億円）であり、前年の四倍を記録し、過去最高額であった。同じ年の八月五日付けアメリカの金融専門紙『アメリカン・バンカー』は、九八年度末の世界の銀行の総資産番付を報じた。一位は、ドイツ銀行で、「総資産額約七三五二億ドル（約八四兆一八〇〇億円）[120]」となっている。巨額の利益が報じられる一方で、この銀行は九八年一一月、アメリカの投資銀行バンカーズ・トラスト社との合併に合意が成立していた。バンカーズ・トラスト社は一七〇億マルクで買収されようとしていたのである。これに対して、米に生存している被害者やユダヤ人団体、ニューヨーク市が抗議の声を挙げた。ニューヨーク市は、米連邦当局に合併・買収の際の許可条件を提案した。それは、ドイツが全ホロコーストの犠牲者に補償をしなければ、許可しないように、という内容であった。被害者や数百万人を傘下に収めるユダヤ人団体は、ドイツ製品のボイコットを主張した。

シュレーダー首相が、ドイツの一二企業が基金創設（「記憶・責任・未来」基金）で合意、と発表したのは、ドイツ銀行が速報値を公表した九九年二月一七日であり、まさにボイコット運動の広がりを未然に防ごうとしたからである。ドイツ銀行こそこの一二企業の中の一社である。

③集団訴訟

ドイツ企業への抗議、ボイコット・不買運動と共に、アメリカでドイツ企業を相手に起こされる集団訴訟が、第二の要因群の二つめに触れたい点である。集団訴訟（class action, Sammelklage）とは、ある原告が、自分自身のために、または同じ被害を受けている他の人々のために行う訴訟である。一つのクラスを代表する一人または多数を原告とする訴えが勝訴すると、その判決は同じ被害を受けているクラス全員に効力を及ぼす。企業は原告のみならず多数の同じクラスの被害者に支払いをしなければならない点で企業へのダメージは大きく、逆に被害者には共同意識と連帯感が生まれる。強制労働の現場では、山奥での採石場にせよ、埠頭での荷役作業、地下での石炭の採掘作業にせよ、一人で労働を強いられたわけではない。強制労働は、共同労働である。個人差はあるものの、被害や疲労、傷害や飢餓の程度も多くの人々に共通していた。〈私の苦悩は、隣人の苦悩〉でもある。かつて、同じ境遇で苦悩し、助け合った人々は終戦を体験し、五〇年の歳月を経た九〇年代後半に、集団訴訟で再会し、連帯意識を確認した。

九七年三月、アメリカで九人のホロコーストの生存者が欧州の保険会社六社を訴えた。九八年三月、米の「メルヴィン・ワイス弁護士が、強制連行労働によって利益を得たとしてフォード社に対して集団訴訟を起こす」[121]。九八年八月、米国でユダヤ系女性二人がフォルクスワーゲン社を相手に集団訴訟を提訴。翌九月、アメリカで、一〇〇〇人の元強制労働者がドイツのダイムラー・ベンツ社などを相手取って提訴。訴えられた企業は、いずれもアメリカに支社、支店を開設していたり、巨額の不動産、財産、資産価値を持つドイツ企業が中心である。企業は、敗訴による莫大な〈損害〉だけでなく、アメリカの顧客や消費者から保険契約の解除、製品のボイコットや不買運動が広がることを恐れた。

④株主総会

要因群の第三は、被害者や支援者による企業の門前での抗議行動、インターネットなどを通した情報の交換と共有、数多くの集会、学習会、講演会での歴史意識の深化、労働組合での議論と決議、株主総会での戦争犯罪の告発と補償を求める運動——すなわち、市民、被害者、労働組合、90年連合／緑の党を中心とする野党の下からの運動である。

市民レベルでシンポジウム、講演会、学習会等を開催し、企業の代表者を呼んでも、企業は参加しない。これらに比べ、株主総会では経営陣は株主の声に全く背を向けることはできない。既に触れたように、ＩＧ―ファルベン社は、バイエル社、ベー・アー・エス・エフ（ＢＡＳＦ、バスフ）社、アグファ（Agfa）社の「三社同盟」に加えて、第一次大戦中にヘキスト社等が加わり、六つの大化学企業が利益共同体契約を締結して成立した。戦後になり、連合軍は企業の過度の集中を排除し、巨大コンツエルンの解体を進める。ＩＧ―ファルベン社は、資産の一部をＩＧ―ファルベン清算会社が引き継ぎ、残りの九〇パーセントをバイエル、ＢＡＳＦ、ヘキスト三社が受け継ぎ、実体としてこの三社が後継企業となった。[122] 一方、ＩＧ―ファルベン清算会社の方は、一九九一年の株主総会で『『ＩＧ―ファルベン・持株・不動産清算株式会社』（以下、「ＩＧ―持株清算会社」と略称）と名を改め、ともかく清算の方向へ進むことが確認された」[123]。一九九六年の時点で、このＩＧ―持株清算会社の株主配当は年間一億マルク（約七三億円）以上にのぼっている。

「連合批判的株主の会」[124]は、早いうちからＩＧ―持株清算会社と後継三企業の戦争・戦後責任を追及し、補償制度の設立を訴えてきた。戦後五〇年にあたる一九九五年、この会は、他のグループと共に、二、三〇〇人が出席するバイエル社の株主総会で、チラシを配付し、総会の席上で①ＩＧ―ファルベン社所有の、モノヴィッツ〈私営〉強制収容所（アウシュヴィッツⅣ）の保存とそのための予算を組む、②ＩＧ―ファルベン社の全被害者、遺族に、直ちにふさわしい補償をする、とりわけモノヴィッツ〈私営〉強制収容所の元強制労働者に補償基金を創設する、③これらの予算化には、一株につき一マルクを充てる、④ＩＧ―ファルベン社の資料の閲覧を自由にする、⑤「ＩＧ―持株清算会社」を解体し、商取引きを禁止すること等を主張した。九四年度の決算によれば、額面五〇マルクの一株につき、一三マルクもの配当があったので[125]、その一三分の一相当を拠出せよ、という主張はそれほど無理な主張ではないであろう。これにより六〇〇〇～七〇〇〇万マルクが集まり、不十分ながら一定数の被害者が補償される。一方、バイエル社の方は、①かつてのＩＧ―ファルベン社とは別会社であり、したがって権利継承者ではない、②ナチス時代のテーマは総会ではふさわしくなく、歴史のゼミは株主総会に不適である、③ヒトラー・ドイツでは、誰もが何らかの方法で従うよう強いられていた、などと反論し、連合批判的株主の会や他の連帯するグループは、警備員の力で会場から排除されてしまった。法的には確かに別会社であろう。しかし、国内、国際法に違反し、積極的に〈私営〉強制収容所まで設立し、三五万人もの膨大な強制労働者の生死をかけた奴隷労働により発展し、資本蓄積を果たした企業が、ナチスにより「強いられた」と、まるで〈被害者〉を装うことは、歴史の事実に反し、真相解明の努力と成果を無にする。

各地で連合批判的株主の会、全国組織であるナチ政体被迫害者同盟（ＶＶＮ）等のシンポジウムが現地の市民運動と共同で開催され、そこで議論され、決議された内容が、株主総会に提出された。一九九一年、ベー・アー・エス・エフ（ＢＡＳＦ）社は、旧東独のシュヴァルツハイデに残されていたＩＧ─ファルベン社の強制収容所を、社によれば「ついうっかりして、誤って」[126]ローラーで地ならしをしてしまった。大規模な抗議がＢＡＳＦ社に殺到した。この企業は、資料室を非公開とするだけでなく、ガス室、焼却炉、収容者たちが寝泊まりするバラックをも解体した。自社の歴史につながるものを、資料室内だけに封印し、これができないものは、地上から消し去り、そのことで今生きている人々の記憶からも抹殺しようとした。シンポジウム、討論会、株主総会などでは、このことが問われ、社は、跡地に記念公園の建設を約束せざるを得なくなった。

戦後の補償は、歴史的事実を認め、被害者たちの苦悩を認知し、その責任の所在を認め、謝罪すること、そして原状への回復をめざした金銭的な支払いをする──だがこれだけでは終わらない。歴史の、意図的な記憶からの抹殺をさせないよう、資料の開示、歴史的な施設の保存と公開、語り部の養成など、市民が学ぶ場を維持することも含まれなければならないだろう。ノイエンガメ強制収容所はその碑に「あなた方の苦悩、あなた方の戦いそしてあなた方の死を決して忘れてはならない」と刻銘し、「あなた方の苦悩、戦い、死」を社会的に認知する努力を払ってきた。強制収容所の設置者であるハンブルク市議会と市民は、設置の理由を「このような不正を二度と繰り返さないために」と刻んだ。戦後補償とは、繰り返さないための努力までを包含しなければならないのではないだろうか。この努力は、死者への思い、愛する肉親、恋人にまつわる記憶まで消そうとする人々との〈戦い〉なしには、実を結ばない。

株主総会での主張は、たとえ実現をしなくとも、すなわち先の「一株一マルク」やモノヴィッツ〈私営〉強制収容所（アウシュヴィッツⅣ）保存など①から⑤までが達成できなくとも、その〈戦い〉が社会的に伝えられ、「戦犯企業」の罪がドイツの内外に広く知られるようになり、企業はますますその姿勢を問われることになる。売り上げ減とボイコットの波は確実に企業に向けて押し寄せ、まともな戦後補償に取り組むよう促す。この運動の源流は、ナチス時代に抵抗をした数少ないプロテスタントの告白教会に集う人々である。一九九九年、こうした市民の〈戦い〉の一つに、「贖の印・行動／平和奉仕」（以下「贖の印」と略記）の運動がある。この運動の源流は、ナチス時代に抵抗をした数少ないプロテスタントの告白教会に集う人々である。一九九九年、「贖の印」グループは、政府に立法による基金の創設を要求している。金額は、強制労働により儲けた量に沿わなければならないとした[127]。先に『記憶・責任・未来』基金に先立つ補償」の項で触れたように、少数の企業はこれまで確かにささやかな支払いをしてきたが、その額は企業側が一方的に決定していた。「贖の印」は、こうした企業のいわば自由裁量に異議を唱え、創られるべき基金への各企業の拠出額は、利益の量に比例するよう提案した。このグループも各地で集会を組織し、「我々は、当該企業に期待する。彼らがナチの不正への関わりと、元強制労働者への犯罪の共同責任を認めるように[128]」と訴えた。

（5）基金の成立

一九九八年九月二七日、連邦議会議員選挙が行われ、従来のキリスト教民主／社会同盟と自由民主党の保守政権に替わって、社民党と90年連合／緑の党の二党が連立を組み、政権についた。一〇月二〇日、二党は連立協定を締結、ここで保守政権が放置してきた強制労働者に補償する政策に合意する。とりわけ、強制労働者への補償のみならずナチス時代の不正の解明とその多様な補償問題に、他党よりも強い姿勢で取り組んできた90年連合／緑の党の政権参加は、基金成立の原動力になった。

ここまで基金を生み出した社会的諸要因を列挙してきた。整理すると、

①真相の解明の点では、九〇年代の世界的な努力、運動を背景に、ドイツでは大学学長の「回心」から見えてきたナチス時代と現代との皮一枚の連続性が明らかになり、スイスの戦争責任の解明を通して、ドイツが金塊を収容者から、また占領地の住民や中央銀行から略奪していた事実が明らかにされ、国防軍の犯罪展を契機として、神話「清潔な軍隊」の解体が広まるとともに、その軍隊や親衛隊と三人四脚を組んで強制連行―労働をさせていた企業の実態が今まで以上に注目を集め、世論を喚起した。これに突き動かされた少数の企業は、自社の資料室を開示することで、また企業史を編纂しながら暗い歴史の膨大なページに向き合わざるを得なくなった。

②政治の面では、在米ユダヤ人のみに「口止め料」的な支払いを意図したり、強制労働者への冷遇と戦争犯罪人を厚遇（年金）してきた事実から、不公平な政策、制度に批判が寄せられた。同盟90／緑の党を含む連立政権の登場は、政権の側から基金創設に寄与した。

③これに司法の場を通じて国際的な枠組みの変化が加勢した。ドイツ統一は「2＋4条約」を産みだし、これが講和条約に相当する、という判決が出され、ドイツ政府、企業は、ロンドン債務協定を根拠に、強制労働者への賠償問題をもはや延期させることはできなくなった。加えて、連邦憲法裁判所によって個人が国境を越えてドイツ政府を訴えることが可能となった。

④アメリカでの集団訴訟と株主総会での追求を始めとする市民や被害者の社会的運動は、製品の不買運動やボイコット、企業合併への反対運動を広く包み込み、企業に市場喪失への危機感を抱かせ、これらが強制労働者への補償に向かう道を選択させた最大の要因となった。

〈1〉法的安定性

強制労働補償基金「記憶・責任・未来」は、一九九九年一二月一七日、シュレーダー新連立政権とドイツの大

企業一二社による基金創設の大枠での合意から、二〇〇〇年七月六日、基金設立を含む財団法案の連邦議会（下院）で、後に連邦参議院[129]（上院）での可決を経て、七月一七日に発足した。創設に合意した一二社とは、佐藤健生氏の分け方に従えば、次の大企業である。自動車業界からは、ダイムラー・クライスラー、BMW、VW、電気・電子ではズィーメンス、金融ではドイツ銀行とドレースナー銀行、機械・鉄鋼からはティッセン・クルップ、保険からはアリアンツ、化学・貴金属ではデグッサ、化学・薬品からはIG―ファルベンの後継企業であるバイエル、BASF、ヘキストである。このうち、自動車、電気・エレクトロニクス、機械、化学の四大産業は、ドイツの代表的な輸出産業である。さらにドイツ銀行とドレースナー銀行はドイツ銀行業界の一位、三位を占め、アリアンツはドイツ保険業界の最大企業である。

合意から発足までの約一年半の間、幾つかの論点がクリアされた。その最大の論点は、法的安定性（Rechtssicherheit、法的安全性とも訳される）であった。一二社は大枠での合意後、基金創設の第一案を作成した。ここに創設の条件が書き込まれていた。とりわけその一つが、ドイツ銀行が主導した「銀行、保険業界は法的安定性を得る」という条項である[130]。この銀行は、直前に米・バンカーズ・トラスト社との合併に合意し、一方でアウシュヴィッツに融資していた事実が明るみに出ていた。ここからドイツ銀行は、合併反対と訴訟に直面していた。そこで基金の創設には、自社および保険業界に対して提訴されていた集団訴訟や個人での訴訟が却下されること、また今後とも裁判に訴えて補償の主張がなされないような確固とした法的保証（法的安定性）を得られることが条件であった。その後この条項は、基金を創設する財団法にも取り入れられ、補償金の「支払いが行われるのは、ドイツ企業への法的安定性が確保された場合のみである」（第一七条）と、対象を全企業に拡大した。

ドイツ企業側が提出した基金創設の条件、すなわち係争中の全訴訟、さらに将来の提訴、再提訴が行われない法的安定性を確保するために、以下のような用心に用心を重ねた措置が取られた。まず①米国が関わる措置としては、大統領声明であり、米独政府間協定であり、米の裁判所でドイツ企業を相手にした係争中の訴訟を棄却することである。次に②財団法そのものでの法的安定性の確認と、さらには③ドイツ議会での同様の確認決議である。

米独間の度重なる折衝で、今まで米側は基金規模を初めの三〇〇億マルクから減額して二〇〇億マルク（約一兆一二〇〇億円）と主張し、ドイツ側は一五億マルクから増額して六〇億マルク（約三三六〇億円）の拠出を提示していたのに対して、一九九九年一一月二五日の段階では、米側は最低一〇〇億マルク、ドイツ側は八〇億マルクと双方が歩み寄った。焦点は、法的安定性を米側はいかに保証し、独側はいかに勝ち取るか、に絞られていた。この段階で、ドイツ側が「今後補償請求は一切行わない」ための確証を求めるのに対して、米側は、クリントン大統領が、ドイツ企業を相手とする米国での訴訟は、「米国の外交上の利益に反する」という声明を出すという案を示している。これを受けて、一二月一三日付の書簡で、米大統領は訴訟の棄却が米の外交上の利益になる、という見解を表明した。これを受けて、一二月一五日、ドイツ企業側のギボウスキ報道担当は、来るべき合意文書には、基金の額は一〇〇億マルク（政府と企業がおのおの五〇億マルクを拠出）であり、法的安定性が明記される、と発表。一九九九年一二月一七日、シュレーダー首相が合意の成立と、補償財団の設立構想を公表した。

同じ日、ドイツのラウ大統領は、長期にわたる交渉の終わりに当たり、犠牲者を追悼し、生存者にドイツ国民の名で許しを請う声明を出した。「補償は遅すぎました。私は、多くの人々にとって、金銭など全く重要ではないということを知っています。人々は苦しみを苦しみとして認められることを求めているのです。ドイツの支配下で強制労働を行わなければならなかった全ての人々に思いをはせ、ドイツ国民の名において許しを請います。あなたたちの苦しみを私たちは忘れません」[131]。このラウ声明に対しては、交渉に参加した人々の間から次のような称賛の声が上がった。この声明は、ヴィリー・ブラント首相のワルシャワ・ゲットー英雄記念碑の前でのひざまづき（一九七〇年）と、ドイツの敗戦後四〇年周年にあたり、連邦議会で行われたヴァイツゼッカー演説（一九八五年）に匹敵するという[132]。しかし、基金に拠出をする企業は少なく、この時点でわずか六〇社のみであった。二〇〇〇年七月六日、法案は下院で可決されるが、参加を呼びかけられた企業二二万社の中で応じた企業は三〇〇〇社（約一・四パーセント）だけであった。

クリントン大統領の声明、ギボウスキ報道担当の発表に続いて、二〇〇〇年七月一七日、両国政府間で「記憶・責任・未来」基金に関する協定が締結された。ここでは被害者への支払いの大枠とアメリカ合衆国での訴訟の却下、米大統領の声明が再度確認された。しかし、ドイツ企業の参加数は依然として伸びず、その根拠として、一つは法的安定性が不十分なのだという。拠出をためらう企業の前に立ちはだかるハードルを一段低くするには、アメリカでドイツ企業を相手に提訴された裁判を、大統領声明に沿って実際に却下することであった。二〇〇〇年一一月一三日、ニュージャージー州裁判所は、口頭尋問の後、四六件の元強制労働者のドイツ企業に対する訴えを却下した。その理由は次のように説明された。すなわち、米連邦政府がクリントン声明の中で、「この訴えは、米国の利益に合致しない」[133]と宣言したからである、と。基金創設にリーダーシップをとった「ドイツ経済財団イニシャティヴ」一二社は、この却下を歓迎し、「ドイツ企業への永続的な法的安定性創出への重要な、初めての一歩」[134]と評した。また、ダイムラー・クライスラー社財務担当理事で一二社のリーダー格のマンフレート・ゲンツは「この判決に満足し、他の訴えも却下されることを望む」[135]と判決を喜んだ。しかし、彼の希望する「他の訴え」が簡単に却下されたわけではなかった。

二〇〇〇年一一月初め、ニューヨーク連邦地裁の女性裁判官シャーリー・クラムは、基金に拠出されている金額が、被害者の補償に十分かどうか疑わしい、と懸念を表明した。そして、翌二〇〇一年二月二八日、彼女は却下を延期する。理由は、ドイツ企業が担当する五〇億マルクの拠出金をドイツ企業が集めていないからであった。この時点で、一四億マルクが不足していた。彼女は、三月一九日、再度、棄却はできない、と判断している。こうして彼女の担当分と、ニューヨーク連邦地裁への提訴部分が係争中として残ったままであり、ドイツの企業側から言えば、個別企業が集団訴訟から免責されない事態が続くことになった。支払いまでの二段階、すなわち、全ての訴えが却下され、これを受けてドイツ連邦議会が企業への法的安全性を保証する、という段階を経る以上、ドイツ連邦議会にはクラム判決後、「これ以上の遅延は政治的に維持できない」という声が増大した。結局、二〇〇一年五月一〇日、クラム判事は三月の判断を取り消し、五月二一日、連邦地裁に残っていた訴訟が全て却下された。翌二二日、「ドイツ経済イニシャティヴ」は、後にドイツ下院議会で法的安定性の確認がなされるのを見越して、前もって声明を出した。そこでは第一に、補償金の「支払いの条件は整った」とし、第二に、参加企業数は六三〇〇社に増加したことが示された。五月三〇日、下院議会は、支払いを承認する案を可決し、法的安定性の確認を行った。翌六月一五日から元強制労働者への補償金の支払いが初めて開始された。戦後五六年の歳月が流れていた。

〈2〉強制労働補償基金「記憶・責任・未来」

①前文——法的責任の放棄

強制労働者に補償金の支払いを可能とする「『記憶・責任・未来』基金設立法案」は、二〇〇〇年七月六日に連邦議会（下院）を通過した。初めにその前文を見てみよう。

「ドイツ連邦議会は、以下のような認識をする。

ナチス国家は、連行、逮捕、搾取により労働を通した殺戮に至るまで、またその他の無数の人権侵害により、奴隷・強制労働者に重大な不正を加えたこと。

ナチスの不正に参加したドイツ企業は、歴史的な責任を負い、その責任を明らかにしなければならないこと。

ドイツ経済界の基金イニシャティヴ（の創設）に結集する企業は、この責任を自らが認めたこと。

なされた不正とその不正によりもたらされた人間としての苦しみは、金銭的支払いが行われたとしても、原状への回復が果たされるわけではないこと。

この法は、ナチス政体の犠牲者となり、命を失うか、或いはその後故人となった人々にとり、あまりにも遅すぎたこと。

こうした認識にたって、ドイツ連邦議会は、ナチスの犠牲者に対して、政治的、道義的な責任があることを自ら認める。連邦議会は、この人たちに加えられた不正を、明日の世代も忘れないで心に刻むよう望む。

ドイツ連邦議会は、以下のような前提から出発する。すなわち、この法により、また独米政府間協定により、同様にアメリカ政府の付随声明そして交渉に参加した全当事者の共同声明により、とりわけアメリカ合衆国において、ドイツ企業とドイツ連邦共和国の法的安定性が十分に達成される、という前提である。

連邦議会は、連邦参議院の同意を得て、以下の法を議決した」[136]。

この前文では、「事実が認知され、補償に取り組む姿勢が明白に記されている」[137]。

すなわち、①議会が認めたことは、まず大きな枠組みで、ナチス国家が強制労働者に殺戮や人権侵害の不正を行ったこと、次にその不正に加わったドイツ企業は、従って歴史的な責任を負うこと、②議会は、この歴史的責任を、ドイツ企業自身が認めていることを認定している。つまり、強制労働への歴史的責任は、企業も議会も両者が認めた、というわけである。③しかし、議会が認めた歴史的責任は、政治的、道義的責任であり、法的責任は含まれていない。この基金の特徴の一つは、強制連行―労働が、すでに見てきたように国際・国内法にも違反していたのに、議会はそれを認めない点にある。

ただし、文言には表れてはいないものの、極めて遠回しにではあるが、法的責任を意識している言い回しであることも読み取れる。この前文は、始めに、ナチス国家が「人権侵害」により「不正」を行い、企業がこの「人権侵害」による「不正」に加わったと述べている。現代の人権感覚でこの「人権」侵害を解釈すれば、少なくとも自由権や社会権（生存権）という基本的人権の侵害を意味するであろう。これらの人権は、各国の近代憲法や、戦後の世界人権宣言や国際人権規約等の人権関係諸条約に結晶化している。強制労働は、国家権力や企業による不当な身体の拘束であり、人身の自由を束縛するものであり、強制収容所、労働収容所、その他の収容所には、思想・良心の自由も、信教の自由もなく、精神の自由が剥奪されていた。のみならず、健康で文化的な最低限度の生活も保障されず、生存権そのものが奪われていた。この前文では、ナチス国家も企業も共にこうした基本的人権の「侵害」を行ったと読める点で、遠回しにではあるが法的責任を負うことを認めている、と解釈することも可能だ。したがって、法的責任は文言として、明示的には認められてはいないが、行間を読み取ることで、この責任を意識している書き方になっていると言えるであろう。しかし、誰が意識していると読み取れるかといえば、議会である。決して企業ではない。企業は一貫として法的責任を認めていない。

私たちの社会では、一般に、例えば軍が被害者に不法な行為をすれば、その被害者がどこの国の人であろうと補償の義務を負うであろう。軍は法に基づく補償の責任を負うのであって、概念があいまいな「政治的」、「道義的」責任ではない。したがって取るべき被害者への対応は、自由意思に基づく「人道支援」ではないはずだ。

②管理委員会

全二〇章からなるこの法は、第五章に財団の管理に当たる管理委員会を定めている。「管理委員会 Kuratorium は二七人で構成する」と定め、どの組織の代表者か、また誰によって任命されるかが明記されている。以下にそれを記す。

任命者及び代表者	人数
1. 連邦首相	1（議長）
2. 企業（財団イニシャティヴ）	4
3. 連邦衆議院（下院）	5
連邦参議院（上院）	2
4. 大蔵省代表者	1
5. 外務省代表者	1
6. 対独ユダヤ人物的補償請求会議	1
7. 独スィンティ・ロマ中央評議会、社団法人独スィンティ連盟、国際ロマ連合	1

8. イスラエル政府　1
9. 米合衆国政府　1
10. ポーランド政府　1
11. ロシア連邦政府　1
12. ウクライナ政府　1
13. ベラルーシ共和国政府　1
14. チェコ共和国政府　1
15. 米合衆国政府任命の弁護士　1
16. 国連難民高等弁務官の任命　1
17. 国際移住機関（設立法第九条第二項第六条）　1
18. 社団法人・ナチス被迫害者助言・相談連邦連盟　1

番号2から5までの一三名がドイツ側が任命した委員であり、残りの一三名が被害者側から参加する委員である。キャスチングボートを握るのが1のドイツ首相が任命する議長となっている。

③パートナー組織と配分額

基金から配分される額は以下の通りである。「2＋4条約」との関わりで、東欧に設立された「パートナー組織」を通して、基金は支払われる。(138)

1　ポーランド共和国を担当するパートナー組織へ　一八・一二億マルク
2　ウクライナ共和国とモルダヴィア共和国を担当するパートナー組織へ　一七・二四億マルク
3　ロシア連邦とラトヴィア、リトアニア共和国を担当するパートナー組織へ　八・三五億マルク
4　ベラルーシ共和国とエストニア共和国を担当するパートナー組織へ　六・九四億マルク

5　チェコ共和国を担当するパートナー組織へ　四・二三億マルク
6　非ユダヤ人有資格者を担当するパートナー組織へ　八億マルク
上記1〜5の国々を担当するパートナー組織以外の国際移住組織
（うち、二・六〇億マルクを、対独物的補償請求ユダヤ人会議へ）
7　ユダヤ人有資格者を担当するパートナー組織へ　一八・一二億マルク
上記1〜5の国々を担当するパートナー組織以外（対独物的補償請求ユダヤ人会議）

④補償額

各強制労働者個人に具体的に支給される補償額をみてみよう。該当者は、基本的な枠組みとして三つのカテゴリーに分けられる。始めにカテゴリーBから述べれば、ここに分けられる人々は、ドイツの占領地、支配地域からドイツに連行され、収容所（労働教育収容所、民間労働者収容所など）や企業所有のバラックや公園などで寝泊まりをさせられ、労働を強いられた人々であり、「強制労働者」の範疇に入れられる。この人たちには最大額五〇〇〇マルク（二〇〇〇年七月の時点で、約二六万円）が給付される。カテゴリーAは、同じ強制労働でも、強制収容所やゲットーの体験をへた人々であり、「奴隷労働者」に組み入れられる。最大一万五〇〇〇マルク（約七九万円）が充てられる。第三はその他の人々で、例えば、人体実験の被害を受けた人々が該当する。佐藤健生氏の「基金の具体的な配分額」[139]を参照させて頂き、ここまでを表にすると、【図表9】のように表される。

⑤評価

(a)意義

i　歴史の記憶

【図表9】の中に「記憶と未来基金」という項目があり、七億マルクが計上されている。これは、基金「記

〔図表9〕

カテゴリーA（「奴隷労働者」）	36.3億マルク	
カテゴリーB（「強制労働者」）	44.2億マルク	
その他の人々	0.5億マルク	
		小計　81億マルク
非労働被害に対する給付（銀行，保険会社が引き起こした財産の損害）	10億マルク	
記憶と未来基金	7億マルク	
管理諸経費（管理，弁護士費用）	2億マルク	
		小計　19億マルク
		総計　100億マルク

償・責任・未来」の中に設けられた、言わば「基金内基金」であり、強制労働者への支払いとは別の用途を予定している。基金設立法第二条「基金の目的」には、この言わば「基金内基金」七億マルクの財源を運用し、収益をあげ、この収益で以下のプロジェクトを助成するよう定めている。①国際理解、②ナチス政体の生存者の利益、③青少年交流、④社会的正義、⑤全体主義システムと暴力支配がもたらした抑圧を記憶すること、⑥人道的領域での国際協力、⑦生きて戦後を迎えられなかったナチスの不正の犠牲者を祈念し、その名誉を讃えて、遺族のために。

ここには、⑦の「遺族のため」という用途以外に、ナチス時代の抑圧機構を今後も忘れない努力を支援するプロジェクトへの助成が列挙されている。強制労働者への支払いは当然のことながら、歴史をその被害者と共に記憶し、被害を与えた諸国との国際理解を深め、発展させる視点があることは評価できる。それは、ノイエンガメ強制収容所の入り口のパネルにあるように、ナチス時代の「不正を二度と繰り返さないため」に不可欠だ。ナチス時代の被害者とは、これまで連邦補償法や今回の基金設立法など数々の補償立法で補償されてきた人たちだけではない。これらの適用を受けず、誰からも顧みられず、今なお心身両方の後遺症やトラウマに苦しむ被害者も多い。この人たちは、ともすれば苦悩の原因が自らにあるように思いこみ、自責の念にかられる。例えば、「あのとき、あそこに行かなければ連行されなかった」と。たまたま、連行された当日の外出を、自分の責任であるかのように責める。金銭的補償から漏れた人々には、せめて「自己責任ではない」という歴史認識を支援するプロジェクトが奨励されるべきである。

すぎる。

基金の財源で支援されるプロジェクトは、無数の、無名の被害を受けた生存者への思いと理解を求めている。戦後補償は、被害者への金銭的補償、被害者の原状回復をめざす措置だけでは終わらないことをこの基金は示している。この点は、評価できる視点であろう。ただし、理念に比べて七億マルクという額はあまりにも少なすぎる。

ii　政治決着

ドイツ側の初期の構想では、東欧のユダヤ人強制労働者のみが補償対象であり、基金に拠出するのは企業のみであった。米側との交渉で、やがて非ユダヤ人強制労働者にも拡大し、政府も拠出することに変わった。ただし、コスト（基金）の総額を抑制するために、ドイツ側は、①困窮を証明する場合にのみ補償される、②補償額は出身国の賃金水準に合わせるという案を通そうとした。ドイツの首相府長官ホンバッハの要請した二人の学者は、次のような提案をした。出身国を三クラスに分け、①旧ソ連圏からの元強制労働者への給付を一とすると、②東欧からは二倍、③西欧諸国からは三倍とする。

強制労働への補償は、現在の困窮の程度とは無関係のはずである。先に引用した財団設立法の前文によれば、ナチス国家の「重大な不正」、その「不正に参加したドイツ企業」が、現在、「歴史的責任」を認める上で「金銭的支払い」が不可欠であった。これが補償の根拠であり、被害者の現在の〈豊かさ〉や〈貧しさ〉には関係がない。三クラスへの分類と補償額の区別化は、犠牲者組織の弁護士たちの断固たる反対にあい、結局この案は通らなかった。

被害者たちは高齢である。仮に、開戦時、二〇歳で連行されれば、基金設立時は八〇歳以上である。補償を受ける権利のある元強制労働者が毎月一万人規模でこの世を去っている。死者は補償対象から外される。後遺症、トラウマに苦悩する被害者たちが、緊急に補償を請求するのは当然である。

一般に戦後補償問題の解決には、行政、司法、立法それぞれの分野での取り組みが必要である。強制労働者への補償の道が、ドイツ史上、裁判で初めて切り開かれたのは九七年一一月のボン地裁の判決であった。その前には却下の歴史が累々と広がる。被害者が若く、後遺症による心身の苦悩もなければ、このまま司法での解決を求め続けることが可能かも知れない。極めて遅まきながら、〈一月に一万人の死〉の現実に、政治が着目せざるを得なくなった。その原因は、今まで述べてきたように、真相の解明を求める人々の努力、そして列挙した企業史の執筆に始まり、集団訴訟に至る諸原因である。

高橋融氏によると、「政治の責任は、国民に先んじて憂うることである」(140)という。ドイツ統一後、講和条約（「2＋4条約」）が結ばれ、ロンドン債務協定を口実に強制労働者への補償は先送りできなかったはずなのに、中道右派のコール連立政権は、この苦悩する人々を前にして「先んじて憂うること」はおろか、遅ればせながら憂うることも決してしなかった。この意味では、社民党（SPD）―90年連合／緑の党からなる新連立政権の政治的解決への意気込みと努力は評価に値する。二〇世紀になされた不正は、二〇世紀のうちに解決するという新連立政権の姿勢は、二〇〇〇年七月六日に貫かれた。この日、新連立左派政権のリードで「強制労働者補償財団法」（「記憶・責任・未来」基金法）が連邦議会（下院）で決議された。記名投票により、賛成五五六名（出席議員の約八八パーセント）、反対四二名、棄権二三名であった。保守二党のキリスト教民主同盟（CDU）とキリスト教社会同盟（CSU）は多数派が賛成票を投じた。民主社会主義党（PDS、旧東独共産党）四議員は棄権した。保守二党報道担当者ボスバッハは、党内多数派の代表的見解を紹介し、この法は「包括的で、最終的である」と論評した。他方、連立与党のフォルカー・ベック（90年連合／緑の党）と野党のウラ・イェルプケ（PDS）は、強制労働者への不正と補償の遅延、「いたずらに消費した時」(141)を謝罪し、SPDは、企業資料の開示を主張した。また、確かに強制労働者への補償は立法による措置で解決に向かうかも知れないが、連立二党とPDSは、ドイツの戦後補償をこれで「終結」させようとする意図には反対の態度を表明した(142)。

(b) 問題点

i　裁判への道

基金の創設は、こうして連立与党の強い意志と主導のもとで立法による解決という方法をとった。ここには同時に問題点も内包されている。その第一は、この基金は、司法解決とは排他的関係にあることを前提にしたので、裁判に訴えるという道が閉ざされた点を挙げなくてはならない。現在と将来、共に閉ざされた。すなわち、将来、真相の解明がさらに進む中で、企業に資料を開示させ、新証拠が出てきたり、今まで以上にナチスの不正が明らかになっても、新規に司法の場に問題を持ち込むことは困難になる。また、現在、この法に基づいて補償申請をしたが、拒絶された元強制労働者にも、裁判の道は閉ざされる。この人たちは、裁判所ではなく、財団内部の〈苦情受付係〉程度の機関におもむくことしかできない。すなわち、財団法第一九条「苦情手続き」によれば、「パートナー組織の中に、独立した、いかなる指示にも縛られない苦情担当係が創設される」。これは、法治国家の原理からは外れる措置である。ドイツでは、基本法に定められた法治国家の原則に則り、行政裁判所に告訴の道が開かれていなければならない。この基金は、もともと創設の諸要因でふれたように、企業側の防衛策、すなわち、企業イメージの失墜と製品の不買、ボイコットへの強い対応策という側面を持つ。集団訴訟や国境を越えた市民・被害者の運動、連帯行動に直面した企業は、個別の各企業の史料を開示し、その戦争犯罪に立ち入り、実態を調査し、真摯な反省をした上で、財団の設立にこぎ着けたわけではなかった。ナチスと強く関わった企業こそ、その責任はまずもって果たさなければならないのに、一億総懺悔的に、全企業に呼びかけ、財団を創設することで、この問題に早期に決着を付けようとしている点が窺える。だとすれば、現在も、今後も司法に訴える道が絶たれれば、問題はフタをされたままになる。

もともと基金創設の条件は、被害者側が、米の裁判所に訴えて補償の主張をしないことであった。立法による解決の利点のウラには、司法的解決を放棄したために、個別企業の法的審査をさせず、企業を戦争責任から〈解放〉する欠点をもたらした。

ii　輸出と投資

「基金成立の要因」の項で記した点を少々振り返ってみよう。私は、この基金には先例となる取り組みが二つあることにふれた。一つは、「法的責任」「謝罪」を欠落させたフォルクスワーゲン社の「人道援助」基金であり、他の一つは、企業と政府の〈共同〉方式と訴訟の〈放棄〉を条件にした独米政府間協定である。強制労働補償基金「記憶・責任・未来」は、これらの特徴を全て兼ね備えている。同時に、この基金には集団訴訟や国境を越えた市民・被害者の運動、連帯行動への対抗策、防衛策が顕著に表れている。その最たる表現は、ドイツ側代表ラムスドルフが二〇〇〇年七月一日に経済界に寄せた発言であろう。彼によれば、①財団の創設はアメリカでドイツの利益を守ることになる。具体的には、ドイツの輸出と投資を守る。②これにより、ドイツでの雇用も確保されるという。すなわち、企業と労働者の利益の双方を守るというわけだ。しかし、とりわけ、企業の輸出と投資こそ、この基金の最大の狙いである。というのも、輸出と投資が守られたり、拡大しても、ドイツでの雇用は守られないからだ。なぜならば、企業はより人件費の安い立地を求めて、国内産業を空洞化させてきたからである。雇用は守られないどころか、雇用喪失を招いている。そういう意味で、「雇用の確保」は期待できない。企業が業績を回復させても雇用の確保を図らないのが、市場万能が大手をふるうグローバル化した現代の特徴である。

iii　償還請求

元強制労働者は、補償を受けると同時に、〈それ以上〉は要求しない、という放棄宣言に署名しなければならない。〈それ以上〉とは何か。この説明をする前に、欧州のナチス占領地の至る所で、日常的に行われた保険契約に見られる戦後補償の一例にふれておきたい。

ナチスが占領地を拡大すると、枢軸国ドイツ、イタリアの保険会社は、戦車の後から〈行進〉し、英仏などの保険企業を駆逐していった。強制労働と同様、軍産官の三人四脚による欧州保険市場の占領である。占領地に支店を開設し、顧客を募った。ここで被害者側の一例を挙げると、大学の学費に備えて、子どもたちのために保険契約を結んだ親がいた。しかしこの親はナチス占領地で生き延びることができなかった。子どもの方は大学には行けず、行ったところは強制連行先のドイツ企業であった。その後、様々な強制収容所をたらい回しにされ、戦後生き残った時、親が何年もかけて保険の掛け金を払い込んでいたことが分かった。契約書類はなかったが、保険会社名は記憶していた。生存者は、満期の場合は支払いを、また途中の場合は、掛け金の一部の払い戻しを要求できる。しかし欧州七大保険会社に出向いても、これらを得ることができなかった。別の例を見てみよう。一九三八年一一月九日から一〇日にかけて、ポグロム（少数民族に対する暴行、虐殺）が吹き荒れた。シナゴーグ（ユダヤ教会）、聖典が焼かれ、ユダヤ人が殴打、銃撃され、ユダヤ人女性たちが陵辱され、子供たちも襲われた。ドイツ国内と併合地オーストリアの被害実態は、襲撃されたユダヤ人商店、事務所が七五〇〇軒、放火されたユダヤ教会が四〇〇か所、殺害されたユダヤ人が九一人、強制収容所へ送られたユダヤ人が三万人という。(143) 自殺者も相次いだ。破壊された器物、商店、住居、失われた生命に対しては、保険会社は補償責任を負っている。しかし、支払いをしなかった。その理由として、非アーリア人の預金、保険は、その権利をナチス政府に譲ったのだという。戦後になり、ナチス政府の法的後継者であるドイツ政府は、保険証書の所有者に補償した。

しかし、保険証書を持っている人は、契約者の中でもごく少数である。亡命をし、戦火で焼かれ、また強制収容所に入れられ、生死の境をさまよって、戦後辛うじて生き残った人々に残されているものは、暴力では奪われないもの、すなわちささやかな記憶であり、これだけは手放すまいと死守してきたささやかな記憶――保険証書の番号だけである。

さて強制労働基金に戻ろう。強制労働の補償金を受け取れば、保険証書などからの受け取りの権利も、掛け金の一部払い戻し権利も失われる。放棄宣言により、得られるのは強制労働の支払い〈それだけ〉であり、〈それ以上〉の権利は喪失する。この二つは、本来別の性格を持っているはずである。〈それだけ〉は強制労働の補償金であり、〈それ以上〉は保険契約から得られるものである。90年連合/緑の党は、この両者をはっきりと分け、〈それ以上〉も保険会社自身が調べて、支払うべきであると主張していた。社民党、企業側はこれを受け入れず、基金設立法第三章二項は、政府と企業側の拠出金をそれぞれ五〇億マルクと定めると共に、企業側の五〇億マルクの中に「ホロコースト時代の保険金の請求」も含める、としている。これだけを見ると、保険金の支払いは、別の財源を用意しないだけで、五〇億マルクの原資の中から支払われるような印象を持つ。しかし、元来、一〇〇億マルクの原資では、一二〇万人とも一五〇万人とも、あるいはそれ以上かも知れない強制労働の被害者の補償には、極めて不十分である。既に述べてきたように、この基金の中心は、引き延ばされてきた強制労働者への補償である。この被害者に支払って、なお保険金の支払いに応じる原資に余裕はない。実質的に、〈それだけ〉が精一杯であり、〈それ以上〉の支払いは閉ざされた。いや、〈それだけ〉の支払いすら、危ぶまれている。企業側拠出部分の五〇億マルクが集まらないからだ。この拠出の問題は、あとで取りあげよう。

iv　法的責任

「人道支援」のためと称する「フォルクスワーゲン（VW）社の補償基金の創設」の項でも触れたように、今日、ドイツの企業の中で法的責任を認めた企業は一社たりとも存在しない。例えば、VW社は、〈一〇人中九人も殺す〉職場環境で、国際法にも、また労働者への福祉義務を定めた国内法にも違反していた。ドイツ金銀精錬所（Degussa デグッサ）は、強制収容所の収容者から力ずくで奪い取った金歯を、「強いられて溶かさざるを得なかった」[144]と主張している。その理由は、当時そのような技術を持っていた企業は、デグッサ一社しか存在しなかったので、依頼されれば断れなかったのだという。しかし、資料から明らかにされる事実は、やむを得ず生きている人から金歯を引き抜いたのではなく、積極的に軍部の後を追い、金歯のみならず金塊をも求めて占領・支配地域に進出した。まるで「悪魔が貧しい人々の後を追うように」[145]、従業員であろうと、捕虜からであろうと略奪金塊を目的にした。こうした例は、労働者に対して安全な職場環境を提供する国内法にも違反している。いや、国内法があるかないかに関わらず、こうした行為は許されない。法以前の問題であろう。

一二の企業がイニシャティヴを発揮して創設したこの基金も、強制労働の法的な責任はない、との立場をとっている。さらには、基金の中に創られた管理委員会規約には、「罪」、「補償義務」、「強制労働」という言葉すら存在しない。経済界は基金創設後もドイツ企業に呼びかけ、基金への拠出を募る努力をしたが、議会への法案は大蔵省が主導し、省内に設置された審議会が作成した。この大蔵省作成の原案には「責任」という言葉も出てこなかった。これは批判され、後に「記憶・責任・未来」となった経過を見れば、基金の創設に抵抗を示す陣営にとり、最も避けたかった視点が「責任」であることが分かる。法的責任が浮上して来ざるを得ないからであろう。先に触れた九〇年代以降の真相解明を求める時代思潮と基金創設の諸要因を背景に、法的責任を主張する被害者、市民運動側と、これを認めない企業、保守政党側の妥協が、「法的」を取り除いた「責任」の二文字で決着した。この場合の責任とは、先に引用した「基金設立法案」（二〇〇〇年七月六日に可決）の前文によると、「歴史的」「政治的」「道義的」なものである。

法的責任はないので、支払いの根拠は義務ではなく、人道的な支援になる。恩恵的である。〈謝罪〉の視点も存在しない。罪を悔い、良心に基づいて反省する地点から謝罪は始まる。

v　拠出額

財団は、総額一〇〇億マルク、うち企業拠出が五〇億マルクで発足した。しかし、企業の実際の支出分はこの三分の一ほどに過ぎない。企業は、確かに五〇億マルクを拠出しなければならないが、後にその半額は、納めた税金から戻ってくることになっている。[146] したがって、実際の拠出金は二五億マルクである。企業はアメリカでの法的安定性の確保を求め、これが保証されなければ拠出に応じない姿勢を取っていたが、法的安定性が保証され次第、税から返還されることは約束済みであった。企業に負担をかけず、拠出をしやすくする措置である。政府は五〇億マルクにプラスして企業に返還される二五億マルク分をも拠出する。結局ドイツ国民の税から七五億マルクが財団に拠出されることになる。[147]

これでまだ終わらない。強制労働者の賃金はナチス親衛隊には支払われた場合はあったが、労働を強いられた当の本人たちにはほとんどわたらなかった。被害者から請求されているのは未払い賃金だけではない。すでにふれたように、金融機関は、未払いの、あるいは払い戻しをしていない保険証書、銀行口座の持ち主に、当然のことながら、払い戻しや預金を返さなければならない。この点を、同盟90／緑の党は、財団創設に当たり主張した。すなわち、銀行、保険会社が「アーリア化」のもとで没収した銀行口座、保険証書などについて、被害者側からの償還請求が可能となるように連邦政府が遡及して認めるよう要求し、これを基金法に書き入れることを求めた。[148] これは結局実現しなかった。本来、被害者や遺族に当然支払うべきこの額は、「一〇〜一二億マルクになる」。この分を差し引くと、企業の実際の拠出部分は一三〜一五億マルクでしかない。クラウス・ケルナーは、未払い賃金の今日での換算額を一八〇〇億マルク（約一〇兆円）と算出している。[149] これに保険証書や銀行口座から返却するべき額が加わると、巨額な数字となる。仮に、この返却分を入れず、未払い賃金分一八〇〇億マルクのみを支払い部分であるとしても、実際の拠出額一三〜一五億マルクは、その〇・七二一〇・八三パーセントに過ぎない。驚くべき少額である。

一九九九年一二月、政府側（ドイツ政府と州政府）と企業側が五〇億マルクずつの出資で合意が成立すると、この時点で六〇社が参加を表明した。しかし、その後この数は、企業側の基金イニシャティヴを構成する一二社が思い描くようには伸びず、したがって五〇億マルクが集まらない。そこで以降、一二社や被害者団体、市民運動、労働組合、更には著名人や自治体もが企業への呼びかけを行い、また自らが参加表明をすることで額を増やす取り組みを展開する。ここではこの増額への努力と取り組みについて紹介しよう。法案が可決してから半年以上経た二〇〇一年二月終わりの段階ですら企業側支出分の中の一四億マルクが不足していた。

vi　拠出企業

二〇〇〇年二月、基金イニシャティヴは、零細企業を除く二二万社を対象に商工会議所を通して手紙で基金への拠出を呼びかけた。[150] ナチス時代に強制労働者を酷使した企業のみならず、戦後に設立された企業にも呼びかけ文は届いた。返事を寄せてきた企業は、商工会議所によると、〇・六〜一・四パーセントであった。[151] 各社の拠出額の最低基準は、売り上げの一〇〇〇分の一である。なぜ、全社が対象とされたのか。理由の一つは、ある企業が強制労働者を使用したか否かに関わりなく、強制労働がナチス時代のドイツ産業界全体を潤したこと、それにより戦後のドイツが支えられている点が挙げられよう。もう一つは、多くの企業が参加することで、棚上げしてきた強制労働の補償に取り組む姿勢を積極的にアピールし、国際市場でイメージをよくする戦略がある。

これに対して企業側の反応は極めて悪く、経済界のトップの地位にいる人々は、五〇億マルクの支払いに同意しないばかりか、補償そのものにも賛意を示さなかった。『補償』となると、経済界の雰囲気は氷のようになる[152]」という。週刊新聞『ディ・ツァイト』紙によれば、[153] 商工会議所のメンバーの中には、「ゆすり」「けしからぬこと」という反応や、自分たちは「国際的陰謀組織による犠牲者」であるという極右組織によく見られる「陰謀説」から「苦しんで稼いだ金を搾り取られる」という「被害者」意識まで、多くが拠出に背を向けた。とりわけ、戦後設立された企業には、なぜ「過去の克服に分担金を支払わねばならないのか[154]」という不満は強い。

ところで、私は、まずもってナチス時代に奴隷以下の労働を強いた約二五〇〇社が真っ先に拠出するべきであると考える。その上で、強制労働がドイツの全社会に〈利益〉をもたらし、ドイツ社会が、戦後「ゼロ時」からではなく、その蓄積に基づいてスタートした点を考慮に入れ、戦後設立の企業にも〈協力〉を呼びかけるべきだと思う。強制労働者を酷使した企業が問われる責任は、国際・国内法を無視した国防軍やナチス親衛隊と一体となり、戦争に加担し、時には戦争を率先して領導した戦争責任と、戦後、被害者をそのままに放置し、原状への回復を怠ってきた戦後責任の両方である。強制労働をさせた〈罪〉と戦後責任を自覚し、謝罪をするべきである。強制労働者を酷使する時代に存在しなかった戦後の企業には、当然のことながら〈罪〉はない。戦後設立の企業をも含めて二二万社に等しく拠出を呼びかけることは、二五〇〇社の戦争・戦後責任と〈罪〉をアイマイにする。中でも、IG—社、VW社、ドイツ銀行、ダイムラー・クライスラー社など財団創設一二社を含めた巨大コンツエルンとその他の企業の責任と〈罪〉は同等であるはずがない。

さらには、連行されたとき、国、地域の境界を移動したかどうかで補償資格が異なる点も問題である。ドイツに連れてこられた場合、また別の占領地に連行された場合は、補償の対象となるが、祖国や占領地で捕まり、そのままその祖国や占領地で強制労働をさせられた場合は、補償資格が得られない。

⑥拠出させるための努力と運動

企業拠出分を五〇億マルクに近づけるためには、拠出企業数を増やすか、一社あたりの拠出額を増額させるか、このどちらかか、あるいは両方を実現しなければならない。ただ、各社の拠出額は非公開である。したがって、「拠出額が少ない」として各社に増額を迫るのは、運動として展開しにくい。そこで、ここでは拠出企業数を増やす努力と運動を、①被害者団体、②経済イニシャティヴ、③労働組合の取り組みの中に見てみよう。これまで述べてきた箇所と重複するところが出てくるが、それは、拠出させる努力を説明し、その輪郭を浮き立たせるためである。

(a) 基金総額の変遷

既に述べたように、一九九七年一一月五日、ドイツの裁判史上初めて強制労働者に補償せよという判決がボン地裁で下された。続く九八年以降は、アメリカでドイツ企業を相手に集団訴訟が次々となされていく。これへの対抗策としてドイツの内外でドイツと欧州企業による基金創設や「人道支援」の支払いが計画される。例えば、独保険企業アリアンツはユダヤ人三団体と交渉し、二〇人の犠牲者に補償金を支払うと声明（九八年四月）、VW社は基金の設立を表明（同七月）、ドレースデン銀行は八万マルクを強制収容所収容者に支払い（同八月）、チューリヒ保険（スイス）は欧州保険会社として「初めて和解金の支払いを表明」[155]（同）し、保険企業ジェネラリ社（スイス）も和解金一億ドルを支払うことを明らかにした（同）。九八年一〇月、ドイツでは新連立内閣が誕生し（社民党＋90年連合／緑の党）、両党の選挙公約である補償基金の設立が加速する。独、仏、スイスの欧州保険六社が「ホロコースト基金」創設で合意し（九八年一一月）、VW社は、先に表明した基金からの支払いを開始する（同一二月）[156]。基金の創設に否定的であったドイツ産業連盟も、先に述べた基金設立を促す幾つかの出来事や、次々と設立に向けて動き始めたこれらの企業に背を向けるわけにはいかなくなった。アメリカでの集団訴訟と市民・被害者の声は日増しに増大し、独製品のボイコット、米―独企業の合併に反対、また「アメリカ市場から締め出す」という社会的圧力がますます増幅した。米独は、両政府間協議でナチ体制の犠牲者に補償することで合意する。過去最高の税引き前利益をあげ、世界の銀行の総資産番付一位の座を占め（共に九八年度）、アウシュヴィッツにも融資していたドイツ銀行は、創設を予定される基金への参加を表明（九九年二月）。シュレーダー首相の「記憶・責任・未来」基金の創設声明を経て、基金イニシャティヴ側も同様の意思表示をする。ただし、企業側の参加の最大の条件は、ドイツ側が米側に今後補償要求は行わない、すなわちドイツ企業を相手にした訴訟がおこされないとする法的保証を取り付けることであった。以降、この法的安定性をいかに確実にするか――米独は交渉の中で主としてこの点を巡り論争する。ドイツ側全権委員（首相代理）がホンバッハ首相府長官から元経済相オットー・G・ラムスドルフ（自由民主党）に替わるころ（同七月）、交渉は本格化する。同月末、米カリフォルニア州で、ナチスとその同盟国が課した強制労働に対する提訴をし易くする州法（「ヘイデン法」）が制定される。この法は、高橋融氏によれば、(157) ①出訴期間を二〇一〇年まで延長し、②訴える対象を子会社や後継企業にまで拡大し、③損害の補償額を現在の価格で請求することを可能とした。

米での法的安定性を保証するには、集団訴訟を却下しなければならない。しかし他方、カリフォルニア州の「ヘイデン法」は他州にも広がり、訴訟は、出訴期間も対象企業も補償額も元強制労働者の提訴に有利な条件を得た。以降、訴訟を却下させようとする主として独側の圧力と、新たな集団訴訟を提訴する被害者、市民運動側の努力のせめぎ合いが続き、これが米独交渉に反映する。九九年一〇月六日以来、交渉はニューヨークで行われるが、独経済界基金イニシャティヴ・報道担当ヴォルフガンク・ギボウスキは、元強制労働者側とドイツ側（政府と企業）の主張が基金の総額であまりにも隔たりが大きいこと、そして独側が額で妥協するためには、「独企業をこれ以上訴えない」という法的保証が必須の条件であることを強調した。ドイツ経済界基金イニシャティヴは、法的安定性を確保できるという前提で、企業に基金への拠出を呼びかけ始めた。米独は、初めの主張である基金総額「米側三〇〇億マルク―独側一五億マルク」は「二〇〇億マルク―六〇億マルク」を経て「最低一〇〇億マルク―八〇億マルク」（九九年一二月七日）にまで双方は歩み寄った。言い方を変えれば、この段階でも、米側が最低一〇〇億マルクの基金総額を主張したが、独側はこれを拒否し、代わりに八〇億マルクを提示し、法的安定性を頑強に主張し続けたということである。

(b) 対独物的補償請求ユダヤ人会議の努力

法的安定性の確保がなされていない点を口実に、強制労働をさせながら基金への参加を渋る企業をターゲットにして、一九九九年一二月八日、対独物的補償請求ユダヤ人会議は、全国紙である日刊紙『ターゲス・ツァイトゥンク（taz）』に、二五五の企業名を公表した。ここには社名を変え、立地を移したり、また米国に進出した企業も含まれていた。公表はそれなりの効果を生み、翌年一月二八日段階で五十数社が参加を表明した。法的安定性の方は、大統領声明（九九年一二月一三日）、米独政府間協定（同）、米裁判所での訴訟却下（二〇〇一年五月二一日までに）やドイツ議会での確認決議（二〇〇一年五月三〇日）等、行政、司法、立法の場で確立していく。ドイツ政府は、一度、方針を転換し、政府は拠出しない方向を打ち出していたが（九九年二月一二日）、被害者側の主張する要求額と基金総額に開きがありすぎる点を考慮したことも一因となり、シュレーダー首相は、政府も加わる共同の出資で企業側と合意に達したことを発表（同一二月一七日）。対独物的補償請求ユダヤ人会議は二〇〇〇年一月二七日、再度、一四九の企業名をウエブサイトに公表した。今回は、とりわけベルリンの企業七九社が、強制労働者を酷使しておきながら、基金参加を拒んでいる実態が明るみに出た。第三帝国の首都であったベルリンには、一〇〇〇以上の労働収容所が存在した。映画製作会社ウーファ、出版社ウルシュタイン等の著名な会社が含まれていた。ハルツに拠点を置くカマクス・ヴェルケ社、メンヒェングラートバハのシャイト・ウント・バハマン社、フリートリヒスハーフェンのツエッペリーン社等が直ちに参加を表明した。対独物的請求ユダヤ人会議は、企業を閉鎖し、社名を変えて法律上は〈後継企業〉ではないとしている企業や、併合、合併または法的形態の変更がなされたことを理由に、補償責任を拒否している企業に対しては、歴史的、財務上の関係があるという主張でこれらの企業を含めて公表した。企業を閉鎖し、合併することはできる。しかし歴史を消し去ることはできない。

(c) 企業側の努力

参加企業数は徐々に増え、三月末で約六〇〇社が、五月中旬で約二〇〇〇社が申し込みをした。金額の方は、企業出資分五〇億マルクのうち十数億マルクが集まっていない。二〇〇〇年五月二五日の週刊新聞『ツァイト』は、独経済イニシャティヴ一二社の広告を一面にわたって掲載した。対独物的補償請求ユダヤ人会議の二回にわたる公表は、労働を強制しておきながら参加をしない企業名であったが、経済イニシャティヴの場合は、参加を表明した企業名二二一五社を明らかにすることで、逆に拒否しつづけている企業を浮き彫りにしようとした。後者が光の当たる部分を示すことで、影の部分に人々の目を誘うのに対して、前者は、単刀直入に影の部分にサーチライトをあてた。経済イニシャティヴの基本姿勢がよく表れているので、全文を引用しよう。

「私たちは、今日、二二一五社の企業家に感謝する。

私たちは今後、ドイツのすべての企業に感謝する日が来るであろう――ドイツ経済界が主唱する基金イニシャティヴに拠出して下さったことに。私たちはこの連帯行動を通して、ナチ政体により極めて過酷な体験を経なければならなかった人々に援助をしたい。私たちはドイツ産業界全体の歴史的、道徳的責任を認める。その際、個々の企業が、ナチ政体に組み込まれていたのかどうか、また、組み込まれていたとすればどの程度なのか、あるいは、個々の企業が戦後になって初めて設立されたのかどうかは問題ではない。大切なことは、和解に向けて歩み出すことである。私たちは財団を作り、とりわけこの財団に設置される未来基金により、国際間の協調に貢献し、人権の尊重を強化するプロジェクトを奨励したい。財団の設立計画を成功させるためには一〇〇億マルクが必要である。このうち半分は連邦政府が、残り半分はドイツ経済界が集める。私たちは、全企業が財団設立に参加するよう要請する。もし全企業が、年間売上高の少なくとも〇・一パーセントを拠出すれば、世界でのドイツ及びドイツ企業の名声を高め、同時に法的平和を引き続き将来にわたって作り出すことに役立つであろう。参加することにより、基金イニシャティヴ『記憶・責任・未来』の理念は現実のものになる。お電話下さい。030/20609-200

ドイツ経済界基金イニシャティヴ『記憶・責任・未来』

ロルフ・E・ブロイアー博士、マンフレート・ゲンツ博士」[158]（傍点――田村）。

ここには、二〇〇〇年二月、基金イニシャティヴが商工会議所を通して二二万社に基金への拠出を呼びかけた主旨と同様の観点が表現されている。その一つは、強制労働をさせたことのない、〈罪〉なき企業と、「ナチ政体に組み込まれ」、強制労働をさせた〈罪〉も、戦争・戦後責任もある企業との差を「問題」としないことにより、後者の〈罪〉と責任をアイマイにしていることである。もう一点は、これらを曖昧にし、言わば〈全企業の総懺悔〉を旗印にしているので、謝罪もなく、したがって「援助」という恩恵の視点が表れていることである。最後は、世界市場で競争に勝てるというメッセージを暗示する「ドイツ企業の名声」にふれ、企業が最も憂慮する法的平和、法的安定性は、確保できるという希望的観測が述べられていることである。

(d)ナチス政体被迫害者同盟の努力

法案が下院で可決され、数日後の七月一七日現在には、基金イニシャティヴに約三〇〇〇社が参加した。しかし、一八億マルクが不足したままである。アウシュヴィッツ強制収容所の生存者らが結成し、戦後補償を始めとした平和運動に極めて熱心に取り組んでいるナチス政体被迫害者同盟（VVN）は、二〇〇一年一月三〇日、ハンブルクのマキノ・コンツェルンの門前で、市民とマキノ社の社員を対象にビラの配付など情報宣伝活動を展開した。ハンブルク市議会で戦後補償に取り組む「レーゲンボーゲン」会派の議員との共同行動であった。一八六八年の創業のハルデンライヒ・ウント・ハルベック社は、工作機械を専門とする工場を有し、ハンブルク市のヴィーゼンダム工場に三五〇人の強制労働者を投入していた。一九四三年、社の全生産の六〇パーセントは武器弾薬類であった。一九八七年、大部分が日本企業マキノ・コンツェルンの傘下に入る。そして一九九九年、親企業のマキノを名乗る。VVNは市議たちと共に、強制労働の不正なシステムを利用し、利潤を上げたにもかかわらず、財団に一マルクすら拠出しないマキノ社の方針を批判し[159]、社が被害者らの原状回復に責任があることを訴えた。

港湾都市ハンブルクでは、第三帝国持代、公営企業も含めたほぼ全企業が強制労働者を、法の保護下におかずに、残忍に使用した。ノイエンガメ強制収容所およびこれに群がる収容所群は、強制労働の一面である酷使―殺戮の好例である。現在もなお、「旧ハンザ都市」として君臨するこの港街での苛酷な労働には荷役作業があった。劣悪、貧弱な食、住の環境下で、生存し続けるためには荷役用の屈強な肉体を維持することが第一条件であった。言わば人間〈役牛〉が力強くなくなったならば、処分される。第三帝国のハンブルクの富は、〈役牛〉の、その屈強な〈骨格〉が生み出した。VNNは、市公営企業にも参加を促している。またマキノと共に一月三〇日までに財団への拠出の意思表示をしていないハンブルクの企業名を公表した。

(e)労働組合の努力

二〇〇一年二月二八日、企業側のW・ギボウスキ報道担当は、現時点での不足分は一四億マルクであること、基金イニシャティヴはドイツ企業を三クラスに分けてそれぞれに手紙を出し、増額を要請する構想を発表した。

それによると、①売上高の千分の一の拠出をすでに済ませた企業、②千分の一よりも少ない拠出額の企業、③全く拠出しない企業に分け、①には五〇パーセントの増資を、②には千分の一に達するよう、③には参加を呼びかけるという。ちょうどこの時、ニューヨーク連邦地裁のS・クラム判事は、残された最後の集団訴訟を却下せず、裁判を延期していた。理由は、ドイツ経済界が基金を予定通りに集めていない点であった。基金が集まらず、したがって元強制労働者への補償が行き渡らない事態が生じるかも知れないのに、訴訟の道を絶ってしまっては、被害者たちには救いの手が差し伸べられない。

こうした事態を憂慮したのは、S・クラム判事だけではない。二〇〇一年三月一八日、官公労組にあたる公務・運輸・交通労働組合（ÖTV）は、新しい組織に替わる前の最後の全国レベルの組合大会を開き、満場一致で次のような決意を採択した。[160] 戦後五六年も経ているのに、依然として強制労働の被害者約一五〇万人に補償がなされていないことに「怒りを覚える」。被害者は、今日もなお補償を待ち望んでいる。一マルクの拠出も拒んでいる企業の中には、ドイツ経済界がナチス時代に数百万人もの強制労働者を犯罪的に搾取することで背負ってしまった重い罪を、今日もなお全く意識していないか、意識していても極めて乏しい罪の意識しか抱いていない企業がたくさんある。ここまでは、総論的な決意であり、以下に各論が続く。

ÖTVは、連邦政府に、連邦議会の諸政党に、州や自治体に、企業に、最後に同僚の労働組合員にこの事態を打開するために何をしなければならないか――行動の要請をそれぞれに対して行った。まず連邦政府には、経済界に屈せずに、全力でアメリカでの集団訴訟を停止させる努力をすることで、早急に被害者に支払いを開始するように訴えた。議会諸政党に対しては米での集団訴訟が停止されたならば直ちに、基金設立法で要請されている経済界への法的安定性を確認し、被害者への支払いにゴーサインを出すように依頼した。結局、政府と議会には米での集団訴訟の却下→独連邦議会での「法的安定性」の認定→支払い開始、これらの一連のプロセスを迅速に進めるよう要請したことになる。また、企業には、直ちに財団への拠出を済ませ、「ドイツ史の暗い一章を解明するために、各資料室を一般公開するように」求めた。

ところで被害者が補償の申請をするには、国、州、市町村など行政当局が被害者の依頼に応じて、資料を探し、揃えなければならない。どんなに立派な補償法や財団設立法が文章として作られても、その実施の段階では、被害者と行政当局者との人間対人間の、生身のやりとりが待ち受けている。各国のパートナー組織が事務手続きを担当はするものの、被害者や関係者は、はるばる東欧から、直接ドイツを訪れ、五六年の歳月を経て、言葉、習慣、気候の異なる土地と役所で問い合わせをする場合が予想される。公務・運輸・交通労働組合は、こうした人々を想定して、同僚たちに思いやりと優しさを込めた対応をするように訴えている。その一つは、異国の地から訪ねてくる被害者は、恐らく申請締め切りの最後の月、週にドイツ当局に殺到するであろう、自分たちが苦悩し、死の瀬戸際で労働を強いられたことを証明する資料を求めて窓口に押し寄せるであろう。そこで「同僚の労働組合員に要望する。犠牲者の要請には直ちに、そして優先的に応えるように」、さらに、資料を探す、また調査のために必要な仕事を是非してほしい、と。

⑦自ら拠出する努力

企業に対して〈拠出させる〉努力を取りあげてきたが、ここでは自らが進んで〈拠出する〉試みについてふれておきたい。ベルリンに本社を置く全国日刊紙『ターゲスツァイトゥンク』（略称 taz）の理事会は、既に法案が連邦議会で可決される以前に、以下の決議を上げた。社の年間売り上げの〇・一パーセントにあたる三万五四七五・三四マルクを自主的に拠出すること、そして自社の全従業員に呼びかけて、年収の〇・一パーセントをカンパするよう呼びかけた。やや遅れて、連邦議会決議の当日、新聞・出版社の数社が拠出を表明した。全国紙フランクフルター・アルゲマイネ、同フランクフルター・ルントシャオ、同南ドイツ新聞、ホルツブリンク、ブルダ、ヴェストドイチェ・アルゲマイネ、巨大マスコミのシュプリンガーは、共同で五〇〇万マルク（約二六〇〇万円）を出すという。新聞・出版社は、現代社会で情報の発信、伝達の中心的機能を果たしているだけに、自らの基金への参加は、拠出する企業の掘り起こしに大きな役割を果たす。

また、ノーベル賞作家のギュンター・グラス、ジャーナリストのカローラ・シュテルン、教育学者のハルトムート・フォン・ヘンティヒは、共同で全成人に訴えて、一人二〇マルクを拠出するように声明を出した。戦後生まれの人々には、戦争そのものの責任はない。しかし、ドイツの起こした戦争により、苦悩し、損失を被っている人がそのままに放置されていれば、その責任は「戦後責任」として、現代人にもある。成人が「コーヒー二杯分」を進んで出すことで、強制労働者への戦後責任の一端を担おうというわけだ。

⑧自治体からの拠出

先に企業に対して新たに拠出させようとする試み、また拠出額を増額させようとする試みについてふれた。相手はドイツ企業であり、働きかける主体は、基金イニシャティヴ、被害者、労働組合であった。成立した財団設立法は、企業と政府以外の団体、個人からの拠出も想定している。第三条三項は次のように謳っている。「財団は第三者からの寄付を受けることができる。財団は寄付を求めて努力する。この寄付は、相続税、贈与税から免除される」。

「第三者からの寄付」の例として始めに自治体の拠出を取りあげよう。シュレーダー首相が、政府と企業が五〇億マルクずつの共同基金で合意に達したことを発表した九九年一二月頃、ミュンヒェン、ビューデスドルフ、ブランデンブルク、ケーニヒス・ヴスターハオゼンの各市は早々と基金への参加を表明した。本来、都市といえども強制労働と無関係ではない。ここで企業と同時に都市、農村そして個人宅に着目することで強制労働の全体像の輪郭が初めて把握できる。各都市には、公営企業体での労働などその都市独自の強制労働があったが、一般に共通している点は、自治体が、とりわけ戦時に行う肉体労働を外国人強制労働者にさせたことである。すなわち、爆撃された都市は復興しなければならず、爆破され、倒壊した建物の瓦礫を撤去し、寸断され、破壊された道路や橋は直ちに修復する必要がある。撤去し、修復の最中に第二次、第三次の爆撃が集中するかも知れない。外国人労働者は、自分の味方の連合軍からの爆撃の恐怖にさらされながら、まさに死と隣り合わせでこうした労働を強いられた。

(a)ブランデンブルク市

旧東独に属したブランデンブルク市は、ハーヴェル川に面した古い町であり、ドイツでは中規模の都市である。かつては広大な敷地を構えたフリック社やオーペル社が立地していた。政治犯用の刑務所や「価値なき生命」と断罪されて殺戮された人々の収容先である「精神病院」を抱える。ここは「安楽死の誕生の場であり、ドイツで初めてガス殺が行われた施設である」[161]。ナチス時代、市には一・五万人の強制労働者が酷使されていた。当時の市人口の五分の一である。フリック、オーペル社はむろんのこと、都市の修復のみならず、街角の靴屋さんですらポーランドから連行してきた人たちを労働へと強いた。徒弟制度を背景に、ドイツ人の靴職人や、徒弟、見習いは、ノミを銃に持ち替えて戦場へ連れて行かれた。外国人強制労働者の〈補助労働〉なしには、親方は伝来の靴職場を維持できなかった。寄付は市議会の全政党の賛成で決定した。「歴史を生活の一部に」という標語が生まれた。寄付を契機に、かつての市がどのレベルまで強制労働を通してナチス体制との関わりを持っていたのか——こうした視点で、市はコンサートを催し、展示、映画、証言を通して市民に過去をしっかり見つめ、歴史の真相を知り、学ぶ機会を提供した。巨大コンツエルンの資料室には立ち入りを拒まれる市民も、隣に住む靴屋さんから出発する真相の解明への接近は可能だ。靴屋さんは「語り部」となり、体験を話した。

(b) ケーニヒス・ヴスターハオゼン市

ベルリンを北に行くとザクセンハオゼンやラーヴェンスブリュック強制収容所が存在するが、逆に南へ車で一時間ほど下ると、ケーニヒス・ヴスターハオゼン市にたどり着く。ナチスの不正に順応したのは、大小の企業や農家だけではなく、自治体もそうであった。この市には、基幹収容所ザクセンハオゼンを取り巻く衛星収容所が多数あり、その収容棟の数は約八〇〇を数えた。強制労働者も欧州全域から連れてこられたため、皮肉にも「ケーニヒス・ヴスターハオゼン市は、今よりもずっと『国際的』であった」[162]という。基金への参加を決めた市は、すぐに集中的な公開討論会を約束した。先のブランデンブルク市が、「過去に目を閉ざ」さず、身近な生活から歴史の真相を語り、また知ることを通して、被害者に寄付を寄せたのに対して、このベルリンの周縁都市では、今起こっている人種主義的な犯罪、ネオナチの暴行、放火への警鐘や歴史を繰り返すなという視点からの寄付、という性格が色濃い。生徒の中には、机上だけでの学習ではなく、アウシュヴィッツ解放記念日に、この収容所を訪ね、二〇〇〇年にはシュトゥットホーフ強制収容所の式典に参列した中高生も多くいた。基金への拠出に対して、極右政党の国家民主党（NPD）が反対声明を出した。しかし、ホロコーストはなかった、と主張する極右政党や偏狭な民族主義者は、それ以上の行動はとれなかった。

⑨参加しない自治体

法的安定性の確保という支払いの条件が整い、送金が開始された二〇〇一年六月一五日の直前でも、基金への参加企業は「約六三〇〇社」[163]でしかなかった。基金イニシャティヴが呼びかけた二二万社のわずか三パーセント弱である。自治体は、呼びかけられてはいないが、上に述べたように、拠出する自治体が出ている。ただし、その数だけを見ると、企業と同様にわずかである。上に挙げた都市よりもはるかにナチスとの結びつきの強いニュルンベルク、アウクスブルク、ベルリンなどを始めとする大部分の都市は寄付をしていない。

(a)ニュルンベルク市

ニュルンベルク市は恒例のナチ党大会の開催地であり、そのうち、とりわけ一九三五年の党大会で公表されたユダヤ人やロマ民族に対する差別法、市民権の剥奪法である「ニュルンベルクの諸法」でナチス犯罪史にその名をとどめている。ナチス時代、この市には七万五〇〇〇人の外国人強制労働者がいた。その出身国は、主としてソ連であった。市には少なく見積もっても一〇〇社が強制労働に依存していた。労働は、既に第三章で述べたディール社、MAN社など兵器、金属産業から、鉄道作業や郵便局での荷物の運搬、さらには胡椒入り菓子の製造業、バイエルン州特産の酢漬けキャベツの工場などに投入された。市自身も、強制労働者を動員し、連合軍による空爆のさ中に炎を上げる民家への立ち入りを命じ、地下室から、また崩れ落ちる屋根裏部屋から老人、子どもたちを救出させ、高価な絵画や貴重品を運び出させた。次の空爆の恐怖に晒されながら、市電の修復作業や倒壊した家々の瓦礫の撤去作業も課せられた。市文書館の調査によれば、この修復―撤去作業には一〇〇〇人以上が動員された[164]。

シュレーダー首相が一〇〇億マルクの合意を公表した日の前後から、ルートヴィヒ・ショルツ市長（キリスト教民主同盟）のもとに旧ソ連圏に住む元強制労働者から手紙が届くようになる。「私は、一九四二年から一九四五年までニュルンベルクで強制労働に従事していました。どうかこのことを確認していただき、私がどこで労働させられていたのかを文書でお教えいただきたいと思います」。基金からの補償を受けるには、労働の期間、場所、企業名等を五六年以上も前にさかのぼって証明しなければならない。これで初めて「強制労働者」として認知される。この作業は行政側の、そして窓口となる公務員の温かい協力なしには実現しない。先に公務・運輸・交通労働組合の全国大会での決議にふれたが、労組が傘下の組合員に、犠牲者の要請には「直ちに、優先的」に応えるように、「資料」「調査」に必要な仕事を是非してほしい、と呼びかけた意義は極めて大きい。

(b) アウクスブルク市

第三帝国時代、ドイツ軍需産業の中心地であったアウクスブルク市も基金への参加を表明しなかった。市では一万二〇〇〇人の外国人強制労働者が働かされ、市人口に占める割合は六・五パーセントと多くはない。しかし、ドイツ人男子は戦場に送られたために、労働力人口で見ると、三分の一を占めたため、この人たちなしには戦時の重要な資材の生産は貫徹できなかった。強制労働者の出身国は、戦況の推移を反映している。一九四〇年はポーランドからの戦時捕虜と民間人労働者であり、同年五月一〇日以降、ドイツが西側へ軍事作戦を展開してからは、フランス、ベルギーからの連行者が多くなり、一九四二年からはソ連からの連行者が大部分を構成する。この人たちが寝泊まりするところ、すなわち収容先は、戦時捕虜の場合は、捕虜収容所であり、民間人労働者には、初めのうちはホテル、ペンション、農家があてがわれたが、のちになると、企業自身が設営したバラック（バラック収容所）に入れられた。

労働に〈意欲を示さない者〉と判断されれば、ミュンヒェンの労働教育収容所にまわされた。とりわけ東欧、ソ連出身の収容者の場合は、悲惨を極め、麦わらやかんなくず入りの、いわゆる「ロシアパン」（第二章参照）を食べさせられた。アウクスブルクと言えば、飛行機産業のメッサーシュミット社であり、一九四四年段階で全従業員の半数が外国人強制労働者であり、うち三〇〇〇人は、近くのダハウ等の強制収容所の収容者であった。

(c)ベルリン市

第三帝国首都のベルリン市も一〇〇社が強制労働者を使い、市内のリヒテンベルク地区だけでも四二企業が労働を強制した。リヒテンベルク郷土資料館館長クリスティーネ・シュティーアによると、ディ・ベーハ社は、東欧から数百人規模の強制労働者を連行し、ドイツ国防軍の制服の製作作業に従事させたという[165]。だが、親会社のペーク・クロッペンベルク社は子会社の実態に言及せず、「今日まで、我が社で強制労働を示唆するものは何も発見されていない[166]」と、戦時への反省を拒絶している。ベルリンの場合には、歴史の解明作業は、二〇世紀末にようやく始まったばかりである[167]。

こうして各都市での強制労働に視野を移すと、軍需、化学、自動車、建設、機械産業という巨大コンツェルンだけでなく、自治体の仕事である戦禍の後始末、道路、橋梁、市電等インフラ設備の修復という、より市民生活に近い現場での外国人の姿が見えてくる。また、酢漬けキャベツ等の地方の特産物、被服生産など、中小企業レベルでの強制労働もその輪郭を表してくる。以下で、さらに市民生活に密着した個人宅、農業分野での強制労働と補償について述べよう。

⑩農業、個人宅での強制労働

一九四〇年から四五年に連行された人々のうち、農業分野ではその大部分は東欧諸国とソ連からであった。東欧からは、とりわけ女性が多く、年齢も平均二〇歳と若かった。農業での強制連行―労働を、一九四四年八月〜九月に限定してみると、約二七〇万人(四七頁【図表4】参照)にのぼり、ポーランドとソ連からの民間労働者がそれぞれ一一〇万人、七〇万人を占め、この両国だけで三分の二に達する。この人たちは、戦場にかり出されていくドイツ人男性農民の〈穴埋め〉をした。その役割は、主としてドイツ人住民の食糧の生産・供給であった。この人たちの耕作労働無くしては、休耕田が膨大に増加していたであろう。

強制連行―労働された人々の個人史に着目すると、どの人々もそれぞれに異なった歴史と苦悩を背負っている。一人で全員を代表させることはできない。極論すれば、上述した二七〇万人の強制連行者には、二七〇万通りの過去―現在―未来にわたる苦難の歴史があるといってよい。その意味で二七〇万分の一のケースとして、つぎのような事例が報告されている。一九三九年、一五歳の時にポーランドの路上で逮捕され、拘束、連行された一男性は、「銃を突きつけられたまま、トラックに乗るように命じられた。他の収容者と共に職安に連れて行かれた。ここで個人的なことを根掘り葉掘り聞かれた。（略）二日後に駅に行かなければならなかった。もし駅に行かないと、『家族全員が処罰されるぞ』と言われた」[168]。貨物同然に列車に積み込まれ、行く先も告げられずに、長い行程を経て農家に連行される。朝は五時から農作業に従事し、裏庭で、野外で、夜の八時まで働かされる。この時の労働で脊髄を痛め、今日もなおその後遺症に苦悩している。屋外労働の後には農家に戻るが、親衛隊が監視をしているために、自由な外出は全く不可能であった。また別の女性は、一九四二年、一七歳でウクライナからドイツに連行された。待ち受けていたのは、個人の家庭で一日最低一二時間の労働であった。一九四四年、今度は、ドイツの占領国オランダに突然連行され、対戦車用の塹壕の建設を強いられる。この時受けた重傷で一度は労働不能に陥る。だが、入院し、休むことも許されず、重傷のまま落下傘兵クラブの食堂にまわされ、ここでドイツの敗戦に出会う。

一般に強制労働者は、工場、鉱山、埠頭での産業労働であろうと、農業や個人の家庭であろうと、一日一二時間以上の労働が課せられ、とりわけ後者の場合には、一四～一五時間の長時間労働が多数あったことが報告されている[169]。ポーランド人の場合を例外として、多くの場合、賃金は与えられなかった。個人の家庭や農家では、待遇は、確かにその家庭の主や農場主の個人的な慈悲や恩恵に依存する場合がある。しかし、東欧出身者は、食事時にその家の主と同席できたわけではなかった。ナチス時代の人種イデオロギーは、各家庭にも浸透し、東側出身強制労働者を〈対等〉な人間と見なすことを、多くの場合、阻害したからである。

「記憶・責任・未来」基金は、少額ではあるが、この個人家庭・農場での強制労働者にも補償の可能性を認めている。

（1）Peter Reichel: Vergangenheitsbewältigung in Deutschland, C. H. Beck, 2001, S.83

(2)―(4) Vgl. Peter Reichel: a. a. O., S.84

(5) 第一章注（9）とその本文を参照。

(6)(7) Vgl. Peter Reichel: a. a. O., S.85

(8)(9) Vgl. Peter Reichel: a. a. O., S.86

(10) Peter Reichel: "Das zweite Wunder-Deutsche Schuld und israelische Entschädigung: Fünfzig Jahre Luxemburger Abkommen", Süddeutsche Zeitung, 2002.9.10

(11) 広渡清吾「ドイツにおける戦後責任と戦後補償」粟屋憲太郎、田中宏、三島憲一、広渡清吾、望田幸男、山口定『戦争責任、戦後責任』朝日新聞社、一九九四年、一八九頁。

(12)(13) 仲正昌樹「『連邦補償法』から『補償財団』へ――ドイツの戦後補償の法的枠組みの変化をめぐって」『金沢法学』第四三巻第三号、金沢大学法学部、二〇〇一年、一〇一頁。

(14) Die Augen fest zugemacht, Der Spiegel, Nr.6, 1999.2.8, S.143

(15) リチャード・オウヴァリー、前掲書一六頁。

(16)―(18) 国立国会図書館調査立法考査局『外国の立法――特集 戦後補償』第三四巻三・四号（通巻第一九七・一九八号）、一九九六年、五七頁。

(19) 同書五九～六〇頁。

(20) 広渡清吾、前掲書一九七頁。

(21) この少数民族への補償問題に関しては、小川悟『ジプシー 抑圧と迫害の轍』明石書店、一九九〇年、金子マーチン「ロマ民族のナチス被害に対する国家補償」磯村英一編『増補 現代世界の差別問題』明石書店、一九八五年を参照。

(22) Peter Reichel: Vergangenheitsbewältigung in Deutschland. C. H. Beck, 2001, S.92

(23) 広渡清吾「ドイツにおける戦後責任と戦後補償」粟屋憲太郎、田中宏、三島憲一、広渡清吾、望田幸男、山口定、前掲書一九一頁。

(24) Vgl. Peter Reichel: Vergangenheitsbewältigung in Deutschland. C. H. Beck, 2001, S.83

(25) 小田滋、石本泰雄編、前掲書四九四頁。

(26) 高木健一『戦後補償の論理』れんが書房新社、一九九五年、一一五頁。

(27) 高木健一『今なぜ戦後補償か』講談社現代新書、二〇〇一年、一九九頁。

(28) 広渡清吾、前掲書一九三頁。

(29) Vgl. Peter Reichel: Vergangenheitsbewältigung in Deutschland, C. H. Beck, 2001, S.93

(30) この時の綱領（『ザールブリュッケン連邦党綱領』）は、ハンス＝ヴェルナー・リュトケ、オラーフ・ディネ共編、荒川宗晴、石井良、佐々木正昭、樋口純明、相沢正己訳『西ドイツ緑の党とは何か——人物・構想・綱領』人智学出版社、一九八三年、に掲載されている。

(31) 田村光彰「東ドイツの新野党とフェミニストたち」『新日本文学』一九九〇年一〇月号（四五巻第一〇号）新日本文学会、一五三頁。

(32) 田村光彰「解題・もう一つの統一」トーマス・エバーマン、ライナー・トランペルト著、杉谷真佐子、菊池悦朗、田村光彰、名執基樹、林敬、木村育世、大滝敏夫訳『ラディカル・エコロジー』社会評論社、一九九四年を参照。

(33) 望田幸男「ナチス優生学の撰んだ悲劇の道とは」『ヒトラーハンドブック』新人物往来社、一九九七年、一〇九頁。

(34) 市野川容孝「ドイツ―優生学はナチズムか?」米本昌平、松原洋子、勝島次郎、市野川容孝『優生学と人間社会』講談社現代新書、二〇〇〇年、五七頁。

(35)(36) 野村二郎、前掲書九二頁。

(37) Heribert Ostendorf: Die Widersprüchlichen-Auswirkungen der Nürnberger Prozesse auf die westdeutsche Justiz, In: Gerd Hankel/Gerhard Stuby (Hg.): Strafgerichte gegen Menschheitsverbrechen, Hamburger Edition, 1995, S.73 旧西独全州と旧東独のザクセン州の合計数字が示されている。

(38) この時効廃止の過程については、野村二郎前掲書九六～一〇九頁に詳しい。

(39) Die Zentrale Stelle für NS-Verbrechen, taz, 2005.5.17

(40) 佐藤健生「戦後ドイツの『過去の克服』の歩み」前掲書『問い直す東京裁判』、一四四頁。

(41) Peter Reichel: Vergangenheitsbewältigung in Deutschland. C. H. Beck, 2001, S.109

(42) 広渡清吾、前掲書一八九頁。

(43) Peter Reichel: Vergangenheitsbewältigung in Deutschland. C. H. Beck, 2001, S.112

(44)(45) 木佐芳男「戦後補償——ドイツの場合」秦郁彦、佐瀬昌盛、常石敬一編『世界戦争犯罪事典』文藝春秋社、二〇〇二年、六九八頁。

(46)(47) 内田雅敏『「戦後補償」を考える』講談社現代新書、一九九四年、一四六～一四七頁。

（48）Vgl. Thomas Hanke, Klaus-Peter Schmid: a.a.O.

（49）―（51）ベンジャミン・B・フェレンツ、住岡良明＋凱風社編集部訳『奴隷以下』凱風社、一九九三年、三三九頁。

（52）Volkswagen AG: Hilfsfonds für Zwangsarbeiter, taz, 1998.9.12, 13

（53）『朝日新聞』一九九五年六月三日（宮田謙一特派員）。

（54）『朝日新聞』一九九五年七月一八日（磯松浩滋特派員）。

（55）（56）『北陸中日新聞』一九九七年九月二八日（臼田信行特派員）。

（57）―（59）伊丹万作「戦争責任者の問題」（一九四六年八月）。魚住昭、佐高信『だまされることの責任』高文研、二〇〇四年、七～八頁。

（60）（61）『北陸中日新聞』一九九七年一二月二六日（臼田信行特派員）。

（62）―（64）『毎日新聞』一九九七年一〇月一〇日（橋本晃特派員）。

（65）（66）『朝日新聞』二〇〇〇年四月一九日。

（67）『北陸中日新聞』一九九五年一二月一日（共同）。

（68）『読売新聞』一九九五年六月九日（大塚隆一特派員）。

（69）『読売新聞』一九九三年八月五日。

（70）（71）『毎日新聞』一九九三年八月五日。

（72）（73）Volker Ulrich: Deutsche Unternehmen und ihre braune Vergangenheit, Die Zeit, 95.2.24

（74）Hans Momsen: Das Volkswagenwerk und seine Arbeiter im Dritten Reich, ECON, 1997

（75）Norman G. Finkelstein: The Holocaust Industry, Verso, 2000
ドイツ語翻訳は Die Holocaust-Industrie, Piper, 2001

（76）Harold James: Die Detusche Bank im Dritten Reich, C. H. Beck, 2003

（77）クラウス・レゲヴィー、斉藤寿雄訳『ナチスからの回心』現代書館、二〇〇四年。

（78）同書、一六頁。

（79）同書、一八頁。

（80）同書、一六頁。

（81）高橋融「対日強制労働訴訟が問うもの――カリフォルニア州・ヘイデン法の背景と波紋」『世界』二〇〇〇年一一月号、

二六四頁。

(82)(83) 同論文二六五頁。

(84) 田村光彰「ドイツ企業の戦後補償とEUの市場拡大」『技術と人間』技術と人間、一九九八年一〇月一〇日、同「半世紀後の『方向転換』は謝罪なき補償——米国を舞台に展開する日独戦後補償」『論座』二〇〇〇年一〇月号（通巻六五号）、朝日新聞社、を参照。

(85)—(87)『毎日新聞』一九九七年六月一〇日（福原直樹特派員）。

(88)—(89)『北陸中日新聞』一九九七年四月一五日（熊倉逸男特派員）。

(90)(91) Klaus Körner: Der Antrag ist abzulehnen, Konkret Literatur Verlag, 2001, S.125

(92)(93) Anita Kugler: Keine Opferrente für NS-Verbrecher, taz, 97.3.1, 2

(94) Wolf Klimpe-Auerbach: Deutsche Zivil-und Arbeitsgerichtsbarkeit und NS-Zwangsarbeit, In: Ulrike Winkler (Hg.): Stiften gehen, NS-Zwangsarbeit und Entschädigungsdebatte, Pappy Rossa Verlag, S.208

(95) Vgl. Wolf Klimpe-Auerbach: a. a. O., S.219

(96) Vgl. Wolf Klimpe-Auerbach: a. a. O., S.207

(97) Vgl. Wolf Klimpe-Auerbach: a. a. O., S.208

(98) Entschädigung für Zwangsarbeiter, taz, 1996.7.3

(99) ジェームズ・テーラー、ウォーレン・ショー、前掲書一一三頁。

(100)(101) 木佐芳男『〈戦争責任〉とは何か』中央公論新社、二〇〇一年、一三六頁。

(102)(103) CDU verzichtet auf Gedenken, taz, 97.3.21

(104)(105) Eine unvergleichliche Schau, taz, 99.11.5

(106)—(109)『朝日新聞』一九八四年八月一五日。

(110) Der Initiativkreis Wehrmachtausstellung in Dortmund: Verbrechen der Wehrmacht, Begleitprogramm zur Ausstellung in Dortmund, 2003, S.37

(111)(112) ルドルフ・ヘス、前掲書四頁。

(113) Vgl.Hamburger Institut für Sozialforschung: a. a. O., S.623～624

(114)(115) Deutsche Bank und Zwangsarbeit, US-Markt ist einem Kniefall wert, Soz, 99.5

(116)—(118) Die Augen fest zugemacht, Der Spiegel: a. a. O 1999.2.8, Nr.6, S.143
(119) Vgl. Die Augen fest zugemacht: a. a. O., S.144
(120) 『北陸中日新聞』一九九九年八月九日。
(121) 佐藤健生「ドイツ企業の『記憶、責任そして未来』──強制連行労働者への補償基金」古庄正、田中宏、佐藤健生、前掲書一七頁。
(122) Jetzt die Verantwortung der IG-Farben an den Verbrechen des Weltkriegs zur Sprache bringen, Antifaschistische Nachrichten, 95/5
(123) 佐藤健生「ドイツの戦後補償立法とその実行について」ベンジャミン・B・フェレンツ、前掲書四六二頁。
(124) 田村光彰「ドイツ企業の戦後反省──ダイムラー・ベンツとIG─ファルベンの場合」『金沢大学・大学教育開放センター紀要』第一七号、一九九七年、五七〜六〇頁。
(125) Vgl. Jetzt die Verantwortung der IG-Farben an den Verbrechen des Weltkriegs zur Sprache bringen
(126) Handel mit den "Blutaktion", taz, 95.8.9
(127)(128) Wo bleibt das Schuldenkenntnis?, taz, 99.10.8
(129) 佐藤健生「ドイツ企業の『記憶、責任そして未来』──強制連行労働者への補償基金」古庄正、田中宏、佐藤健生、前掲書一三頁。
(130) Gut für das Kapital, schlecht für die Opfer, taz, 2000.3.24
(131) 「強制労働──過去を問われた独企業、強制労働：56年後の償い」NHKウィークエンド・スペシャル、二〇〇一年六月三〇日放送。
(132) Bundespräsident Rau bittet NS-Zwangsarbeiter um Vergebung, taz, 1999.12.18, 19
(133)—(135) Marianne Heuwagen: Bundesstaat New Jersey, US-Gerichte weisen Klagen von Zwangsareitern ab, SZ, 2000.11.15
(136) http://www.compensation-for-f.../060801%
(137) 佐藤健生、前掲書一五頁。
(138) Klaus Körner: Berlin 2000: Stiftung "Erinnerung, Verantwortung und Zukunft"-Vorrang für die Rechtssicherheit deutscher Unternehmen, In: Der Antrag ist abzulehnen. Konkret Literatur Verlag, 2001, S.24
(139) 佐藤健生、前掲書一八頁。
(140) 高橋融、前掲書一六四頁。

（141）（142） Die Politik hat ihre Pflicht getan, taz, 2000.7.7

（143） 数字は、小池政行『国際人道法』朝日選書、二〇〇二年、五六～五七頁から引用。

（144）（145） Ulrich Sander: NS-Zwangsarbeit, Das Ringen geht weiter, ak, 01.1.20

（146） Marianne Heuwagen: Firmen sollen mehr Geld in Fonds einzahlen, SZ, 01.2.28

（147） Zwangsarbeit in Hamburg während der Nazi-Diktatur, Lokalberichte Hamburg, 2000.2.24, Nr.4

（148）（149） Vgl. Klaus Körner: a. a. O., S.136

（150）―（154） Eva-Maria Thoms: Ahnungslos und widerborstig, Die Zeit, 2000.5.18, No.21

（155）『毎日新聞』一九九八年八月二一日（中井良則特派員）。

（156）『朝日新聞』一九九九年二月九日（桜井元特派員）。

（157） 高橋融、前掲書二六四頁。

（158） Wir bedanken uns heute bei 2215 Unternehmern, Die Zeit, 2000.5.25

（159） ZwangsarbeiterInnen eingesetzt, keine Entschuldigung gezahlt (REGENBOGEN und VVN protestierten vor Makino-Geschäftsführung verweigerte Bürgerschaftsabgeordneter Gespräch) Lokalberichte Hamburg, 2001.2.8, Nr.3

（160） Sofortige Entschädigung von NS-Zwangsarbeiter/innen, Antifaschistische Nachrichten, 2001.3.22, Nr.6

（161）（162） Regina General: Mehr Obolus, weniger Entschädigung, Freitag, 2000.2.11

（163）『毎日新聞』二〇〇一年五月三一日。

（164） Peter Schmitt: Nürnberger OB gegen Alleingang, SZ, 1999.12.18, 19

（165）―（167） Die Aufarbeitung steht erst am Anfang, taz, 1999.12.18, 19

（168）（169） Marion Leuther: NS-Zwangsarbeit in Privathaushalten und Landwirtschaft, ak, 2000.1.20

2——終わりに

1 申請者二一〇万人

ドイツの戦後補償史を極めて大雑把に概観すると、一九五〇年代には、補償は主として属地主義で西独に生活する被害者に目が向けられ、次に西欧諸国へと拡大していった。東側犠牲者への支払いは、冷戦も一因となって、なされてはこなかった。東西ドイツが統一され、冷戦構造が崩れても、コール政権は、東側強制労働者の声に耳を傾けることはなかった。冷戦崩壊後、ドイツの企業と政府は、真相を解明する世界的な潮流・運動を背景に、強制労働者を酷使したドイツ企業への補償請求、独製品のボイコット、独米企業の合併反対など、アメリカにおいてさまざまな抗議に直面し、政策の転換をせざるを得なくなった。保守―中道政権に代わり、新たに誕生した社民党―90年連合/緑の党の連立政権は、もともと政策転換を主張していたこともあり、凍結されてきた東側強制労働者への補償に、戦後五〇年以上を経て初めて取り組んだ。

創設された強制労働基金「記憶・責任・未来」では、二〇〇一年六月一五日から各パートナー組織への送金が開始され、以降、被害者への支払いが始められた。この支払いには三つの組織が関わる。①既にみたようにドイツ側の企業、政府などが基金に拠出をする。②この基金から資金を受け取った各国のパートナー組織が、被害者からの申請書を審査し、また支払いを担当する。③この審査と支払いを、ドイツの大蔵省が監督する。

支払い開始後約一年の状況に着目しよう。支払いは当初、二〇〇三年に終了の予定であった。だが二〇〇二年七月段階の見込みによると、二〇〇五年までの延長は必至であった。

その理由は、第一に、多くても一五〇万人前後と想定をした申請者数が、実際には二一〇万人にも達したからである。各国のパートナー組織は、申請書の調査と検証に、手間取ることになった。第二には、被害者からの申請書を集めることがスムーズにはいかなかった。国際移民組織の調査活動が遅々たる歩みであった。この組織は、七〇か国以上にわたる受給権者の相談を受け、世話をする任務を背負う。中には、仏領ポリネシアやデンマーク領・フェロー島のような遠隔地での調査も課せられていた。これには膨大な時間がかかる。第三には、パートナー組織のスタートが遅れた点を挙げなければならない。

二〇〇〇年一一月に、コール首相時代にモスクワに創設されていた「和解基金」のうち四〇〇ユーロ分が行方不明になった。このロシアでの「スキャンダル」で、ドイツ大蔵省の監督責任が問われた。ドイツ政府は、モスクワとミンスク（ベラルーシ）に調査チームを派遣し、「和解基金」だけでなく、この二国の「記憶・責任・未来」基金のパートナー組織の帳簿なども調べた。こうして、二国のパートナー組織のスタートは遅れをとった。同時に、支払い方法にも見直しがなされ、新たな工夫が施された。すなわち、基金からの支払いは二回に分けられ、さらにこの一回目の支払いを、分割で行うという方法である。

第一回目の支払いを、二〇〇二年七月一二日段階で見てみよう。[1] 各国のパートナー組織に寄せられた申請書は二一〇万通であり、この時点で一七〇万人が認定された。このうち、既に補償金を受給した人が八一万七〇〇〇人を数えている。支払い総額は一五・五億ユーロ（三二億マルク）である。受給者を国別にみると、ポーランドが最大で三二万七〇〇〇人、続いてウクライナが一八万四〇〇〇人、対独ユダヤ人補償請求会議が九万九〇〇〇人となり、いかに多くの人々が、なおざりにされ、放置され続けてきた強制労働の補償を待ち望んでいたかがわかる。同じ年の約二か月前の五月一七日段階では、六六万二〇〇〇人が第一回の補償金を受給していた。[2] したがって、わずか二か月の間に約二一万人もの犠牲者が新たに補償対象者となったことになる。

2 運動を続ける人々

(1) ミュンヒェン反差別同盟

基金の問題点は既に六点にまとめて列挙した。くり返せば、①基金創設により裁判への道が閉ざされた。②最大の狙いはドイツ企業の輸出と投資を守ることであり、③保険金等が返却、払い戻しされず、また④企業は法的責任を負わず、⑤拠出額も少なく（③の保険金額を除いても、企業は本来支払うべき総額の〇・七二～〇・八三パーセントしか拠出しない）、さらには⑥拠出しない企業が圧倒的に多い点であった。

これらの問題点を抱えたまま、基金法案が連邦議会で可決されるその前日から当日にかけて、「ミュンヒェン反差別同盟」は討論集会を、ミュンヒェンにて主催した。集会の基本は、たとえこの基金が誕生しても、強制労働者への補償を始めとする戦後補償を終結させない、という視点であった。ナチスの犠牲者を核に組織された全国組織の「ナチス政体被迫害者同盟」（VVN）のマルティン・レーヴェンベルクは、基調報告を行い、次のような論点を指摘した。創設される基金は、一〇〇億マルクという少額に限定したこと、そしてこれ以上の訴えから企業を守ることが眼目である点が、極めて不当である。ただし、評価しなければならないところは、月単位で約一万人の被害者が世を去っている現実にあって、高齢の犠牲者が〈緊急援助〉に期待できる点である。今後大切な姿勢は、第一に、ドイツ企業を「さらに引き続き被告席に座らせること」[3]、そのためには、「ドイツ経済の犯罪展」[4]を開催することだという。既述したように、「ドイツ国防軍の犯罪展」は、ドイツ世論に大きなインパクトを与え、「清潔な国防軍」像の見直しに貢献した。これに倣おうというわけである。第二に、企業に資料室の開示を義務づける。これは、基金創設には間に合わなかったが、歴史の真相の解明には不可欠だ。

（2）独自のカンパ、基金の創設

「記憶・責任・未来」基金に対して、ナチス政体被迫害者同盟の評価は、功罪相半ばである。他方、この基金を評価しない人々は、基金に拠出をしないで、独自のカンパで、被害者を支援する運動を繰りひろげている。この人たちが、真っ先に支援の対象にするのは、補償の認定を受けられなかった人々である。

私は、先に、強制連行―労働された人々の個人史は、各人百様の歴史と苦悩を示していると述べた[5]。例えば、ドイツの農場で労働を強いられた一ポーランド人の場合を日刊紙『ターゲスツァイトゥンク』の例にみてみよう。彼は四歳の時に、両親と共にドイツに連行された。汽笛が聞こえていたので、海、運河が近かったという記憶はあり、他に農場の所有者は、背の高い将校のようであったこと、広大な土地には城のようなものがあったこと、村にはロシア人、フランス人、イタリア人用の捕虜収容所があったことなどが思い出される。しかし、五十数年前、その村がどこにあったのか、村の名前が何であったのか、どうしても記憶から呼び出せない。そこで国際赤十字や行方不明者の国際的な捜索機関にたびたび問い合わせをするが、「分からない」という回答が常に返ってきた。その後、この村は、ドイツ北部のメクレンブルクのミュリッツゼーであったことが突き止められる。補償を受けるには、どこで労働をさせられたのかを含む資料を添えて、ポーランドのパートナー組織に提出しなければならない。そこでこの村の上級の行政機関である郡庁に、強制労働の証明を依頼するが、強制労働者が存在した「資料は存在しない」という返事が返る。ここまではよくあるケースである。ここから先、問題は、次の点である。なぜ強制労働者の存在が消されているのか。彼を働かせていた農場主は、ナチス第二の指導者ヘルマン・ゲーリングと友人関係にあったことが判明した。一般に、農場では、企業の「資本の論理」と異なり、東側からの季節労働者などに保険がかけられた。農場主は、ゲーリングとの私的関係を通して、強制労働者を無届けで調達をし、言わばこの〈もぐり〉雇用を利用して、保険料を支払わないというメリットを享受していた可能性が浮上してきた。こうなると農場労働の証明は、「資料がない」で片づけられ、パートナー組織は補償金を配分できない。

補償金を得られない人には、このように〈ヤミ〉で雇われた人々の他に、行政から「書類が散逸」していて、証明書を発行できないとされる人々がいる。さらに、ドイツやドイツの占領地ではなく、祖国の中で労働を強いられた人々も、補償対象外である。こうした「記憶・責任・未来」基金から除外される人々に、カンパを通して支援をしようという市民運動が活動を続けている。スローガンは「素早く」、「公平に」、「非官僚的に」であり、月給の中から一日分の所得をカンパするよう市民に訴えている。この運動は、著名人によっても支援を受けている。レナーテ・キュナスト消費者保護・食糧・農業大臣（90年連合／緑の党）、クラオディア・ロート（同）、クリスティアン・シュトローベレ（同）、ロタール・ビスキー（民主社会主義党議長）、ロタール・ドゥ・メジエール（元東独首相）らが支持者である。

3　くり返さないために

ドイツ企業は今日、一社たりとも強制労働に関して法的責任（国際法、国内法違反）を認めていない。しかし、「歴史的、道義的責任」は認めている（ドイツ経済界基金イニシャティヴ「記憶・責任・未来」の広告、週刊新聞『ツァイト』二〇〇〇年五月二五日）。そうだとすれば、なぜ、第三帝国の殺戮体制の当事者になったのか、その歴史的解明を自身で進めるべき道義的責任を負っているはずだ。「記憶・責任・未来」基金の創設で終わりではない。自社の資料館の開示、公開をし、歴史の暗闇の中に放置され、閉じこめられている犠牲者の声を蘇らせることだ。また、「ドイツ国防軍の犯罪展」に倣った「ドイツ経済の犯罪展」を開催する試みには、積極的に協力をするべきであろう。ここに公開資料を展示することも可能ならば、展示会場の運営にスタッフを派遣し、予算を分担することもできるであろう。創設された基金には、いわば「基金内基金」があり（二三八

（頁【図表9参照】）、これで「青少年交流」や「国際理解」、また、ナチス時代の「抑圧を記憶する」プロジェクトを財政的に支援できる。

大切なことは、ドイツ経済界基金イニシャティヴの言葉を借りれば、「ナチ政体により極めて苛酷な体験を経なければならなかった」（同広告）事態をくり返さないことである。戦前の「ドイツ産業界全体の歴史的、道義的責任を認める」（同広告）以上、戦争責任、戦後責任の双方を果たさなければならない。戦後五十数年を経て、友人、恋人、親兄弟姉妹、青春、健康、財産、職業を失い、なお心身ともにトラウマに悩まされ続けている人々を放置してきた戦後責任をまともに処理しようとすれば、そういう事態をそのままにしてきた政治、社会の仕組みそのものにメスを入れなければならないであろう。とりわけ戦後責任に取り組むということは、こうした人々に謝罪し、個人補償をすることで、ささやかでも原状への回復に近づける試みを引き受けることである。しかし、それにとどまらない。ささやかながらの原状への回復すら拒まれた人々、すなわち膨大な数にのぼる死者は、戦争・戦後責任をとる対象にすらなり得ない。無念に死んでいったこういう人々をきちんと記憶し、再びこういう人々を生み出さないためにも、要はくり返さないことである。

私は、第二章でドイツの強制労働の実態をとりあげ、第三章でそれに関連する国際・国内法と裁判にふれ、また、戦争犯罪人の釈放、大赦などを指摘し、これらをふまえ、第四章でドイツの戦後補償史を概観した。補償史の中心には強制労働補償基金「記憶・責任・未来」を据えた（わずかではあるが、日本の強制連行―労働の問題も記述した）。ドイツは、巨視的に見て、裁判と処罰よりも戦後復興を優先させたこと、また戦後補償、なかでも東側の強制連行者への戦後補償には全くといっていいほど取り組んでこなかった点を挙げた。

ドイツは戦後補償の模範であろうか。私は、戦後補償を〈謝罪と個人補償〉に限定すれば、日本よりはよく取り組んでいる、といえるであろう。つまり、日本があまりにも放置し、無視しているので、日本と比較をすれば、ドイツの取り組みが目立つ。私は、日本もドイツも共に歴史に反省し、共に学びあいながら〈謝罪と個人補償〉に取り組むべきであると考える。むろん日本はドイツ以上にこの課題を引き受けなければならないし、ドイツから学ぶことが多いことは言うまでもない。

私は、今、戦後補償を〈謝罪と個人補償〉に限定した。しかし、これをもっと広くとらえ、歴史認識、基本法（憲法）、司法、教育、政治指導者の姿勢、思想レベルでの、また、戦争遺跡や歴史的記念物の保存等で、ナチス時代を〈くり返さないための努力〉ととらえれば、ドイツの試みは評価したい。例えば、中国残留邦人が日本政府にたいして起こした損害賠償裁判で、日本政府は、「満州国は我が国とは別の独立国家」という歴史観を準備書面で述べたことが伝えられている（『朝日新聞』二〇〇三年七月二八日）。「満州国」は議会もなく、実権は日本人官吏に握られ、関東軍司令官（兼駐満大使兼関東庁長官）の下、日本の傀儡国家であった。「日本と満州は政府としては一体で、満州国に派遣した官吏は国内勤務と同一に扱われてきた」（同、山室信一京都大学人文科学研究所教授のコメント）。日本政府のような歴史認識はドイツでは考えられない。例えば傀儡国家スロヴァキアを「独立国家」だったと主張することはない。ナチス時代に国外追放された政治犯、ユダヤ人を諸外国は「亡命者」として引き受けた。戦後ドイツはこの追放を反省し、基本法に「政治的に迫害された者は庇護権を享受する」（第一六条）と国外からの政治亡命者の受け入れを謳い、憲法レベルで亡命権を保障した[6]。六〇年代の司法改革は、ナチス時代を顧みるところから出発し、裁判官の市民的自由の拡大に寄与した[7]。国際連盟下、国際知的協力委員会の教材の検討に源を持つ、教科書の国境を越えた共同作成は、ドイツで発展している。この試みは、歴史、地理教科書から民族間の優劣に基礎を置く偏狭な民族主義的記述を、相互になくしていく姿勢を堅持している[8]。真相の解明と研究、議論によって多国間で共通の教科書を作成する〈教科書の国際主義〉は、他の国にもひろがっている[9]。また今日、ドイツでは至る所にナチス時代の犠牲者を心に刻み、あの時代をくり返さない記念碑、歴史的建造物が存在する[10]。

満州国が「独立国家」であったならば、それは関東軍が〈良いこと〉をしたという歴史認識につながる。そうすると、〈良いこと〉は、何度あっても〈良いこと〉になり、繰り返しの対象になる。満州国型の「独立国家」は、大いに建設すべきことになる。戦後補償には、くり返さないことをも視野に含める必要性を強く感じる。と同時に、国家による歴史認識の占有を避け、研究者や市民レベルで真相の解明を続ける作業が大切な点も痛感する。

（1）Das Geld fliesst-In einem Jahr bereits 817,000 frühere Zwangsarbeiter entschädigt, SZ, 02.7.12
（2）Kleinmachnows ganz gewöhnliches KZ, ak, Nr. 462, 02.5.17
（3）（4）Es wird keinen Schlussstrich geben. Antifaschistische Nachrichten, Nr. 15, 2000.7.20, S5
（5）Die Zeit wird knapp, taz, 02.7.24
（6）田村光彰『統一ドイツの苦悩』技術と人間、一九九七年、参照。
（7）片桐直樹監督の記録映画「ドイツ裁判官物語」、二〇〇〇年、参照。
（8）近藤孝弘『国際歴史教科書対話』中央公論社、一九九八年、参照。
（9）F・ドルーシュ総合編集『ヨーロッパの歴史』東京書籍、一九九八年（第二版）、日中韓三国共通歴史教材委員会『未来をひらく歴史』東アジア三国の近現代史、高文研、二〇〇五年、参照。
（10）南守夫「ドイツ、戦争とナチズムの記念碑・記念館を考える」①〜⑧『季刊戦争責任研究』六〜一五号、日本の戦争責任資料センター、参照。

あとがき

私は、最終章の「くり返さないために」の項で、ドイツ企業が、今後「なぜ、第三帝国の殺戮体制の当事者になったのか、その歴史的解明を自身で進めるべき道義的責任を負っているはず」であると記し、「記憶・責任・未来」基金の創設で歴史に幕を引いてはならないと書いた。そのためには、最低、自社の史料館を開示し、抑圧され、殺戮されていった人々の叫びを暗闇から蘇らせるべきであるとも書いた。

私がこのように原稿にむかっているちょうどその時、ドイツの日刊紙『ターゲスツァイトゥンク』は、「ホロコースト史料館ついに公開」というニュースを伝えた（二〇〇六年四月二〇日）。ドイツは、戦後、ナチスの犠牲者でかつ生存している人々が、膨大な数に上る自分たちの離散家族、未引揚者を捜すのを援助するために、捜索機関を設立した。ニュースによれば、ヘッセン州のアロルゼンにある捜索機関が、研究者用という限定はあるものの、史料の公開に踏みきった。この機関は、赤十字により設置され、ドイツ政府が財政的な援助をし、運営は一一か国からなる委員会が担当してきた。

連邦法務省は、これまで「データ保護法」をタテにとり、一部の人々以外には一貫して公開を拒否し続けてきた。「一部の人々」とは、主として史料に記録されている人がすでに故人となっている人の遺族たちである。しかしこの人たちにも史料の開示はたやすくなされてきたわけではない。開示請求の申し込みに対して、その返事が届くのは数年先であった。長年にわたり、犠牲者や遺族たちから史料閲覧をもっと容易にするようにという声が連邦政府に寄せられ、研究者たちからは、開示請求と国際的な抗議が法務省に届いていた。連立政権のツィプリース法相（社会民主党）は、こうした声を無視することができず、数十年にわたる拒否姿勢をついに断念し、遅ればせながら開示に踏み切った。

私はその途方もなく膨大な所蔵の量を知り、驚いた。書架の長さがなんと二四キロメートル、総点数五〇〇〇万にものぼり、人数に着目すると、一七五〇万人以上のデータがあるという。本書ではナチス時代の強制連行─労働のみの全人数を、経済史学者クチンスキーの説に基づいて、一四〇〇万人以上と紹介したが、この数字はこれに近いか、それ以上である。内容に関しては、その全容を知るものは誰もいない。というのも、目録が作成されていないからである。『ターゲスツァイトゥンク』は、それでもほんのごく一部の例として、次のような史料があることを示している。ダハウ強制収容所の収容者の個人データや、ブーヘンヴァルト強制収容所で収容者が身につけてきた衣服、所有していた持ち物の保管場所の詳細である。

たとえ研究者に対象を限定しても、この開示の影響は計り知れないほど大きい。

まず、創設された「記憶・責任・未来」基金に補償を申請しても、強制労働をさせられた証拠史料がない、として請求が拒否され続ける生存者には朗報である。また、企業が自社の史料館を開示しないまま、すなわち、歴史の解明が途中で打ち切られたまま創設された「記憶・責任・未来」基金が、どの程度被害者の声を反映しているか、という基金の存立に本質的に関わる問題が浮上する。実はもっと量的に膨大な人々の、質的に深刻な実態が垣間見えてくれば、基金は、被害実態に合わせ、新たに見直されなければならない。さらには、この開示されたアロルゼンの〈公的〉史料館からは、芋づる式に企業のナチス時代との関わりがたぐり寄せられる。企業だけが自社の〈私的〉史料館を閉ざしておくわけにはいかなくなるであろう。真相の解明に背を向け続けることは許されなくなる日が早晩訪れるはずである。〈私的〉〈公的〉双方の真相解明の圧力により、苦悩する被害者、遺族が元気なうちに、基金が見直され、より被害実態に近い補償基金が新たに創設されることを望む。

本書を書くに際して、私は、ドイツはむろんのこと、日本の戦後補償に取り組む人々から、また植民地支配の被害者の人々から多くを学んだ。とりわけ、新潟、酒田、七尾で中国人強制連行・労働の訴訟の支援に、また富山で不二越強制連行・労働訴訟支援に取り組む人々からは多くの資料を頂いた。これにより強制連行─労働を通して日独の共通点の一端を知ることができた。一例を挙げれば、「強制連行経路での一貫した虐待事実に照らすまでもなく、中国人たちの命は極端に軽視された」当時、新潟港運（株）労務部長・小島一作（二代目収容所長）氏は「『支那人はいくらでも補充がきく』と公言してはばからなかった」（新潟港に強制連行された中国人被爆者張文彬さんの戦後補償裁判を支援する会【会報第四号】、二〇〇〇年九月一五日、支援する会連絡先高山弘）強制連行者は、ナチス支配下では本書でふれたように、ナチス用語で「消耗品」であり、日本では「補充」品であった。

最後に、新潟、酒田、七尾のそれぞれの港で、港湾荷役に従事させられた中国人の訴訟を献身的に支援している人々に感謝をしたいと思います。また、国策に基いて富山に強制連行された朝鮮人の戦後補償裁判（第二次不二越訴訟）に日夜精力的にとりくんでいる人々にも感謝いたします。多くを学ばせて頂きました。社会評論社の松田健二氏には出版を引き受けて下さったことにお礼申し上げます。拙稿の完成を二年も遅らせたにもかかわらず、待ち続けて下さり、二年遅れの出版を快諾をして下さった新孝一氏には、詳細な校正に、また拙稿とおつきあい下さった「忍耐力」（！）に感謝申し上げます。また、大部の拙稿をここまで読んで下さった読者諸氏にも深く感謝致します。本書には欠点、至らない点など多々あることと思います。読者の皆さんからのご批判をいただければ幸いです。

二〇〇六年六月六日

ドイツの強制労働補償基金を扱った論文等

・梶村太一郎「強制労働個人補償財団発足――『過去の重荷』を降ろしたドイツ」『週刊金曜日』二〇〇〇年八月一一日号。
・徳留絹枝「ドイツとの相違と共通性とはどう裁かれるか――対日企業の訴訟はこれからが本番」『論座』朝日新聞社、二〇〇〇年一〇月号。
・高橋融「対日強制労働訴訟が問うもの――カリフォルニア州・ヘイデン法の背景と波紋」『世界』二〇〇〇年一一月号。
・佐藤健生「ドイツ企業の『記憶、責任そして未来』――強制連行労働者への補償基金」古庄正、田中宏、佐藤健生『日本企業の戦争犯罪』創史社、二〇〇〇年。
・矢野久「ドイツ『記憶・責任・未来』基金の歴史的意義」『世界』二〇〇〇年一二月号。
・ドイツ連邦共和国における「記憶・責任・未来」基金調査団『ドイツ連邦共和国における「記憶・責任・未来」基金調査報告書』、二〇〇〇年。
・仲正昌樹「『連邦補償法』から『補償財団』へ――ドイツの戦後補償の法的枠組みの変化をめぐって」『金沢法学』第四三巻第三号、二〇〇一年三月。
・NHKウィークエンド・スペシャル『強制労働――過去を問われたドイツ企業、強制労働：56年後の償い』二〇〇一年六月三〇日放送。

［著者紹介］
田村光彰（たむら・みつあき）
1946年生まれ，金沢大学大学院修士課程（独文専攻）終了，現在，北陸大学教員

著書
『統一ドイツの苦悩——外国人襲撃と共生のはざまで』技術と人間，1997年（改訂版）
『ドイツ　二つの過去』技術と人間，1998年
『現代ドイツの社会・文化を知るための48章』（共著）明石書店，2003年

主要訳書
エルケ・シュテーク他『意識はフェミニズム，行動は地域』現代書館，1991年
トーマス・エバーマン，ライナー・トランペルト『ラディカル・エコロジー』（共訳）社会評論社，1994年
ペーター・シュタインバッハ他『ドイツにおけるナチスへの抵抗1933—1945』（共訳）現代書館，1998年
ヤン・C・ヨェルデン編『ヨーロッパの差別論』（共訳）明石書店，1999年
ベルント・シラー『ユダヤ人を救った外交官——ラウル・ワレンバーク』（共訳）明石書店，2001年
ゲールハルト・フィッシャー他『ナチス第三帝国とサッカー』（共訳）現代書館，2006年

ナチス・ドイツの強制労働と戦後処理

2006年６月30日　初版第１刷発行

著　者　田村光彰
発行人　松田健二
装　幀　桑谷速人
発行所　株式会社社会評論社
東京都文京区本郷２-３-10
☎03（3814）3861　FAX.03（3818）2808
http://www.shahyo.com
印　刷——ミツワ
製　本——東和製本

Printed in Japan